다문화교육총서 2

다문화교육연구의
경향과 쟁점

다문화교육총서 2

다문화교육연구의
경향과 쟁점

김영순 · 박선미 · 오영훈 · 이미정 외 지음

PREFACE

'공존'하는 다문화사회를 위하여

"여러분은 한국의 지속가능한 미래 사회를 구성하는 데 참여하게 될 것이다."

이 말을 듣는 모든 대한민국 사람들은 우리가 사는 조국의 발전에 대한 무한 책임 감을 느끼게 될 것이다. 당연하다. 이 땅에 사는 모든 국민들은 조국과 겨레의 발전을 바라지 않는 사람들이 전혀 없기 때문이다.

한국사회는 2000년 이후 결혼이주여성, 이주근로자, 유학생 등 다양한 인종과 민족 이 급격히 유입됨으로써 소위 '다문화사회'로 진입하기 시작하였다. 특히 급격히 증가 하던 결혼이민자의 수는 2010년을 정점으로 다소의 감소세를 보이고 있으나, 초기에 이주해 온 여성결혼이민자들의 출산에 의한 다문화가정의 학령기 자녀 수가 큰 폭으 로 증가하고 있다.

통계청의 2013년 통계에 의하면, 다문화가정 자녀의 수는 2007년 44,258명에서 2012년 168,573명으로 3.8배가 증가하였다. 이에 따라 다문화가정 학교 재학생 수도 늘어나고 있으며, 시간이 지남에 따라 중 · 고등학교에 진입하는 수도 점점 증가하고 있고, 최근 들어 군에 입대하는 다문화가정 자녀의 경우도 생겨났다. 이와 같이 다문 화가정 학생 수의 증가로 인해 이들의 학교생활 적응문제가 대두되기 시작하였다.

나는 모든 문제가 학교에서 발생하고, 학교에서 해결할 수 있다는 신념을 지닌 공 교육옹호론자이다. 그만큼 다양성을 기반으로 하는 민주주의 국가에서는 학교의 역 할이 매우 중요하다는 이야기이다. 민주주의를 이루어나가기 위해서는 해당 사회구 성원들이 지닌 다양성을 상호 간 이해하는 것이 학교교육에서 강조되어야 한다고 생 각한다.

이러한 맥락에서 교육부에서는 2006년 '다문화가정 학생 교육 지원계획'을 마련 하였다. 또한 한국장학재단에서는 2009년부터 다문화가정 초등학생들의 학업성취능 력 향상과 심리 · 정서적 성장을 목적으로 교육대학 및 사범대학에 재학 중인 대학생 을 멘토로 선발하여 다문화가정 멘토링사업을 시작하였다. 이 사업은 2011년부터 교 육 · 사범대학을 포함하여 전국 대학으로 확대되었으며, 수혜 대상도 초등학생에서 중 · 고등학생까지 확대 · 시행되고 있다. 그런데 이러한 정책적 수행에 걸맞은 학문적, 이론적 논의들이 뒷받침되어야 하지만 한국의 학계에서는 아직 이 부분에 대한 연구가 미흡한 실정이다.

이 책은 '다문화교육연구' 총서 2호로『다문화교육연구의 경향과 쟁점』이라는 제목을 달고 있다. 특히 앞에서 서술한 다문화가정에 관한 다양한 문제들을 연구한 논문들의 모음집이다. 이 책의 구성은 다음과 같다.

1장 '여성결혼이민자 통합을 위한 문화 정책'에서 김영순은 강화도 거주 결혼이주여성들을 위한 다문화정책에 대해 기술하고 있다. 이 글은 2010년도 한국문화관광연구원의 학술지『문화정책논총』23집에 실린 논문을 수정·보완한 것이다.

2장 '다문화교육으로서 상호문화교육'은 오영훈이 2009년 인하대학교 교육연구소 학술지『교육문화연구』15권 2호에 게재된 논문「다문화교육으로서 상호문화교육: 독일의 상호문화교육을 중심으로」를 수정·보완한 것이다.

3장 '구성주의 이론에 기반한 다문화교육사 양성 프로그램'은 이미정이 2009년 인하대학교 교육연구소 학술지『교육문화연구』15권 2호에 게재된 논문「구성주의 이론에 근거한 다문화교육사 양성 프로그램 연구」를 수정·보완한 것이다.

4장 '중등학교 다문화담당교사의 전문성 계발'은 박미숙이 중등학교에서 다문화교육을 전담하는 교사들의 전문성에 대해 기술한 논문이다. 이 글은 2013년 인하대학교 교육연구소 학술지『교육문화연구』19권 1호에 게재된 논문을 수정·보완한 것이다.

5장 '다문화가정 자녀 멘토링 효과증진을 위한 수퍼비전'은 김영순·김금희가 2012년 강원대학교 인문과학연구소 학술지『인문과학연구』33호에 게재된 논문「멘토의 멘토링 효과증진을 위한 슈퍼비전-다문화가정 자녀를 중심으로」를 수정·보완한 것이다.

6장 '교육연극을 활용한 다문화 대안학교의 한국어교육'은 김창아·김영순이 2013년 이화여대 교육연구소의 학술지『교육과학연구』44-3호에 게재된「교육연극을 활용한 다문화 대안학교의 한국어교육 프로그램 실행연구」를 수정·보완한 것이다.

7장 '다문화가족 방문교육지도사의 역할과 교육경험'은 방현희·이미정이 2014년 한국열린교육학회 학술지『열린교육연구』제22권 제1호에 게재된 논문「다문화가족 방문교육지도사의 역할과 교육경험에 관한 연구」를 수정·보완한 것이다.

8장 '다문화가정 자녀들의 대학진학'은 김창아·오영훈·조영철이 2014년 성신여대 인문과학연구소『인문과학연구』제32집에 게재된 논문「진학목적의 다문화대안학교 교육과정 개발에 대한 탐색적 연구」을 수정·보안한 것이다.

9장 '비판적 다문화교육과 지리교육'은 박선미가 2011년『한국지리환경교육학회지』19권 2호에 게재된 논문「다문화교육의 비판적 관점이 지리교육에 주는 함의」중 일부를 수정·보완한 것이다.

10장 '미술과 교육과정 분석을 통한 다문화미술교육 방향'은 박순덕·김영순이 2012년『미술교육논총』26권 2호에 게재된 논문「미술과 교육과정분석을 통한 다문화미술교육 방향 연구」를 수정·보완한 것이다.

11장 '중도입국학생을 위한 한국어교육 교재 분석'은 오영훈·허숙이 2012년 한국텍스트언어학회의 학술지『텍스트언어학』33권에 게재된 논문「중도입국학생을 위한 한국어교육 교재 분석 연구」을 수정·보완한 것이다.

12장 '케이팝(K-pop)과 성인 여성의 다문화 시민성'은 배현주·김영순이 2013년『사회과교육연구』52권 2호에 기획특집으로 게재된「케이팝(K-pop)을 통한 성인 여성의 다문화 시민성 함양에 관한 경험 연구」를 수정·보완한 것이다.

13장 '외국인근로자 자녀와 청소년복지'는 임한나가 2009년『청소년문화포럼』22권에 게재된 논문「다문화청소년의 복지에 대한 욕구분석 -외국인근로자 자녀 중심으로-」을 수정·보완한 것이다.

위의 글들은 대부분 한국연구재단 등재후보 이상의 학술지에 게재된 것이지만 '리딩 패키지' 형태로 연구자들에게 다문화교육의 연구흐름을 일목요연하게 살펴볼 수 있는 기회를 제공할 것이다. 그럼으로써 현재 다문화교육의 연구동향을 파악하고 다문화교육의 연구 주제 탐색에 일조할 것이다.

　이 책은 BK21플러스 사업의 일환으로 인하대학교 글로컬 다문화교육 전문인력 양성 사업단에서 기획되었다. 본 사업단은 인하대 사범대학 사회교육과가 주축으로 교육학과와 국어교육과 교수 13명이 설립한 대학원 인문사회 융합 전공인 다문화학과 다문화교육 전공 교수들로 운영되고 있다. 현재 BK21플러스 사업에 참여하고 있는 학과 교수들은 9명이며, 이들 중 연구교수 2명이 함께하고 있다.

　앞으로 우리 BK21플러스 다문화교육 연구사업단에서 기획·발간하는 '다문화교육연구 총서'는 미래 한국사회가 지속가능한 사회, 다양성이 공존하는 진정한 민주주의 사회가 되는 데 기여하리라 믿는다. 이러한 믿음을 우리 저자들과 독자들이 함께 공유하기를 바라며 서문을 맺는다.

2014년 10월
저자 대표 김영순 씀

CONTENTS

1장

여성결혼이민자 통합을 위한 문화정책

1

여성결혼이민자 통합을 위한 문화정책*

김영순

* 이 글은 2010년도 한국문화관광연구원의 『문화정책논총』 23집에 실린 논문을 보완한 것이다.

1. 다문화정책의 필요성

최근 우리나라는 국내에 거주하는 외국인이 100만 명이 넘는 다인종·다문화 사회가 되었다. 다문화사회로 진입한 한국에서 가장 크게 대두되고 있는 사회문제는 다문화 결혼 가정주부들에 대한 것이다. 특히 1990년대 후반기 이후 농어촌 지역에서 국제결혼이 성행하기 시작하였다. 이에 맞추어 농어촌 지역에서는 다문화가정이 생겨나기 시작하였고 사회문제들도 대두되었다. 이런 맥락에서 이 글의 목적은 농어촌 복합 형태를 띠고 있는 지역인 강화군의 다문화가족지원센터의 프로그램 운영 내용을 분석하여 농어촌 결혼이주여성들의 사회통합을 위한 문화정책의 기본방향을 제안하는 것이다. 그렇다면 먼저 다문화정책에 관한 최근 연구동향을 살펴보도록 하자.

2006년 들어 한국문화관광정책연구원이 다문화정책의 방향과 문화적 지원방안에 관한 연구보고서를 내 놓은 이래로 다문화정책에 관한 논의들이 활발하게 진행되어 오고 있다. 이들 논의를 담론 유형별로 보자면 다문화정책을 조망하고 그 실태를 분석한 논의들, 이주민 사회통합 관련 논의들, 해외 다문화정책 조사 및 비교 분석에 관한 논의들 그리고 우리 사회에 적용될 수 있는 다문화정책을 제안하는 논의들이 있다.

우선 다문화정책을 조망하고 그 실태를 분석한 논의들을 살펴보도록 한다. 김세훈(2006) · 강휘원(2006) · 한승준(2008a)은 오늘날 다양하게 전개되고 있는 국내 거주 외국인을 대상으로 하는 정책을 다문화사회에 대응하는 공공정책이라는 관점에서 분석하고 이러한 정책이 현실 환경에서 나타나고 있는 사회적 상황과 얼마나 연관성을 가지고 진행되고 있는지를 살펴보았다. 특히 다문화정책의 제도, 관련 주체, 거버넌스(governance) 현황을 분석하여, 보다 체계적인 다문화정책 거버넌스 방향을 제시하고자 하였다. 김옥일 등(2009)과 한승준(2009)은 기초자치단체 다문화정책과 관련하여 전략적 우선순위를 분석하였으며, 지자체 추진 체계를 분석한 후 추진 강화 방안을 마련하였다. 이혜경(2007)과 김원섭(2008)은 정부의 다문화정책들을 이민정책의 변화 및 패러다임의 변화란 차원에서 분석하였다.

둘째, 이주민사회 통합 관련 논의들은 주로 이주민들의 삶의 질 향상에 초점을 맞추어 논의된 것으로 평가할 수 있다. 그중 대표적인 논의들을 거론하면, 김기하(2008), 차용호(2008)는 한국형 이민정책 수립의 필요성을 주장하면서, 주요 국가의 사례 분석을 통해 한국의 사회통합과 법의 역할, 사회통합 관련 이민법 체계를 재정립해 보고자 하였다. 이수정(2007)과 이성순(2008)은 현행 사회통합 프로그램 이수제의 도입에 따른 문제점을 검토하고 결혼이민자와 일반 귀화자에게 한국어와 한국문화 교육 이수의 필요성을 제안하였다. 아울러 최근 급속히 증가하고 있는 소수민족 이주민들의 인권보호를 위해 사회통제 방안을 모색해 보고자 하였다.

셋째, 해외 다문화정책 조사 및 비교 분석에 관한 논의들의 대부분은 비교적 이주민사회 통합을 이룬 국가들의 우수 정책 사례를 소개하고 우리 사회의 다문화정책 방향을 시사한 것으로 평가할 수 있다. 이들 논의의 대표적인 것을 거론하면 우평균(2008)은 다문화공생 사회에서의 국적 개념의 의의와 각국의 정책을 소개했고, 주효진(2008)은 아시아의 다문화정책에 대해 비교 연구를 진행하였다. 김용찬(2008)과 김복래(2009)는 서유럽 국가 이주민통합정책의 수렴 경향에 관해 영국 · 프랑스 · 독일 사례를 분석하였고, 한승준(2008b)은 프랑스의 다문화정책을, 주경철(2007)은 네덜란드 이주민통합 문제를 다루었다. 또한 정희라(2007)는 영국의 이민자통합정책을 역사적 맥락 속에서 그 변천과정과 특징을 살펴보았다. 이용일(2007)과 박채복(2008)은 독일이 겪고 있는 다문화사회로의 도전과 그 대응, 특히 이민자들의 사회통합 과정을 살펴보면서, 미래 한국사회가 나아가야 할 다문화사회의 방향을 모색해보고자 하였다. 이종열(2008)은 미국의 다문화정책 사례를, 강주현(2008)은 덴마크의 다문화정책 사례를 분석하였다.

넷째, 우리 사회에 적용될 수 있는 다문화정책 제안에 관한 논의들이다. 지종화 외(2008)는 다문화국가에 대한 기존 연구의 이론적 분석을 통하여 한국적 현실에 맞는 이론을 제시하고자 하였다. 김헌민 외(2008)는 다양성이 경제·사회에 미치는 영향을 살펴보고 이를 바탕으로 다문화사회를 위한 정책적 이슈를 논의하였다. 이혜경(2009)은 다문화가족 지원 정책 및 서비스를 유형화하기 위해 '젠더'와 '문화통합'이란 두 가지 변수를 결합하고 '가부장주의적-문화양립적 정책' 등 네 가지로 다문화가족 지원정책을 유형화하여 각 유형에 속하는 다문화가족 지원정책 및 서비스를 모색해 보고자 하였다. 홍기원(2007)과 원숙연(2008)은 현재 한국의 다문화정책이 어떻게 전개되고 있는가를 분석하기 위해 다문화정책의 이론적 기초를 살펴보고 정책의 현주소와 문제점을 살펴보았다. 이를 토대로 다문화정책을 추진함에 있어 중요하게 고려되어야 하는 요소들을 지적하고 특히 문화 부분의 역할과 과제를 제시하였다. 최무현(2008)은 다문화사회에서 소수자 정책을 정책 수단의 관점에서 유형화하고, 이를 바탕으로 참여정부의 다문화정책 사례를 분석하여 정책적 시사점을 제시하였다. 이종열 외(2008)는 인천광역시에 초점을 맞추어 지역사회 내 다문화에 대한 행위 주체들을 밝히고 각 주체들의 역할과 방향을 모색해보았다. 한국여성정책연구원(2008)은 문화적 다양성을 인정받을 수 있는 정책적 대응 방안을 찾음으로써 공적 제도의 영역에서 보편적인 인권을 실현할 수 있는 토대를 만드는 데 기여하고자 하였다. 심보선(2007)은 1990년대 이후 현재에 이르는 이주노동자 정책을 살펴보면서 정책 형성과 변화의 인과적 기제를 밝히고자 하였다. 김형수(2008)는 거버넌스와 네트워크 개념을 활용하여 우리 사회에 적합한 '다문화정책 공동체 모형'을 제안하였다. 또한 한국문화관광연구원(2009)은 다문화정책의 평가 기준을 수립하여 다문화에 대한 일반 국민의 의식 수준을 평가하고 다문화사회의 성격 및 특성을 파악할 수 있는 기준을 설정하였다.

앞에서 소개한 다문화정책 관련 논의들은 다양하게 이루어져 왔음에도 불구하고 몇 가지 아쉬운 점을 발견할 수 있다. 첫째, 해외정책 사례를 분석하는 기존의 연구들은 국가적 차원의 다문화정책 시사점을 거시적 연구 중심으로 개진하는 데 그치고 있다는 점이다. 이를 테면 다문화정책 수혜를 받는 현장의 목소리가 담긴 연구를 찾아볼 수 없었다. 둘째, 다문화에 대한 인식과 목적이 선진국의 현실과는 다름에도 불구하고 그들의 정책분석을 통해 한국 사회에 적합한 정책 방안을 모색해 보고자 했다는 점이다. 셋째, 다문화정책에 관한 실태 분석은 선행연구 혹은 정책적인 텍스트 검토를 중심으로 진행되었기 때문에 실질적인 정책으로 수행되기에는 한계를 갖고 있다는 점을 들 수 있다. 그렇다면 다문화정책에 관한 실질적 효과를 제고하기 위해서는 어떤 방식의 연구가 가능한가라는 질문이 제시될 수 있다. 이에 대한 답은 문헌연구와 국가적·지역적 특성을 반영할 수 있는 현장연구가 함께 이루어져야 할 것이다. 본 연구에서는 농어촌 복합 형태를 띠고 있는 지역인 강화군의 다문화가족지원센터의 프로그램 운영현황을 문헌연구와 아울러 현장연구로 진행할 것이다. 이를 통해 농어촌 결혼이주여성들의 사회통합을 위한 문화정책 기본방향 수립을 위한 시사점을 제공하고자 한다.

2. 강화군 다문화가족지원센터 운영현황 분석

2.1. 다문화가족지원센터의 기능

강화군 다문화가족지원센터는 2014년 현재 전국 219개의 다문화가족지원센터 중 농어촌 지역 센터의 하나이다. 다문화가족지원센터는 다문화가족을 위한 교육·상담·문화 프로그램 등의 서비스를 제공함으로써 결혼이민자의 한국사회 조기 적응 및 다문화가족의 안정적인 가족생활을 지원하는 역할을 수행하기 위해 설립되었다.[1] 현재 다문화가족지원센터에서는 지자체별로 지역 실정에 적합한 다문화사업들을 추진하고 있다. 지자체의 다문화사업 담당 부서는 '주민생활 지원, 여성복지, 자치 행정, 국제협력' 등의 부서에서 주로 담당하고 있다.

〈표 1-1〉에서와 같이, 광역자치단체 중 광역시와 수도권의 경우 국제협력 부서와 경제·노동 관련 부서가 다문화 관련 업무를 담당하고 있으며, 도의 경우 농업 관련 부서가 다문화 관련 업무를 담당한다. 기초자치단체의 경우 기본적으로 자치 행정·행정, 사회복지, 주민지원 부서에서 다문화 업무를 담당한다. 그 외에는

지역의 특성에 따라 보건소, 여성정책, 농업 관련 부서에서 다문화 관련 업무를 담당하고 있다.

〈표 1-1〉 지자체 다문화정책 관련 담당 부서

광역자치단체	자치행정, 노동 정책, 국제협력, 문화 정책, 보건 정책, 여성 정책, 외국인 지원, 농어촌 정책
기초자치단체	자치행정, 사회 복지, 민원 봉사, 문화 · 체육, 의약 · 보건, 여성 · 아동

출처: 한승준(2009), 자료 분석 정리 재인용

지자체별 실정에 맞는 다문화사업 수행과제를 성공적으로 추진하기 위해서는 무엇보다 지자체 내의 전담 인력 확보가 중요하지만, 현재 대부분의 지자체에서 전담 인력 확보에 어려움을 겪고 있다. 이와 더불어 지자체가 자체적으로 지역의 실정에 적합한 다문화사업들을 발굴하고 수행하기 위해서는 담당 공무원들이 전문성과 소양을 갖추고 있어야 하지만, 사업을 담당하는 공무원들의 정기적인 인사이동으로 인해 업무의 연속성과 전문성을 유지하기가 어려운 실정이다.

다문화가족지원센터는 다문화가족의 안정적인 정착과 가족생활을 지원하기 위해 한국어 · 문화 교육, 가족 교육 · 상담, 자녀 지원, 직업교육 및 다문화인식 개선 등 다양한 프로그램을 통합적으로 제공 및 연계하고 있다. 주요 사업으로는 방문 교육 사업, 통 · 번역 서비스 사업, 다문화가족 자녀 언어발달 지원, 다문화가족 농촌정착 지원 등이 있다. 방문 교육 사업은 경제적 어려움 및 지리적 접근성의 문제로 집합 교육에 참석하기 어려운 결혼이민자 및 그 가족을 대상으로 전문 지도사를 양성하고 가정으로 파견한다. 한국어 지도사 혹은 아동 양육 지도사가 대상 가정을 주 2회 2시간 방문하는 것을 지원하고 있다. 통 · 번역 서비스 사업은 결혼이민자를 통 · 번역 전문 인력으로 채용하여 의사소통이 어려운 결혼이민자에게 통 · 번역 서비스를 제공한다. 가족생활 및 국가 간 문화 차이 등 입국 초기에 상담, 결혼이민자 정착 지원 및 국적 · 체류 관련 정보제공 및 사업안내, 가족 간 의사소통 지원 및 위기 대응을 위한 통역 파견 및 기타 위기 상황 발생 시 업무를 처리하고 있다.

다문화가족 자녀 언어 발달 지원은 다문화가족의 자녀에 대한 체계적이고 전문적인 언어 발달 지원을 통해 이들이 건강한 사회 구성원, 나아가 글로벌 인재로 성장할 수 있도록 지원하고 있다. 다문화가족 농촌 정착 지원은 농촌 지역 다문화가족의 농촌 사회 적응력 향상 및 농업 인력자원으로 육성하기 위한 전문 프로그램을 운영한다. 농촌 거주 결혼이민자의 농촌 생활 정착에 필요한 농업 인력 양성 및 취·창업 등 농촌 경제 활동 참여 활동을 지원하고 있으며 한국의 농사 문화, 농업 농촌 용어, 식용 작물 구분 등 농촌 생활 기초 교육을 실시하고 있다.

지자체가 자체적인 다문화사업을 수행하기 위해서는 조직, 인력과 더불어 예산의 확보가 매우 중요하다. 2008년도 다문화정책 관련 광역 자치단체별 예산 현황을 〈표 1-2〉와 〈표 1-3〉에서 보자면, 자치단체별 예산 총액의 편차가 매우 심한 편으로 지자체의 재정력, 외국인의 비율, 다문화정책에 대한 지자체별 관심과 개입에 따라 많은 차이가 남을 확인할 수 있다.

〈표 1-2〉 광역시 다문화정책 예산 현황 (단위: 억 원)

구분(광역시)	서울	부산	대구	인천	광주	대전	울산
예산 총액	156.40	107.05	16.87	15.52	7.34	126.52	3.53
자체사업예산	106.67	0.76	4.04	4.68	2.14	16.14	0.45

출처: 한승준(2009), 자료 분석 정리 재인용

〈표 1-3〉 도 다문화정책 예산 현황 (단위: 억 원)

구분(도)	경기	강원	충북	충남	전북	전남	경북	경남	제주
예산 총액	59.62	136.48	31.57	76.21	27.32	75.28	98.06	53.45	3.23
자체사업예산	50.88	100.05	1.87	38.46	0.60	14.57	22.68	17.19	1.06

출처: 한승준(2009), 자료 분석 정리 재인용

한편 지자체가 자체적인 다문화사업을 추진하기 위해서 국고 지원 요청을 지속적으로 하고 있지만, 이에 대한 예산지원은 제대로 이루어지고 있지 못한 실정이다. 현재 지자체가 실시하는 다문화관련 사업과 프로그램들은 별도의 예산 없이 대부분 '여성 관련 사업·행사비'에서 일부를 떼어내 사용하고 있다. 그 결과 대부분의 지자체들은 중앙정부의 위임 사무를 수행하는 수준에 머물러 있으며, 천편일률적인 성향이 있다. 또한 예산이 없는 가운데 다문화 관련 프로그램들을 실시해야 하므로 일회성, 이벤트성 행사를 주로 진행하는 경향이 있다.

2.2. 강화군 다문화가족지원센터 운영현황

강화군의 다문화가족지원센터는 강화군 내 국제결혼이 증가함에 따라 다문화가족의 사회 · 문화적응 및 정치 · 경제 · 사회복지 등 모든 영역에서 평등함을 이루며, 나아가 가정과 사회에서 주체적 삶을 이루어갈 수 있도록 종합적 지원을 위하여 2005년 강화군 이주민지원센터라는 명칭으로 처음 설립되었다.[2] 2007년에 강화군 이민자가족지원센터로 명칭이 변경되었으며, 2008년 다문화가족지원법이 시행되면서 공식 명칭은 강화군 다문화가족지원센터로 변경되어 현재 인천 강화군 강화읍에 위치하고 있다. 강화군 다문화가족지원센터는 강화군, 인천서구 내 다문화가족의 '행복한 가정, 건강한 가정'을 위해 결혼이민여성의 사회 · 문화적응 및 교육, 상담, 문화 등 다양한 지원을 하고 있다.

강화군 다문화가족지원센터는 대표이사와 센터장을 중심으로 사회복지사 3명, 보육교사 12명, 강사 2명, 기타 11명 총 28명으로 구성되어 있다. 센터의 사업을 기획하고 운영하는 센터의 조직 체계를 살펴보면 〈그림 1-1〉과 같다. 센터장은 센터 전체의 사업을 종합적으로 관할한다. 센터는 센터사업과 교육사업 두 가지로 크게 구성되어 있다. 먼저 센터사업은 센터팀장이 담당한다. 센터의 기본사업인 한국어 교육, 다문화사회 이해 교육, 다문화 인식 개선 사업, 가족 교육 등의 사업 계획을 세워 추진하며 센터장과 함께 강사를 섭외한다. 다음으로 교육사업은 방문팀장이 담당한다. 강화와 서구의 방문지도사 24명을 총괄 지원하고 있으

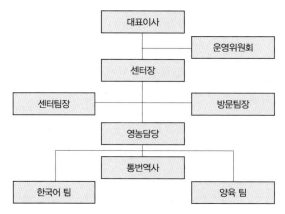

〈그림 1-1〉 강화군 다문화가족지원센터 조직도
출처: 강화군 다문화가족지원센터(http://happylog.naver.com/ghfc07.do)

며, 다문화가정에서 일어날 수 있는 위기 상황을 사전에 예방하고 대처해 나가는 직무를 수행하고 있다. 영농 담당은 농어촌 지역의 가장 기초적인 영농 기반 교육과 특화 교육을 관리하며 강사 섭외 역할을 한다. 통번역사는 센터의 전화 상담과 면접 상담 및 문제가 발생한 가정을 직접 방문하여 가족 간 의사소통을 지원하고 있으며, 타 센터와 연계하여 위기 상황 시 긴급 지원을 한다.

센터의 핵심 사업은 센터사업, 방문교육서비스, 영농기술교육사업, 통번역서비스로 각 조직의 팀장이 총괄적으로 역할을 수행하고 있다. 센터 지원 사업은 한국어 교육, 다문화사회 이해 교육, 가족 교육, 상담, 역량 강화 및 취업 교육, 통번역 서비스 자조 모임, 다문화인식 개선 사업, 홍보사업을 운영하고 있다. 방문 교육 서비스는 경제적 어려움과 지리적 접근성 때문에 집합교육에 참석하기 어려운 결혼이민자 및 그 가족을 대상으로 전문 지도사(한국어 교육 및 아동 양육 지도사)가 방문하여 맞춤형 서비스를 제공하고 있다. 영농기술교육사업은 여성결혼이민자들의 농촌적응능력을 키워 사회의 인적 자원으로 개발하고, 부부 및 자조 집단 단위의 자활공동체 형성을 통해 발전적인 미래를 설계할 수 있도록 지원하고 있다. 통번역 서비스는 결혼이민자의 가정 및 사회생활에 필요한 의사소통을 지원하기 위한 통역·번역 전문 인력을 양성하고, 다문화가정에 파견 서비스 등을 제공하고 있다.

다문화가족지원센터의 사업 영역은 대략 열 가지(1. 한국어교육, 2. 다문화사회 이해 교육, 3. 가족 교육, 4. 취·창업 지원, 5. 자조 모임, 6. 육아 정보 나눔터, 7. 멘토링·다문화가족 자원봉사단, 8. 다문화 인식 개선 사업 및 홍보, 9. 지역사회 네트워크 강화, 10. 개인 상담)로 전국이 동일하다. 이 모든 사업 영역 중 강화군 다문화가족지원센터에서 중점적으로 시행하고 있는 분야는 다음과 같다.

한국어교육은 체계적인 한국어교육을 통해 의사소통 능력을 향상시켜 결혼이민자의 자립심을 증진시키기 위한 목적으로 강화군 내 거주 결혼이민자 151명을 대상으로 매주 1회 2시간씩 학습자의 한국어 능력에 따른 맞춤 교육을 진행한다. 다문화사회 이해 교육은 다문화 이해 교육, 법률 및 인권 교육, 결혼과 가족의 이해, 한국 사회 적응 교육의 네 가지 세부 영역으로 나누어 강화군 거주 다문화가족을 대상으로 연간 2회씩 진행하고 있다. 가족 교육은 의사소통 미숙 및 부재로 인한 가족 간 갈등을 예방하고 사회 적응을 돕기 위한 전문가 양성을 목적으로 가족 통합 교육, 배우자 교육, 예비 배우자 교육, 자녀 지원 교육으로 나누어 진행하고 있다. 취·창업 지원 사업은 취·창업을 원하는 결혼이민자의 안정된 조기 정착 기반이 될 수 있도록 지역적 안배를 고려하여 취·창업 관련 상담 및 프로그램 운영으로 일자리 제공으로 결혼이민자의 고용 창출 및 경제적 기반을 목적으로 강화군 거주 다문화가족 결혼이민자를 대상으로 주 2회 2시간씩 진행하고 있다. 통·번역 자조 모임은 농어촌 지역인 강화군 주민의 다수가 국제결혼을 하게 되면서 강화군의 주요한 가족 형태가 이민 여성과 다문화가족형이 일반화되고 있어 안정된 조기 정착 지원이 절실히 요구되고 있는 상황이며, 이에 가족 및 사회 생활의 의사소통 지원을 목적으로 강화군 거주 다문화가족을 대상으로 진행하고 있다.

2009년도 강화군 다문화가족지원센터의 기본 사업은 7천만 원으로 전국이 동일하며, 매칭 펀드(국비 70%, 시비 30%) 방식으로 지원된다. 센터 기본 사업은 인건비, 경상운영비, 사업비로 사용되고 있으며, 강화군청에서 장소를 제공하고 있다. 센터 기본 사업비 외에 방문 지도 사업으로 2억 5천만 원, 영농 기술 교육 사업은 단기 사업으로 4천만 원, 그 외 수시 사업으로 예산을 지원받고 있다.

3. 강화군 다문화가족지원센터 관계자 FGI

앞선 장에서는 강화군 다문화가족지원센터의 운영현황에 대한 내용 분석을 진행하였다. 이를 기반으로 본 장에서는 실제 방문을 통한 센터 관계자(운영자 및 수혜자) 인터뷰 조사 연구를 진행할 것이다. 이미 1장을 통해 이 연구가 농어촌 복합 형태를 띠고 있는 지역인 강화군의 다문화가족지원센터의 프로그램 운영현황을 구체적으로 분석하는 데 주안점을 두고 있다고 밝혔다. 그 이유는 농어촌 결혼 이민 여성들의 사회 통합을 위한 문화 정책의 기본 방향을 모색하고자 했기 때문이다. 이 연구는 강화군 다문화가족지원센터의 운영자와 프로그램 참여자를 대상으로 정책 수행 및 수혜에 대하여 의견을 수렴할 것이다. 이를 위해 질적 연구 기법인 주요 집단 인터뷰(FGI)를 실시한다.

본 연구는 1차적으로 문헌 조사와 인터넷 조사에서 나온 내용들을 토대로 질문지를 개발하였고, 2차적으로 질문에 대한 답변 지침을 제공한 후 2009년 12월 2일 강화군 다문화가족지원센터 현지 방문을 통해 집단 면접법으로 진행하였다. 인터뷰 대상은 총 8인으로 2개의 집단군(기관의 프로그램 수혜자와 기관을 운영하는 운영자)으로 구성하였고, 조사방법은 집단별 2시간씩 FGI를 실시하였다. 심층 인터뷰 기법을 활용해 얻어낸 내용은 1차적으로 전사(轉寫)를 한 다음 2차적으로 주요 어휘를 추출하여 3차적으로 목록화하는 소위 '주요 어휘 추출 분석법'을 활용하였다. 이 방법을 통해 인터뷰 참가자들의 발화 의미를 추출하고 이를 다문화정책의 시사점으로 활용할 수 있도록 연구자의 해석을 기술하였다.

3.1. 수혜자 FGI 분석

강화군 다문화가족지원센터의 프로그램 운영현황에 대하여 수혜자의 의견을 분석한 결과는 다음과 같다. 질문지는 '농어촌 결혼 이민 여성의 실태와 문제점 및 해결 방안은 무엇인가'에 관한 연구문제를 설정한 후 선행 연구 및 문헌 자료를 통한 이론적 준거의 틀을 마련하고 질문지 형식으로 문항을 작성하였다.

수혜자 인터뷰 대상은 〈표 1-4〉와 같이 5명으로 구성되었으며, 강화군 다문화가족지원센터의 프로그램 참여자를 대상으로 선정하였다.

〈표 1-4〉 인터뷰 참여 수혜자의 일반적 특성

구 분	성	연 령	국 적	결혼기간	남편 연령	이주 전 직업	자 녀
1	여	24세	캄보디아	3년 3개월	45세	미용	유
2	여	29세	중국	1년 4개월	39세	회계	무
3	여	25세	중국	1년 4개월	40세	회사	무
4	여	26세	베트남	4년 9개월	49세	공장	유
5	여	37세	필리핀	14년	42세	회계	유

〈표 1-4〉에서 같이 수혜자들은 20대에서 30대 사이의 결혼 이민 여성으로서 짧게는 1.4년에서 길게는 14년차 주부들이다. 이들의 국적은 중국 및 동남아계로 다양하며 대부분 결혼 전 직업을 가진 여성들이었다. 그리고 남편과 나이 차이는 적어도 10세 연상으로 나타났다. 이러한 차이는 정착 과정에서 문제점이 야기될

것을 고려하여, 첫 번째 질문은 '정착 과정에서 발생한 문제점'에 대한 질문을 했다. 이에 대해 다양한 답변들이 제시되었고, 그 내용을 간추리면 다음과 같다.

〈표 1-5〉 정착 과정에서의 문제점

구 분	답 변
수혜자 1	인사 문화, 음식 문화 등 다른 생활 문화 양식의 차이로 인한 어려움
수혜자 2	음식 문화의 차이에서 오는 어려움
수혜자 3	언어의 문제로 인한 의사소통 및 일상생활의 불편함
수혜자 4	의사소통과 생활양식의 차이에서 갈등 초래
수혜자 5	언어의 문제, 기후 등 생활환경의 차이로 인한 어려움

정착 과정에서의 문제점은 대부분 생활 문화, 언어 문제, 생활환경의 차이로 인해 어려움을 겪게 되었다고 말하였다. 실제 정착 과정에 대한 수혜자의 의견을 들어 보면 다음과 같다.

"처음 한국에 왔을 때 생활 방식과 문화의 차이로 인해 놀라게 되었다. 한국은 캄보디아의 인사 문화와 식문화가 달랐기 때문이다. 고향에서는 두 손을 모으고 인사를 하였지만 한국에서는 공손하게 허리를 숙여 인사를 하였고, 식사를 할 때 반찬의 수가 많은 것을 보고 놀랐다. 지금은 익숙해졌다."(수혜자 1)

"처음 한국에 왔을 때는 의사소통과 생활양식의 차이로 인해 많은 갈등이 있었다. 한국말을 할 수 없었기 때문에 가족들과 대화를 거의 할 수 없었기 때문에 답답했다. 하지만 지금은 의사소통을 할 수 있으며, 특히 센터의 가족 교육과 방문 교육을 통해 도움을 많이 받을 수 있었다."(수혜자 4)

정착 과정의 문제점에 대한 결혼이주여성의 인터뷰 결과 많은 어려움을 겪었다는 것을 확인할 수 있었다. 결혼이주여성들은 가족들과 생활하면서 생활 방식과 관습, 가치, 문화에 대한 이해 부족 등이 갈등을 초래하였는데, 정착 초기에는 간단히 해결 가능한 문제도 언어소통의 부재로 인해 해결하지 못하고 갈등이 심화되는 등 정착의 어려움을 피력하였다.

다음으로 '강화군 다문화가족지원센터 프로그램 참여'에 대한 질문에 다양한 의견들이 제시되었고, 그 답변의 주요 내용을 간추리면 다음과 같다.

〈표 1-6〉 강화군 다문화가족지원센터 프로그램

구 분	답 변
수혜자 1	한국 음식과 장구 등 다양한 문화를 배우고 있으며 문화 체험 프로그램 좋음
수혜자 2	센터에서 배운 음식을 집에서 직접 만들며 가족들의 호응은 좋음
수혜자 3	주 2회 2시간씩 센터에서 한국어를 배우고 있음
수혜자 4	한국어 습득은 센터에서 배우는 것이 TV 시청보다 효과가 높음
수혜자 5	정동극장에서의 공연 관람, 제주도 탐방 교육 등 문화 체험 프로그램이 좋음

수혜자 대부분은 친구의 소개, 상점주인, 시부모님, 외국인 신분증에 기입된 번호 등 지인을 통해 센터를 알게 돼 왔으며 가정에서 시부모님이나 남편이 배우러 가는 것을 권장한다고 하였다. 강화군 다문화가족지원센터의 프로그램에 대해 수혜자들은 대부분 만족하는 것으로 나타났다. 센터에서 한국어를 일주일에 2번 2시간씩 배우고 있으며, TV 시청보다 센터에서 한국어를 배우는 것이 오히려 효과가 높다고 말하였다. 한국어교육 외에 다문화인식 개선 사업의 일환으로 다양한 의·식·주 문화 체험 활동을 하고 있었다.

강화군 다문화가족지원센터 프로그램에 대한 인터뷰 결과 프로그램에 참여하고 있는 결혼이주여성들의 만족도는 상당히 높은 것으로 나타났다. 결혼이주여성들은 매주 2~3회 본 센터를 방문하여 다양한 문화를 배우면서 한국 생활에 적응해 나가고 있었으며, 더 많은 시간을 센터에서 보내길 원하고 있었다. 특히 한국어 습득에 있어 TV 시청보다 센터 교육이 더욱 효과적이라는 의견은 센터 교육이 성공적으로 이루어졌다는 것을 증빙하고 있다.

세 번째 '수혜자들이 강화군 다문화가족지원센터에 바라는 점은 무엇인지'에 대한 질문에 다양한 의견들이 제시되었고, 그 답변의 주요 내용은 다음과 같다.

〈표 1-7〉 강화군 다문화가족지원센터에 바라는 점

구 분	답 변
수혜자 1	현재는 겨울방학 기간, 지속적으로 컴퓨터 교육이 진행되길 희망
수혜자 2	현재 너무 만족하고 있음
수혜자 3	현재 너무 만족하고 있음
수혜자 4	가족들이 함께 교육을 받을 수 있는 프로그램 희망
수혜자 5	문화 체험 프로그램의 참여 기회 및 확대 희망

수혜자들은 강화군 다문화가족지원센터에서 컴퓨터 교육, 가족 교육, 문화 체험 등 교육 프로그램이 확대되길 희망하는 것으로 나타났지만 대부분 현재의 센터 운영 방안에 아주 만족하고 있는 것으로 나타났다. 실제 수혜자의 의견을 들어 보면 다음과 같다.

"현재 센터는 겨울방학 기간으로 교육이 진행되지 않는다. 센터에서 컴퓨터를 배우게 되었는데 방학을 해서 배울 수가 없다. 컴퓨터를 배워서 고향에 이메일을 보내고 싶다. 겨울방학이 없이 지속적으로 수업이 진행되었으면 좋겠다."(수혜자 1)

"센터에서는 한국의 다양한 문화 체험을 통해 한국에 대한 이해를 돕는 프로그램을 진행하고 있다. 얼마 전에는 정동극장에 가서 민속공연을 관람하였고, 제주도 역사 문화 탐방에 참여한 적이 있다. 결혼이민자 가정에서는 문화적 차이로 인해 어려움을 겪고 갈등이 생기게 되는데 시부모님과 남편까지 함께 참여하여 교육을 받게 되면서 서로를 더 많이 이해할 수 있게 되었다. 이러한 문화 체험 프로그램이 확대되고 참여 기회가 많아질 수 있기를 희망한다."(수혜자 5)

네 번째 '수혜자들이 한국 정부에 바라는 점은 무엇인지'에 대한 질문에 다양한 의견들이 제시되었고, 그 답변의 주요 내용은 다음과 같다.

〈표 1-8〉 한국 정부에 바라는 점

구 분	답 변
수혜자 1	지역 내 직업 활동 희망
수혜자 2	직업 교육과 일자리 제공 기관을 연계하여 취업에 도움받길 희망
수혜자 3	현재 한국어 실력 부족으로 한국어를 더 배운 후 생각해 볼 계획
수혜자 4	방문 교육 서비스 확대를 통해 의사소통과 자녀 교육에 도움받길 희망
수혜자 5	외국인 등록증 소지로 인한 불편함이 해소되길 희망

결혼이주여성들은 한국 정부에 그들의 실생활을 바탕으로 겪었던 어려운 점을 한국 정부에서 정책적으로 해결해 주기를 바라고 있었다. 실제 수혜자의 의견을 들어 보면 다음과 같다.

"방문 교육 서비스가 계속되었으면 좋겠다. 방문 지도는 6개월 동안 일주일에 2번 정도 받았지만, 지금은 방문 교육 기간이 끝나서 받을 수가 없다. 처음 한국에 왔을 때 언어와 생활 문화의 차이로 힘들어하고 있을 때, 방문지도사를 통해 한국에 대해 배우고, 동화책을 읽고, 글씨를 배우고, 요리를 배우고 함께 밥을 먹으면서 한국 문화를 배웠다. 상담도 할 수 있었는데, 한국생활 적응에 방문 교육은 정말 많이 도움이 되었고, 지금도 지속적으로 교육이 진행되었으면 좋겠다."(수혜자 4)

"외국인 등록증 소지로 인한 불편함이 해소되길 희망한다. 현재 외국인 신분이기 때문에 사회보장보험 등 복지 대상에서 완전히 배제되고 있으며, 신원보증을 조건으로 체류 비자를 매년 갱신해야 하는 불편함이 있다."(수혜자 5)

한국 정부에 바라는 점에 대한 결혼이주여성의 인터뷰 결과 그들은 여성결혼이민자들이 한국에서 적응하며 한국인과 함께 공존하며 살아갈 수 있는 정책적인 지원과 제도 마련을 희망하는 것으로 나타났다. 특히 지역 내 직업 활동 제공과 결혼이주여성에 대한 신원보증 조건 개선 등을 요구하기도 하였다. 이런 점에서 보면 한국 정부가 여성결혼이민자들의 어려운 점들을 파악하고 이를 적극적으로 해결하려고 노력해야 한다는 시사점을 얻게 된다.

3.2. 운영자 FGI 분석

강화군 다문화가족지원센터의 프로그램 운영현황에 대하여 관리자의 의견을 분석한 결과는 다음과 같다. 질문지는 '농어촌 결혼 이민 여성의 실태와 문제점 및 해결 방안은 무엇인가'에 관한 연구문제를 다문화가정 지원 정책을 중심으로 질문지 형식으로 문항을 제작하였다.

센터의 운영자 인터뷰 대상은 〈표 1-9〉와 같이 3명으로 구성되었으며, 강화군 다문화가족지원센터 운영자를 대상으로 선정하였다.

〈표 1-9〉 운영자의 일반적 특성

구 분	성	연 령	직 책	근무 기간	전 공
1	여	52세	센터장	4년 6개월	사회복지
2	여	52세	센터팀장	4년	가정관리
3	여	38세	방문팀장	2년 2개월	사회복지

〈표 1-9〉에서와 같이 센터를 운영하는 필수 인력은 3명으로서 이들은 2년 이

상 본 센터에서 근무하였으며, 전공은 사회복지학이 주를 이루고 있다. 첫 번째 '한국 사회의 다문화현황 인식'에 대한 질문에 다양한 의견들이 다음과 같이 제시되었다.

〈표 1-10〉 한국 사회의 다문화현황 인식

구 분	답 변
운영자 1	한국의 다문화상황은 외국 사례와 접근 자체가 다름에도 답습하려는 경향
운영자 2	다문화이해 부족 등 준비되지 않은 상황에서 결혼 이민 정책 시행
운영자 3	여성결혼이민자가 정착하는 지역에 따라 적응 속도와 다문화이해가 다름

최근 들어 한국 사회에 다문화현상이 급속도로 진전되고 있지만 여전히 정부 중앙부처와 한국 사회는 준비가 미흡한 상황이며, 이러한 상황에서의 정책 시행으로 많은 문제점이 초래하고 있음을 지적하였다. 실제 운영자의 의견을 들어보면 다음과 같다.

"처음 우리의 정책은 미국이라든가 외국 사례를 굉장히 많이 답습하는 경향이 있었는데, 그 답습이라는 것은 우리의 상황하고 미국 사회하고는 너무나 다르다는 것에 주목할 필요가 있다. 미국 자체는 이민 사회로 구성이 되어 있는데, 우리는 가족 단위 이민이 아니라 그야말로 농촌의 청년들이 결혼을 못 해서 오는 것이 중심이 되었기 때문에 여성이 혼자 이주해 온다. (하략)"(운영자 1)

"지금은 사회적 변화, 흐름에 따라 외국에서 들어오는 결혼 이민을 중심으로 해서 다문화가 우리 사회에 급속도로 더 확산되고 있다. 그런데 문제는 다문화에 대한 준비가 되지 않은 상황에서 결혼 이민 정책이 시행되고 있다는 것이다. (중략) 우리 사회 또한 준비 자체가 되지 않은 상황에서 이민자들이 오고 그 가정에서 생활하다 보니, 서로 적응하는 기간에 갈등이 많이 생기고 있다."(운영자 2)

"결혼이민자 가정의 경우 가정 하나하나마다 다른 문화가 다 모여 있다. 시어머니 문화가 따로 있고, 남편 문화, 자녀 문화, 이민 여성까지 해서 다양한 문화가 공존하고 있다. 특히 서로의 문화가 다름을 이해하는 것이 아니라 서로 틀렸다고 생각하기 때문에 갈등이 많다. (중략) 농어촌보다 도시에 사는 이민 여성들의 적응 속도가 더 빨랐으며, 다문화에 대해서 지역 주민들이 이해하는 속도와 받아들이는 것에도 차이가 많이 났다."(운영자 3)

한국 사회의 다문화현황은 인터뷰 내용에서 지적된 바와 같이 한국의 상황에 맞지 않는 선진 사례의 정책을 답습하고 있다. 특히 한국 사회는 다문화를 받아들일 준비가 되어 있지 않은 상황에서 다문화가 진행되고 있기 때문에 사회적인 문제로 야기될 뿐만 아니라 실제 생활하고 있는 결혼이민자 가정에는 심각한 문제들이 발생하고 있기 때문에 실효를 거둘 수 있는 정책과 대안이 필요하다.

다음으로는 앞에서 제기된 문제점에 대해 해결책을 찾기 위해 '결혼이민자 가정의 문제점 해결 방안'을 질문하였고, 그 답변의 주요 내용을 간추리면 다음과 같다.

〈표 1-11〉 결혼이민자 가정의 문제점 해결 방안

구 분	답 변
운영자 1	가족 구성원마다 그룹별로 나누어 진행하는 가족 교육 프로그램, 한국어 교육 중요
운영자 2	집단 중심, 집단 상담 교육으로 진행되는 가족 통합 교육 확대 시행
운영자 3	방문 교육 서비스를 통해 의사소통 문제로 초래되는 가족 붕괴 상황 방지

운영자들은 결혼이민자 가정 문제점의 원인으로 문화적 차이와 의사소통 부재가 가장 큰 것으로 지적하였으며, 그렇기 때문에 문제점의 해결방안으로 인식 개선을 위한 교육, 특히 가족 이해 교육을 강조하고 있는 것으로 나타났다. 실제 운영자의 의견을 들어보면 다음과 같다.

"센터에서 가장 중점을 두는 교육이 가족 교육이다. 가족 구성원마다 그룹별로 나누어 프로그램을 운영하고 있는데, 살아온 환경이 다르기 때문에 시부모님들, 남편들, 자녀들, 이민 여성들을 각각 따로 교육을 진행하고 있다. 이 부분은 크게 중점을 두어야 할 부분으로 가족 교육이라는 것은 분명히 효과가 있다. 실제 참여한 가족과 그렇지 않은 가족이 굉장히 차이가 났고, 이해하는 폭도 많은 차이가 났다. 이와 함께 한국어교육이 중요하다. (하략)"(운영자 1)

"다문화가족의 자긍심을 향상시킬 수 있는 프로그램인 가족 통합 프로그램을 확대 시행해야 한다. 센터에서는 남편 교육, 시부모님 교육, 아내 교육을 따로 진행하고 있는데, 여기서 중요한 것은 집단 중심, 집단 상담 중심으로 교육이 많이 이루어지고 있다는 점이다. 가족 통합 교육은 정기적으로 가족 동반 한국 문화 체험이 진행되고 있으며, 특히 집단 중심으로 프로그램이 진행될 때 교육의 효과가 높은 편이다. 실제 가족 통합 프로그램의 일환으로 1박 2일 프로그램, 가족 운동회, 제주도 역사 문화 탐방 등 시부모님과 남편까지 참여하는 프로그램을 운영하고 있는데 참가자의 반응과 교육의 효과는 아주 높았다."(운영자 2)

"실제 결혼이민자 가정을 방문 교육 서비스를 통해 만나 보면 의사소통의 어려움으로 인해 많은 문제가 발생하고 있다. 실제 얼마 전 몽골 여성과 시어머니 사이에서 문화적 차이를 언어로 설명하지 못하여 갈등이 생기고 그것 때문에 가족이 붕괴 상황 직전까지 이르게 되는 경우가 있었다. 다행히 센터로 상담 연락이 오게 되었고, 통역 요원의 도움으로 해결된 사례가 있다. 이처럼 결혼이민자 가정은 아주 사소한 일조차도 의사소통이 안 되고 있는데 그들에게는 한국어가 너무나 소중한 상황이다. (하략)"(운영자 3)

운영자들은 결혼이민자들의 문제점이 가족 내부에 있음을 시사하였고, 또한 이를 해결하기 위해 가족 교육이 필요하며, 방문 교육이 지속적으로 확대되어야 한다고 진술하고 있다.

다음으로 '강화군 다문화가족지원센터의 전반적인 사업 현황'에 대해 질문하였고, 그 답변의 주요 내용은 다음과 같다.

〈표 1-12〉 강화군 다문화가족지원센터 사업 현황

구 분	답 변
운영자 1	센터의 역점사업은 문화 인식 개선 사업(다문화사회의 인식, 한국어 교육 중심)
운영자 2	사업은 센터장, 센터팀장, 방문팀장 중심으로 임무 세분화 체제
운영자 3	전국 기본 공통 사업 외 영농 기술 교육 사업과 방문지도사 역량 강화 교육 시행

전반적으로 강화군 다문화가족지원센터의 사업은 성공적으로 진행되고 있으며, 특히 운영자들의 직무 능력과 다문화에 대한 인식 및 열정이 높은 것으로 나타났다. 운영자의 의견을 들어보면 다음과 같다.

"센터의 역점 사업은 문화 인식 개선 사업이다. 쉽게 이야기하자면 다문화사회의 인식, 한국어교육 같은 것을 말한다. 결혼이민자 가정의 구성원들은 서로가 갖고 있는 문화가 다 다르다. 남편 문화, 엄마 문화가 서로 다르며 의·식·주 문화도 다르다. 교육을 통해 다문화인식 개선의 모티브를 제공하고 있으며, 서로가 자신의

것만 고집하기보다는 이해할 수 있도록 교육하고 있다."(운영자 1)

"센터는 센터 사업과 교육 사업 두 가지로 크게 구성되어 있다. 센터장은 센터 전체의 사업을 종합적으로 관할한다. (중략) 현재 사업은 센터장·센터팀장·방문팀장 중심으로 운영되고 있으며, 인력 부족으로 인해 자신의 임무 외에도 재분화하여 일을 하고 있으며 거의 자원봉사자 역할까지 다 같이 하고 있다."(운영자 2)

"타 지역 센터와 다른 점은 전국에서 기본적으로 수행하고 있는 기본 공통 사업 외에 지역적 특성으로 진행하게 된 사업으로 영농기술 교육 사업과 교동도·삼산과 같은 섬 지역 이민여성 방문 및 한국어 교육 사업이 있다. 그러한 여성들은 교육의 기회 자체가 없는 상황인데, 이럴 때 방문 지도 사업은 큰 힘을 발휘하게 된다. 특히 타 센터와 다른 점은 센터장님이 방문지도사를 대상으로 역량 강화 교육을 꾸준히 함으로 인해 스스로 가치 체계를 부여하고 자부심을 갖게 만든다."(운영자 3)

강화군 다문화가족지원센터의 사업 현황에 대한 인터뷰 결과 전반적으로 센터의 사업은 성공적으로 운영되고 있다고 말할 수 있다. 앞장에서 수혜자들은 센터의 운영현황에 만족하고 있는 것을 볼 수 있었는데, 이러한 결과는 바로 센터 운영자들의 직무 능력과 다문화에 대한 긍정적인 인식 및 열정을 기반으로 하고 있다는 것을 알 수 있다.

다음으로 현 정부의 다문화정책이 어떻게 추진되고 있으며, 문제점이 무엇인지를 분석하기 위하여 '정부의 다문화 관련 정책 문제점'에 대해 질문하였다. 그 답변의 주요 내용을 간추리면 다음과 같다.

〈표 1-13〉 정부의 다문화관련 정책 문제점

구 분	답 변
운영자 1	지역적 특성(농촌, 도시)을 반영하지 않고 경제 논리에 따르는 정책 시행
운영자 2	본예산 없이 복권 기금으로 사업 운영을 하며, 사업 운영 또한 일관성 없이 시행
운영자 3	운영진 급여, 지도자 수 등 현실을 반영하지 않고 정책 시행

전반적으로 정부의 다문화관련 정책은 많은 문제점을 안고 있으며 시급히 해결해야 할 사안도 있는 것으로 나타났다. 실제 운영자의 의견을 들어보면 다음과 같다.

"현재 한국은 다문화라는 기초 기반을 다지는 시기이며, 다문화로 안 갈 수가 없는 상황이다. 그런데 정책과정에서 경제 논리와 비교하면서 농촌 중심형에서 도시 중심형으로 가고 있다. 농촌과 도시의 지역적 특성이 다름에도 불구하고 이를 반영하지 않고 경제 논리로 가게 되면, 소수자는 소수자로 남지 배려를 받지 못하게 된다. 이런 정책이라면 농촌의 다문화센터는 앞으로 도태될 가능성이 가장 크다고 본다."(운영자 1)

"시급히 해결되어야 할 문제 중 하나가 다문화지원 사업을 본예산 없이 복권 기금으로 운영해 오고 있다는 점이다. 복권 기금이라는 것은 사행성기금인데, 그 기금으로 다문화사업을 하고 있는 것이다. 본예산으로 정부가 정식으로 편성하고 다문화사업을 책임감 있게 운영해야 된다. 현재 정부의 15개 부처 중 12개 부처에서 다문화에 대해 예산 지원을 하고 있다. 하나로 통합되어 일관성 있게 사업을 추진할 수 있도록 해야 한다. 다문화사업이 보건복지부에서 여성가족부로, 다시 보건복지가족부로, 그리고 내년에 여성부로 이관되는 등 계속해서 표류하고 있는데, 다문화의 성장과 정책을 위해서는 반드시 지양되어야 한다."(운영자 2)

"운영진 연봉은 직무와 전문성에 비해서 너무 낮게 책정되어 있다. 현재 운영진은 우리 사회 다문화 뿌리의 시작이라는 가치감과 사명감을 갖고 있기 때문에 업무를 지속할 수 있는 것이다. 진심, 진정성, 가슴이 없이는 일을 할 수 없기 때문에 애초에 인력 구성 시 이를 염두에 두고 있다. 또 다른 문제점은 현실을 반영하지 않고 시행되는 정책이다. 앞으로 10년 동안 다문화센터의 수가 현재 100개에서 159개로 늘어난다. 그런데 문제는 현 예산에서 센터의 수가 늘어나게 되기 때문에 방문지도사의 수가 줄어들게 된다는 점이다. 그동안 지도사를 역량 있게 키우기 위해 교육을 시키고, 그들 또한 실제 현장에서 다문화가정들과 소통하고 경험해 왔는데 앞으로 현장에서 제외된다는 것은 굉장한 인력 낭비라고 생각한다."(운영자 3)

정부의 다문화 관련 정책에 대한 인터뷰 결과 한국적 현실에 맞는 다문화정책 수행의 일관성을 확보해야 한다는 것을 확인할 수 있었다. 다문화에 대한 예산 지원이 정부 12개 부처에서 중첩되어 이루어지고 있으며, 다문화지원 부처의 계속적인 표류, 본예산 없이 복권 기금으로 운영하는 등 정책에 많은 문제점이 나타났으며 다문화 관련 인력이 전문적으로 직무를 수행할 수 있도록 배려해야 할 것으로 본다.

다음으로는 앞에서 제기된 문제점에 대해 해결책을 찾기 위해 '정부에 바라는 다문화 관련 정책 제안'에 대해 의견을 구했고, 그 주요 내용을 간추리면 다음과 같다.

〈표 1-14〉 다문화관련 정책 제안

구 분	답 변
운영자 1	농어촌 지역의 도시적 특성을 살린 정책 마련
운영자 2	일관된 정책 시행과 다문화 담당자 지속근무, 결혼이민자 가정의 센터 교육 의무화 제안
운영자 3	현장의 소리 반영과 역량 있는 방문지도사 유지

운영자들은 다문화관련 정책 제안으로 크게 지역적 특성 반영, 다문화정책의 제도적 개선, 방문 지도 사업의 중요성에 대해 의견을 제시하였다. 실제 운영자의 의견을 들어보면 다음과 같다.

"사실 도시 지역에 살고 있는 이민여성은 센터 방문에 많은 어려움을 겪지 않는다. 거리상으로도 충분히 갈 수 있으며, 교통편, 지역문화를 이용하는 것도, 한국어 공부도 다문화센터가 아닌 곳에서도 이용할 수 있는 기회가 많다. 하지만 농촌은 안 그렇다. 방문 선생님을 일주일에 2번 만나는 것 외에는 한국인을 전혀 만나지 못하는 경우도 있으며, 환경적인 면에서 이용할 수 있는 기회가 거의 없기 때문에 농어촌 지역으로 갈수록 중점이 되어야 한다. 그런데 인원수로만 생각하기 때문에 인원이 많은 곳에 더 많은 사람을 보내는 것이 현 정부의 정책이다. 농어촌 지역의 도시적 특성을 살린 정책이 시급히 마련돼야 할 것이다."(운영자 1)

"다문화기금은 반드시 본예산에 편성되어야 하며, 한국적 상황에 맞는 일관된 정책 시행을 바란다. 특히 행정 부분에서 다문화 담당자는 인사이동과 상관없이 지속적인 근무를 해 주었으면 좋겠다. 거의 2년마다 인사이동이 되기 때문에 다문화를 이해하려고 하면 부서 이동이 되고, 또다시 이해시켜서 일을 할 만하면 사람이 바뀌고, 결국 저희도 지치게 되지만 더 중요한 것은 제대로 된 정책 시행을 하지 못하고 있다는 점이다. 다른 하나는 희망사항이지만 결혼하는 시스템 자체가 정부의 통제를 받고, 결혼할 때 이민 여성과 그의 가족들이 다문화가정 센터에서 다문화에 대한 교육을 이수하는 결혼이민자가정센터 교육 의무화 정책이 시행되었으면 좋겠다."(운영자 2)

"도시 지역과 농어촌 지역은 많이 다른데 농어촌 지역을 중심으로 이야기한다면 가정적인 문제, 거리상의 문제 등으로 인해 센터에 못 오는 이민 여성들이 많다. 이민 여성들 중에는 방문선생님 오는 것만 바라보고 있는 경우가 꽤 많은데, 그런 분들을 위해서 방문 지도를 확대해야 한다. 또한 기존의 역량 있는 방문지도사를 유지할 필요가 있다. (중략) 현 정책에서는 이러한 방문지도사들이 사장될 위기에 처해 있고 실제 그렇게 되고 있다. 이와 같은 현장의 소리를 정책에 반영해 주었으면 좋겠다."(운영자 3)

운영자들이 제안한 다문화정책은 말 그대로 기본 방향을 제시하고 있다. 지역적 특성을 반영한 정책 수립 및 정책 지원, 다문화교육 관련 본예산 편성, 방문지도사 제도의 확대 및 유지 등이 기본 골자이다.

4. 다문화정책의 개선 방향

지금까지 강화군 다문화가족지원센터의 운영현황에 대한 내용 분석과 아울러 센터 관계자(수혜자 및 운영자)들에 대한 FGI 조사 분석을 수행하였다. 분석 결과를 통해 몇 가지 결혼이주여성의 사회 통합을 위한 문화 정책에 기여할 수 있는 시사점을 정리하면, 첫째, 소통과 공존을 지향하는 다문화사회를 위한 다문화정책의 구현, 둘째, 지역성에 기반을 둔 다문화정책 수립 및 실행, 셋째, 이민자 사회 통합에 가장 필수적인 가족 통합을 위한 가족 교육 프로그램의 내실화, 넷째, 한국적 현실에 맞는 다문화정책 수행의 일관성을 들 수 있다. 이들을 차례대로 설명하면 다음과 같다.

먼저 소통과 공존을 지향하는 다문화사회를 위한 다문화정책을 어떻게 구현할 것인가에 대해 정부와 정책 입안자들이 고심해야 할 것이다. 한국사회는 이미 다문화사회로 급속히 전환되고 있으며, 그 과정에서 사회 문제들이 대두되기 시작하였다. 여전히 남아 있는 배타적 민족주의 성향과 다문화에 대한 인식 결여, 준비 없이 받아들이기 시작한 결혼이민자들, 그 속에서 문화적 차이로 인한 갈등은 결혼이민자 가정 구성원 모두에게 때로는 치유되기 힘든 상처를 남기기도 한다. 이를 해결하기 위해서는 다문화사회 이해 교육과 소통을 위한 한국어교육이 확대되어야 할 것이다. 현재 시행되고 있는 동화주의적 입장에서 좀 더 적극적인 상호 문화 이해 교육의 형태로 전환되어야 할 것이다. 아울러 결혼이민자 본인 자신뿐만 아니라 그 가정을 비롯하여 전 국민이 어떻게 도래하는 다문화사회를 이해하고 이 새로운 패러다임에 적응할 수 있는 평생교육 체계를 구축해야 한다.

둘째, 정부는 지역성에 기반을 둔 다문화정책을 수립하고 이를 실행해야 한다. 현재 도시형과 농어촌형으로 구분하여 일괄적으로 지원하는 다문화정책을 전면 재검토하고 지원 유형을 다양화해야 할 것이다. 다시 말하자면 강화도와 같이 도서 및 벽지 지역인 경우 방문지도사, 상담사, 영농지도사 등을 추가 확보하고 집체 교육보다는 찾아가는 다문화교육을 실천해야 할 것이다. 특히 방문 지도 사업은 지속되어야 할 것이며, 이들에 대한 재교육과 처우 개선에 힘써야 할 것이다. 아울러 도농 간 더욱 심화되고 있는 정보 격차를 해소하기 위하여 농어촌 지역 다문화가정 및 그 주부에 대한 정보화 지원 및 정보화 교육에 투자해야 할 것이다.

셋째, 이민자 사회 통합에 가장 필수적인 것은 해당 가정의 가족 통합이 우선이다. 이를 위해 소통 교육이 필요하다. 단순히 이민자들의 한국어교육을 넘어서 해당 가족들이 이민자의 문화와 언어를 체험할 수 있도록 배려하는 정책도 필요하다. 이는 가족 교육 프로그램의 내실화에 해당되는 것으로 이민자를 가족구성원으로 인정한다는 의미를 내포한다. 아울러 강화군 다문화가족지원센터 FGI 결과 가장 효과적인 가족 교육 프로그램의 수단은 다문화가정의 가족 여행 지원이다. 이를 통해 가족구성원 간 갈등이 해소되고, 상호 문화를 이해할 수 있는 좋은 계기였다고 답변하였다. 정책 수립자들은 이 점을 감안하여 다문화사회 이해 교육을 가족 여행 프로그램과 연계할 수 있도록 지원책을 고안해야 한다.

넷째, 한국적 현실에 맞는 다문화정책 수행의 일관성을 확보해야 한다. 현재 정부의 17개 부처 중 12개 부처에서 다문화에 대해 예산지원을 하고 있다. 또한 다문화사업이 보건복지부에서 여성가족부로, 다시 보건복지가족부로, 그리고 내년에 여성부로 이관되는 등 계속해서 표류하고 있다. 이런 문제로 일선 다문화교육기관들이 어느 부처와 소통해야 할지 어려움에 직면하고 있다. 다시 말해 정부 차원에서 다문화정책 및 지원이 하나로 통합되어 일관성 있게 사업을 추진할 수 있도록 해야 한다. 또한 예산의 문제도 거론할 수 있다. 현재 본예산 없이 복권 기금으로 운영해 오고 있는데 본예산으로 정부가 정식으로 편성하고 다문화사업을 책임감 있게 운영해야 한다. 아울러 지자체 차원의 다문화정책 담당자의 직무 전문성에 관한 문제이다. 이 영역은 다른 영역에 비해 전문적인 식견을 요구하는데도 2년에 한 번 담당 공무원이 바뀌어 일선 기관들의 애로사항이 되고 있다. 적어도 지자체 급에서 다문화사회 혹은 다문화교육 전문직을 공채하여 책임감 있고 전문적으로 직무를 수행하도록 배려해야 한다.

2장

다문화교육으로서 상호문화교육

2

다문화교육으로서
상호문화교육*

오영훈

* 이 글은 2009년 『교육문화연구』 15권 2호에 게재된 논문 「다문화교육으로서 상호문화교육 - 독일의 상호문화교육을 중심으로 - 」을 수정 · 보완한 것이다.

1. 상호문화이해교육의 필요성

우리나라도 이제는 이민국인 미국, 캐나다, 영국, 프랑스, 독일 등 서구사회 못지않게 이주 외국인이 150만 명 이상으로 전체 인구의 2.8%에 해당된다. 서울만 하더라도 외국인들이 집단적으로 살고 있는 지역은 용산, 서초, 중구, 종로 등과 중소도시, 농어촌의 특정지역에서 자기들만의 게토를 형성하거나, 한국 사람들과 어울려 '혼합문화'를 형성하고 있다. 이에 따라 다문화가정을 이루는 2세대들이 기하급수적으로 늘어나고 있는 실정이다.

다문화가정 자녀들은 사회 · 문화적 환경 차이에서 비롯되는 정체성 혼란, 학습부진, 학교에서의 따돌림과 부적응, 사회적 차별뿐만 아니라, 다른 피부색과 서툰 한국말로 인해 교실 밖으로 내몰리고 있다. 이러한 다문화가정 자녀들의 현실은 우리 사회의 통합을 위해서 우리에게 인식의 전환과 함께 상호문화이해의 교육 연구가 절실히 요구된다는 점을 일깨워준다. 그 이유는 다음 세 가지로 요약될 수 있다.

첫째, 상호문화이해교육은 국민 통합적 성격을 띠는 동시에, 문화의 차이와 다름을 존중하는 사회적 인식전환을 도모한다. 상호문화이해교육은 한 사회 내에 존재하는 서로 다른 다수의 문화가 공존하는 것을 인정하며, 다수가 공존하는 문화는 우열로 인해 열등한 문화가 강압적으로 도태되는 것이 아니라, 오히려 정책적으로 열등하고 소수에 놓인 문화를 보호하는 것이다. 그렇기 때문에 다문화주의적인 교육은 현재 다문화사회로 진입하고 있는 한국에서 다문화가정에 대한 '시혜' 차원을 넘어 '다름과 차이'를 인정하는 '문화 간 상호교류'의 확장을 요구한다.

둘째, 상호문화이해교육은 사회 전체구성원의 인식을 변화시키는 것을 전제로 하는 사회 문화적 통합을 그 목표로 한다. 소수의 문화를 다수의 문화로 동화시키는 동화정책이 궁극적으로 다문화가정 자녀들의 정체성을 혼란시켜 사회문제를 야기할 소지가 많아 지양되고 있는 추세이다. 따라서 한 민족ㆍ한 핏줄이라는 획일적인 사고방식에서 벗어나 문화상대성에 바탕을 둔 다양성을 모색하는 개방적 사고로 나아가려는 노력이 요구된다.

셋째, 상호문화이해교육은 세계화시대에 걸맞은 인식과 태도를 함양한 세계시민의 양성을 목표로 한다. 세계화시대에 부흥하는 인재육성을 목표로 한국에서 현재 시행하고 있는 교육과정은 세계시민으로서의 인식과 태도를 양성하기에는 상호문화이해에 입각한 철학이 결여되어 있다. 한국사회는 세계 시민으로서의 자질이 외국어능력의 고하여부가 아닌 이문화(異文化)에 대한 이해와 수용에 있음을 간과하고 있다.

다문화사회는 문화 간의 차이는 인정하지만, 차별은 배제하는 사회 전반적인 의식전환이 선행되어야 한다. 그러나 한국사회는 이미 다문화사회를 경험한 국가의 잘못된 과정을 답습하고 있다. 한국이 채택한 동화주의 성향과 차별ㆍ배제주의 성향의 다문화교육은 이미 그 한계를 드러낸 구시대적 방식이며, 상호문화이해와는 본질적으로 다르다.

따라서 이 글은 독일의 사례를 근거로 한국이 처한 다문화사회를 재인식함과 동시에, 다문화가정 자녀들과 한국학생들에 대한 상호문화이해교육의 방향성을 제시하고자 한다.

2. 한국 다문화교육의 상호문화이해

2.1. 사회통합의 관점

〈그림 2-1〉에서 보여 주는 것처럼, 한국사회에서 이민자의 수가 빠르게 증가하면서 다문화가정 자녀들의 수도 역시 기하급수적으로 증가하고 있다.

다문화학생 유형별 재학현황('13년)

다문화학생 증가 추이

〈그림 2-1〉

〈표 2-1〉과 〈표 2-2〉에서 제시하는 바와 같이 교육부 자료에 따르면, 초·중·고등학교에 재학하는 다문화가정 자녀는 급격하게 증가하고 있는 추세이다. 하지만 지난 몇 년간 다문화가정과 자녀들의 사회통합을 위한 정부의 다문화교육 관련 정책들을 살펴보면 주로 결혼이민 1세대에게만 초점을 맞추고 있다.

〈표 2-1〉 다문화학생 연도별 증가 추이 (단위: 명)

인원수 \ 연도	2009	2010	2011	2012	2013
다문화학생 수(A)	26,015	31,788	38,678	46,954	55,780
전체 학생 수(B)	7,447,159	7,236,248	6,986,853	6,732,071	6,529,196
다문화학생 비율(A/B*100)	0.35%	0.44%	0.55%	0.70%	0.86%

〈표 2-2〉 다문화학생 수 현황(학교급별) (단위: 명)

구 분	2012년도				2013년도			
	초	중	고	계	초	중	고	계
한국출생	29,303	8,196	2,541	40,040	32,831	9,174	3,809	45,814
중도입국	2,676	986	626	4,288	3,065	1,144	713	4,922
외국인자녀	1,813	465	348	2,626	3,534	976	534	5,044
계	33,792	9,647	3,515	46,954	39,430	11,294	5,056	55,780
비율	74.1%	19.7%	6.2%		70.7%	20.3%	9.0%	

오랫동안 이주민을 받아들였던 프랑스에서 2005년 무슬림 이민자 자녀들이 일으킨 폭동사건은 이주민 통합정책의 운영이 얼마나 어려운 문제인가를 단적으로 보여주는 사례이다. 프랑스에서는 이미 오래전부터 이민자들이나 그 자녀들이 차별을 받아서는 안 된다는 이른바 '인종차별금지법'이 있었다. 하지만 현실은 달랐다. 이민 1세대의 경우 이주의 능동적 주체로서 그 사회에 적응하고자 노력한 반면, 이민 2, 3세대는 사회로부터 상대적 박탈감과 좌절감을 맛보게 된다. 결국 정부나 사회의 무관심속에서 이민 2, 3세대 젊은이들은 엄청난 분노를 억누르고 있다가, 한꺼번에 폭발한 셈이다.

이들 국가에서는 이민자자녀들이 수적으로 계속 늘어났지만, 상당수가 주류사회의 아웃사이더로 겉돌고 있어 언제든지 불거질 수 있는 잠재적인 사회불안요인이 되었다. 문제는 일상 속에서 부당한 대우가 만연해 있는데도 불구하고 차별과 불평등을 인정하지 않으려는 각국 정부나 주류사회의 대응이었다. 하지만 더 큰 문제는 정치적 · 경제적 · 사회적 불만이 이주민들에게 향하는 데 있다. 일례로 독일 내무부의 통계에 따르면, 최근에 세계적인 경제위기를 맞이해 실업률의 증가와 복지혜택의 축소에 따른 불만으로 말미암아 독일에서 외국인을 상대로 한 극우범죄가 급증하고 있다. 결국 이러한 상황전개는 서유럽을 포함해 세계의 어느 나라도 이주문제와 관련해 완전한 해법을 찾아내지 못하고 있다는 현실을 반증하는 것이다.

다행히 우리 정부도 이민자의 수가 급증하면서 그들의 영구 정착을 방지하기 위한 차별배제모형의 규제정책과 언어 · 종교 · 문화적 특성을 무시하고 일방적으로 한국사회로 편입시키려던 초창기 이주정책에서 벗어나 다문화사회에 걸맞은 정책방향을 모색하고자 노력하고 있다. 2006년 정부는 공식적으로 우리 사회를 다문화사회라고 선언함에 따라 각계에서는 다문화사회에 대한 논의가 활발하게 이루어지고 있다. 이러한 논의의 연장선상에서 정부는 2008년 말 국무총리가 위원장을 맡고 있는 외국인정책위원회를 통해서 '제1차 외국인정책 기본계획'을 수립하고, 2012년까지 6,127억 원의 예산을 들여 다문화사회를 위한 사회통합강화정책을 추진한다고 밝혔다. 이러한 인식의 바탕에는 서유럽의 사례에서 보듯이 무엇보다도 다문화가정 자녀들의 문제를 더 이상 방치할 경우에 앞으로 짧게는 5년 또는 10년 후에는 커다란 사회문제가 될 것이라는 문제의식에서 출발하고 있다.

2.2. 문화 간 교두보의 관점

교육부 자료에 따르면(2014), 한국사회도 다문화학생이 지속적으로 증가하고 있어서 2014년에 전체 학생 수 대비 1%를 상회할 것으로 내다보고 있다. 이와 함께 다문화가정 자녀들에 대한 교육적 관심이 점차 증대되고 있다. 한국보건사회연구원이 다문화가정의 결혼이민자와 한국인 배우자들을 상대로 한 설문조사를 토대로 작성한 『다문화시대를 대비한 복지정책방안연구』 보고서를 보더라도 다문화가정이 겪는 가장 큰 어려움이 '배우자와의 의사소통'과 '한국생활 적응 부담감'에 이어서 '자녀문제'라고 답변할 정도로 다문화가정의 관심이 점차 자녀들의 교육에 관한 관심으로 옮겨지고 있음을 알 수 있다.

이에 따라 2006년부터 우리 정부나 교육기관 및 시민단체도 다양한 유형의 '다문화교육' 활동을 벌이고 있고, 이를 지원하기 위한 법률제정 노력도 활발하게 이루어지고 있다. 교과부에서는 2006/2007년 『다문화가정자녀교육지원계획』을 발표하고, 『2007 개정 교과과정』에서는 범교과 주제의 하나로 '다문화교육'을 도입하기로 하였다. 또한 각 지역의 교육대학에 다문화교육 강좌가 개설하는 것을 비롯해 초등학교 교사양성과정에서 다문화교육이 강화하기 위해서 교육과학기술부는 2009년 1학기부터 초등교원 양성대학에서 다문화교육 강좌를 개설할 수 있도록 '초등교원 양성대학 다문화교육 강좌개설지원 사업'을 추진하였다. 또한 정부는 2012년 국무총리 주재로 제5차 다문화가족정책위원회를 개최하여 『다문화가족지원정책 기본계획 2012년도 시행계획』을 심의 · 확정하였다. 확정된 시행계획은 제1차 다문화가족지원정책 기본계획('10~'12년)을 성공적으로 마무리 짓기 위한 것으로, 2012년도에는 한국 거주기간이 점차 길어지는 데 따라 결혼이민자의 취업지원과 자녀의 학교생활 적응 등 다문화가족 구성원의 역량강화 부분에 역점을 두고 추진하였다.

교육부는 2014년 3월 "다문화학생이 처음으로 7만 명을 돌파할 것으로 예상해서 다문화 관련 교육지원을 위해 2013년보다 더 많은 예산을 지원한다"고 밝혔다. 지금까지는 교육복지 차원의 수혜적 관점에서 다문화학생에 대한 교육지원에 중심을 두었다. 하지만 2014년부터는 통합 · 육성의 관점에서 다문화학생 지원뿐만 아니라, 모든 학생을 대상으로 하는 다문화교육 사업도 지원할 예정이다.

이러한 국가전략의 수행과 함께 한국어 및 한국문화뿐만 아니라, 다문화가정 부모의 모국어와 문화를 함께 배우고 구사할 수 있는 장점을 지닌 다문화가정 자녀들에 대한 교육적 관심을 가지는 것이 중요하다. 따라서 서로의 문화를 이해하는 법을 배울 수 있도록 다문화교육을 소수자의 '적응단계'에서 다수자의 '의식변화'로 발전시키는 교육의 장으로 활용해야만 한다.

우리의 다음 세대가 세계시민이 되어 세계인들과 더불어 살아가고, 세계 문제의 해결에 능동적으로 참여할 수 있게 하는 상호문화이해의 교육으로서 다문화교육이 시급히 요청된다. 상호문화이해교육은 다문화가정 자녀들이 부모나라의 문화를 자랑스럽게 여기고 아시아 공동체, 더 나아가 세계에서 한국의 위상을 드높일 수 있는 첨병역할을 하는 데 기여할 것이다.

3. 독일의 상호문화이해교육

2007년 8월 18일 유엔 산하기관들 중 하나인 인종차별철폐위원회는 "한국이 단일민족을 강조하는 것은 한국에 사는 다양한 인종들 간의 이해와 관용, 우호 증진에 장애가 될 수 있다"고 우려를 표명하였다. 또한 위원회는 현재 한국사회가 "다인종적 성격을 인정하고 교육, 문화, 정보 등의 분야에서 적절한 조치"를 취해야 한다는 권고안을 채택하였다. 이미 다인종·다문화사회로 들어선 한국사회가 안고 있는 인종차별 및 인권문제를 풀기 위한 하나의 해결책으로 상호문화이해교육의 중요성이 강조된다. 세계를 인간이 더불어 살아가는 하나의 공동체로 볼 때 그 속에 존재하는 다양한 인종이나 민족뿐만 아니라 다양한 문화들을 어떻게 조화롭게 유지시킬 것 인가는 모든 이민국가들이 함께 풀어야 할 난제다. 그래서 대부분의 나라들은 다문화국가이기 때문에 여러 가지 사회적인 문제를 안고 있다. 이런 국가들에서도 정도의 차이가 있을 뿐 어떤 형식으로든지 상호문화이해교육을 실시함으로써 문제를 해결하고 있는 실정이다. 여태까지 가장 대표적인 단일문화국가인 한국도 이제 더 이상 단일문화국가가 아니라, 다문화국가로 진입하고 있음을 인정해야 한다. 따라서 지금부터라도 한국은 다문화교육을 실시해온 나라들의 사례들을 분석하여 장단점을 살펴서 좋은 점만 취할 시기가 도래한 것이다. 우리보다 먼저 다인종·다문화사회로 들어선 독일이 어떤 시행착오를 거쳐 오늘날 상호문화이해교육에서 유럽의 본보기가 되었는지를 살펴볼 필요가 있다.

이주민들이 사회문제로 등장한 1970년대 초 외국인자녀에 대한 교육정책의 일환으로 '외국인교육(Ausländerpädagogik)'을 실시하였다. 이 '외국인교육' 프로그램은 외국인 자녀 또는 다른 문화권 출신 아이들을 위한 특수교육이라고도 불린다. 이 프로그램의 목표는 다른 문화적 배경을 지닌 청소년들이 독일학교와 사회에 동화시키는 것이었다. 이 프로그램은 독일어 사용에 어려움을 겪고 있는 외국인자녀에게 독일어를 가르치는 데 주안점을 두고 있었다.

그러나 민족적·문화적 소수자들에게 일방적인 동화를 강요했던 '외국인교육' 프로그램에 대한 부정적인 견해는 여러 민족의 문화적 다양성을 인정하는 움직임으로 나타났다. 동화주의 교육프로그램에 대한 비판의 대안으로 타문화의 고유성과 상이성을 이해하는 '상호문화' 교육프로그램이 제시되었다. 이 '상호문화' 교육프로그램은 한 사회를 구성하는 사회집단들의 고유한 문화적 특성이 다양하게 존재하고 있으며, 주류집단의 문화와 비주류집단의 문화들이 동등하게 존중되어야 한다는 인식에서 출발한다.

1980년대 중반 독일에서 상호문화이해교육에 대한 논의는 '다문화사회에서의 상호문화이해교육'이라는 새로운 관점에서 폭넓게 이루어진다. 이러한 논의는 이주노동자자녀의 교육에 대한 질적인 전환을 촉구하는 입장에서 민속학·문화인류학·사회학에 기초한 문화교육을 강조한다. 이와 관련한 연구로는 클램(1985)의 『상호문화교육(Interkulturelle Erziehung-Versuch einer Eingrenzung)』과 디코프(1982)의 『외국인 교육(Erziehung Ausländer Kinder als Herausforderung)』이 있다. 특히 이들은 새로운 교육정책, 즉 상호문화이해교육을 바탕으로 한 독일사회에서의 외국인통합정책을 주장하면서 무엇보다도 언어능력배양을 통한 사회통합의 중요성을 강조하였다.

슐테(2001)는 상호문호교육의 전반적인 소개와 함께 독일이주자정책의 역사를 개괄하는 형태의 연구를 중심으로 다루었다. 여기에서 상호문화교육 프로그램의 궁극적인 지향점은 사회구성원들이 타문화에 대한 편견과 고정관념을 줄이고, 서로 다른 문화집단에 속하는 사람들이 한 사회 속에서 서로 평등하게 상호 공존할 수 있도록 하는 것이라고 주장했다.

폼머린-괴츠(2001)에 따르면, 상호문화교육은 유입된 소수민족들만 변할 것이 아니라, 독일인들 역시 다른 문화를 이해하는 교육과정을 밟아야 한다. 특히 모든 문화는 동등한 가치를 지니며, 교실에서 문화의 다양성은 다양한 학습기회를 제공할 뿐만 아니라, 지식확장을 위해서도 필요하다는 것이다.

3.1. 유치원에서의 상호문화교육과 독일어

다문화가정이 가장 어려운 문제에 부딪히는 부분은 역시 문화, 그중에서도 언어 부분이다. 최근에는 상당수의 다문화가정에 대한 사회적 편견과 경제적 어려움으로 인해 자녀의 언어문제가 대두되고 있다.

문제는 언어문제가 단순히 대화의 어려움만으로 끝나지 않는다는 것이다. 모국어는 사람의 사고능력을 결정하기 때문에 언어능력이 제대로 형성되지 않는다면, 이후 사고체계에 대해서도 문제가 생길 수 있고, 문화이해에서도 차이를 보여 정체성 등에서도 혼란을 겪을 수 있으며, 심지어는 사회 부적응을 겪을 확률도 높아질 수 있다는 데 있다.

독일도 독일어를 하지 못하는 외국인자녀들이 유치원에 점점 더 많이 다니고 있는 실정이다. 그래서 유치원교사들이 유치원에서 외국인자녀들의 적응을 돕기 위해서 외국인부모의 협력으로 상호문화교육을 실시하고 있다. 유치원에서는 독일어를 모국어로 사용하는 어린이들과 외국인자녀들이 함께 팀을 구성하여 여러 가지 놀이를 하며, 공동으로 작품을 만들고, 또한 다양한 종교의 휴일과 상징들을 가르치고 있다.

3.2. 상호문화이해로서의 청소년 교류프로그램

청소년 교류프로그램의 목적은 두 국가 혹은 여러 국가 간의 화해와 신뢰의 형성 및 상호문화의 교류에 있다. 국가차원만으로는 여러 국가 간의 화해를 성취하기에 충분하지 않다. 이 프로그램은 청소년들이 타 국가에서의 체류를 통하여 경험을 교환하고, 그 결과 선입관을 허물어뜨리는 효력을 가지고 있다. 청소년들은 문화의 차이점도 배우게 되지만 공통점도 인식하고 다른 나라에 대한 개인적인 인상을 가질 수 있게 된다.

국경을 초월하는 청소년운동은 이미 20세기 초에 시작하였다. 제2차 세계대전 이후 청소년 교류는 유럽에서 특별지원을 받았다. 그래서 1963년 독일과 프랑스의 '청소년회'가 설립되었다. 이 '청소년회'는 최초의 교류단체들 중의 하나이며, 예전과 다름없이 지속적으로 다른 청소년회의 모범을 보이고 있다. 동서갈등이 종결되면서 폴란드와 같은 구 공산주의 동맹국가와의 교류프로젝트가 새롭게 등장하고 있다. 독일의 청소년들은 최근 들어 국제교류의 개인적 이익인 외국어 습득뿐만 아니라, 개인적 해외경험에 대한 관심을 보이고 있다. 청소년들은 이 두 가지 요인을 미래에 좋은 직업을 갖기 위한 필수적인 요소로 바라보고 있다. 청소년교류의 장기효과에 대한 최근의 연구는 참가자의 반 이상이 자신감의 상승과 사회와 상호 문화적 경쟁능력의 상승을 경험한다는 것이다.

3.3. 상호문화이해로서의 종교교육

종교는 다문화사회에서 다른 어떤 영역보다도 다양한 문제와 갈등을 불러일으킬 수 있다. 외국의 경우가 아니더라도 실례로 2007년 7~8월에 아프가니스탄에서 발생한 한국 기독교 선교단의 피랍 사건은 이슬람 종교와 문화에 대한 우리 사회의 몰이해를 단적으로 보여주는 예이다. 결혼이민자뿐만 아니라 전문직 이주민의 출신국가가 이슬람 문화권 국가로 확대되면서 이슬람 종교와 문화에 대한 이해, 즉 다른 종교와 문화를 가진 사람들에게 무엇인가를 가르치겠다는 생각보다는 그들의 종교와 문화를 배우겠다는 포용의 자세가 바로 그러한 이유에서 더욱 더 우리 사회에 절실히 필요해지고 있다. 다문화사회야말로 서로 다른 사람들이 똑같이 동질화되는 그런 사회가 아니라 자신의 색깔을 유지한 채, 함께 어울려 사는 사회이기 때문이다.

2001년 독일은 종교교육문제로 논란을 빚은 적이 있다. 옛 동독에 속했던 5개주 가운데 튀링겐, 작센-안할트 등 4개주는 전통적인 방식의 종교교육을 수용하였으나, 브란덴부르크주만이 종교교육 대신 'LER(Lebensgestaltug-Ethik-Religionskunde)', 즉 생활태도, 윤리, 종교라는 새로운 교과과정을 도입하면서 발생하였다. 브란덴부르크주는 2001년 9월부터 'LER'을 정규과목으로 의무화하여 7학년을 대상으로 가르치기 시작하였다. 브란덴부르크의 교육장관을 지낸 바 있는 마리안 버틀러는 'LER'이 다원사회를 살고 있는 학생들에게 다른 종교에 대한 이해를 길러주는 데 도움을 줄 것이라고 단언하였다. 그러나 이에 대한 반대 입장에서는 지금까지 시행해 오던 종교교육을 폐지하고 종교일반에 대해 가르치는 새교육과정은 구 동독 지역의 비기독교화를 가져올 것이라고 우려하였다. 교회의 반대는 더욱 거셌다.

종교교육 개혁의 당위성을 주장하는 현직 종교교사이며 목사인 볼프강 크뢰거 박사는 기독교가 현대 독일사회의 다양함과 복잡성을 인정하고 타 종교와 문화에 대한 상호이해를 통해 독선을 탈피할 것을 권고하였다. 크뢰거 박사는 자신의 경험을 통해 종교교육의 추상성을 극복하면서 학생들과 목사의 간격을 좁힐 수 있었다고 설명한다. 다시 말하면, 과목의 경계를 뛰어넘어 음악이나 문학 등과 함께하는 실험성, 한명한반의 아프가니스탄 난민학생의 경험청취를 통해 이웃에 대한 구체적인 이해 넓히기 등 다문화사회를 형성하고 유지해나가기 위해서는 서로 다른 종교문화에 대한 이해와 교육이 중요하다는 것이다.

4. 독일 상호문화교육의 시사점

독일은 2차 대전 후부터 지난 60년간 전체 인구의 15% 이상, 즉 1,200만 명의 이민자가 들어 왔고, 등록된 학교 학생의 16% 이상이 이민 온 자녀들이다. 주에 따라서 20% 이상의 이민자자녀들인 학교도 있다.

독일정부는 독일과 상호협력계획에 의해 들어온 나라들, 스페인, 터키, 포르투갈, 전 유고슬라비아 어린이들을 위해서 그들의 언어를 인정해 주고, 우선 그 언어로 교육받으며, 계속해서 그 언어를 공부할 수 있는 길을 열어주었다. 그리고 학계와 지방정부, 유럽 동맹 국가들의 압력으로 인하여 다른 소수민족들의 언어도 인정하였다. 결국 1991년 새로운 법을 제정하여 이민자들의 언어와 문화를 인정하게 되었다. 유럽통합을 선도하는 독일정부는 이민 온 어린이들이 독일 학교에 무료로 다닐 수 있게 하였고, 그들의 모어도 제1 또는 제2 외국어로 선택할 수 있게 되었다. 독일에서 실시되고 있는 상호문화이해교육의 형태는 소수민의 전반적인 문화뿐만 아니라, 언어까지도 인정하고 이해하는 데 그 목표를 두고 있다.

이미 미국과 프랑스, 영국, 독일 등과 같은 나라는 다문화사회에 있지만, 다문화사회로의 이행과정에서 LA폭동과 프랑스 소요사태, 지하철 폭탄 테러, '히잡' 소송 등과 같은 갈등현상을 경험하였다. 이는 체계적이고 지속적인 다문화교육이 이루어지지 못한 것이 하나의 원인이 될 수 있음을 시사하고 있다. 한국이 아직은 다인종국가의 대열에 들어서지는 않았지만 현재 높은 국제결혼 비율이 말해주듯이 '문화융합'은 가까운 미래에 어떤 식으로든지 우리 사회의 이슈가 될 것이다.

한국사회도 다문화가정 자녀를 대상으로 이들의 모국어를 살려줌과 동시에 공용어인 한국어를 습득할 수 있는 기회를 줌과 동시에 한국가정 자녀들에게 영어가 아닌 소수민족언어를 제2외국어로 배울 수 있는 기회를 마련해야 한다. 이렇게 함으로써 소수민족문화와 한국문화가 서로의 벽을 쌓지 않고 타 문화를 이해하면서 공생 공존의 길로 나아갈 수 있다.

5. 사회통합을 꿈꾸며

미국은 소수민족들에게 소위 '용광로(Meltig Pot)'로 비유되는 동화정책에 입각한 교육정책을 실시하였다. 그러나 수십 년 동안 실시해온 동화정책의 결과는 실패로 나타났다. 즉, 소수민족 어린이들의 상당수가 학교를 중퇴하고, 사회에 나가 문제아가 되었던 것이다. 이와 같은 동화교육 실패의 전철을 밟지 않기 위한 상호문화이해교육에 대한 연구는 다음과 같은 세 가지 관점에서 중요하다.

첫째, 다문화사회에서 서로 다른 문화에 속하는 개인 상호 간의 의사소통을 위해서는 다른 문화를 인정하고 이해하는 것이 필수적이다. 하지만 현재 진행되고 있는 교육정책은 국제화사회에서의 소통의 필요성을 인식하고 있으나 일정한 의사소통의 목표를 달성하기 위해 단순히 외국어 습득만을 강조하며 다른 문화의 중요성을 간과하고 있다. 유창한 언어로 의사소통에 성공하더라도 뭔가 석연치 않고 지속적인 관계를 유지하기 힘들 때, 이것은 문화 간의 갈등, 상호문화이해의 부족에서 기인한다고 볼 수 있다. 현대사회는 국제화시대에 걸맞은 교육의 필요성을 인식하고 있다. 따라서 상호문화이해교육은 현대 다문화사회를 살아가는 모든 아동과 청소년에게 이루어져야 한다.

둘째, 다문화사회에 진입하고 있는 한국과 같은 나라에서 상호문화이해교육은 인종적이라는 모든 편견, 차별, 적대감을 불식시키는 데 필요한 하나의 수단이 될 수 있고, 서로 다른 실체를 이해하기 위해 다양한 렌즈를 끼고 있는 세계시민이 되기 위한 방법이 될 수도 있다.

미국의 동화교육은 특히 언어교육에서 비표준영어 사용 어린이들이 하루빨리 표준영어를 사용하여 개인적인 발전은 물론 사회에서 필요한 인재로 키워주기 위한 배려 측면이 있지만, 개개 학생의 입장에서 보면 자기의 부모로부터 배운 모어가 학교생활의 출발에서부터 거부당하기 때문에 자기도 모르는 사이 학교생활에서 위축되고 의욕을 잃고, 결국에는 학업성취도가 떨어지고 학업을 중단하는 사태까지 벌어졌다는 분석이 나왔다. 10대 청소년인 이들이 학교에서 중도에 탈락하면 사회에 나와도 갈 곳은 제한적이다. 안정된 직장을 찾을 수 없고 방황하다가 탈선하게 되는 경지에 이르게 되는 것으로 조사·연구되었다.

셋째, 자국문화와 유입된 타 문화 사이에 빚어진 문화갈등 또는 문화충돌을 극복하고 사회통합을 이룩하기 위한 다문화가정 자녀의 상호문화이해교육은 아시아를 넘어 세계시민 양성의 토대를 마련할 것이다.

이 글은 유럽의 표준모델이라고 불리는 독일의 상호문화이해교육을 바탕으로 한국의 다문화교육모델에 참고자료로 활용할 수 있을 것이다. 따라서 유럽에서의 독일모델이 선구자역할을 하듯이 아시아에서의 한국모델이 다른 아시아지역의 모범이 될 수 있도록 노력해야 할 것이다.

3장

구성주의 이론에 기반한 다문화교육사 양성 프로그램

3

구성주의 이론에 기반한 다문화교육사 양성 프로그램*

이미정

* 이 글은 2009년 『교육문화연구』 3권 2호에 게재된 논문 「구성주의 이론에 근거한 다문화교육 양성 프로그램 연구」를 수정 · 보완한 것이다.

1. 다문화교육사의 필요성

한국 사회는 반만년 역사 속에서 단일민족 사상, 단일 언어 사용, 그리고 가부장적인 사회풍조를 이루며 사회문화 통합을 이룩하였다. 그러나 1990년대 후반부터 국제결혼의 증가, 새터민의 증가, 외국인근로자의 급속한 유입으로 이제 한국 사회는 단일민족 국가가 아니라 다문화사회로 빠르게 진입하고 있다.

2014년 1월 기준으로 법무부 출입국외국인정책본부 통계에 따르면 단기 체류를 포함한 외국인의 수가 1,567,730명인 것으로 확인되었다. 이는 국내 인구의 3%를 차지하는 것으로, 10년 전인 2004년도의 약 75만 8천여 명인 것과 비교해 보면 외국인의 수가 2배 이상 증가한 것으로 보인다. 앞으로도 국내의 외국인 증가 추세는 계속해서 상승할 것으로 전망하고 있다. 체류 외국인을 국적별로 보면 중국이 77만 8천여 명(49.3%)으로 가장 많고, 이어 미국 13만 4천여 명(8.5%), 베트남 12만여 명(7.6%), 일본 5만 6천여 명(3.6%) 순이다. 그리고 체류 목적별로는 방문취업자 등 외국인근로자가 54만 9천여 명을 기록하며 1위를 차지했고, 다음은 재외동포 23만 5천여 명, 결혼이민자 15만여 명, 영주자 10만여 명 등이다.

한국이 다문화사회로 진입하면서 내국인과 국제결혼이민자, 외국인근로자의 관계 속에서 여러 문제점들이 나타나고 있는 것이 현실이다. 먼저, 한국 남성과 결혼한 다문화가정 여성은 저개발 국가 출신이라는 이유로 한국남성보다 열등한 존재로 취급받는 경우가 많다. 그리고 그녀들은 이주동기, 정착과정을 돕는 정책, 정착 후 생활 속에서 드러나는 젠더 차이와 차별로 경제적·심리적인 빈곤과 상대적 박탈감을 겪게 된다. 또한 국제결혼의 꾸준한 증가로 인해 2000년에 들어서면서 이들 다문화가정에서 태어난 자녀가 초·중등학교에 입학하기 시작하였다. 2014년 3월 교육부 통계에 따르면 전국의 초·중·고교에 재학 중인 다문화가정 자녀는 2013년을 기준으로 55,780명이다. 2009년 26,015명, 2010년 31,788명, 2011년 38,678명, 2012년 46,954명으로 해마다 크게 늘고 있다. 다문화가정 자녀들은 사회·문화적 환경 차이에서 비롯되는 정체성 혼란, 학습부진, 학교에서의 따돌림과 부적응, 사회적 차별뿐만 아니라 다른 피부색과 서툰 한국말로 인해 교실 밖으로 내몰리고 있다. 외국인근로자들 역시 내국인과의 소통의 문제가 가장 심각하다.

이와 같이 오늘날의 정부 및 여러 기관에서는 다문화사회에서 문화다양성으로 인해 표출되고 있는 여러 문제점을 해소하기 위해 정책적·교육적 대안들을 제시하고 있다. 그러나 대부분의 정책과 교육의 방향은 당면한 문제인 소통을 해결하기 위하여 언어교육과 타 문화 이해 교육 등에 집중하고 있다. 교수법 역시 단순히 주입식 교육으로 이루어지고 있다. 다문화사회에서 필요한 것은 문화 간의 차이는 인정하되, 차별을 배제하는 사회 전반적인 의식전환이다. 이런 의식전환의 시작은 교육에서 가능하다. 따라서 이 글에서는 다문화교육의 이론적 토대를 제시하기 위해 구성주의를 소개하고, 구성주의 교수·학습 원리를 바탕으로 한 다문화교육사 양성과정 프로그램을 제안한다.

2. 다문화교육 이해하기

다문화교육에 대한 개념도 학자들마다 다양한 의견을 제시하고 있다. 이에 대해 국내외 학자들로 나누어 살펴보기로 하자.

국내 학자들의 다문화교육에 대한 정의 살펴보면, 김선미(2000)는 다문화사회에서 시민들이 스스로의 자아정립과 삶의 방식, 사회적 관계를 형성하는 과정에서 자신들이 속해 있는 문화에 대한 올바른 이해와 서로 다른 문화에 대한 올바른 지식, 가치, 태도를 갖출 수 있도록 다양한 문화에 대한 교육의 필요성을 강조한 것이라고 하였다. 모경환·황혜은(2007)에 따르면, 다문화교육은 문화적 다양성에 대한 진보적 입장에 터하여 사회 내에 다양한 문화가 존재한다는 것을 인정하고, 이러한 차이는 없애야 하는 것이 아니라 가치 있는 것임을 인식하도록 하는 것이라고 하였다. 그리고 김선미·김영순(2008)은 『다문화교육의 이해』에서 한국 다문화교육의 현황과 실천적 방안에 대하여 심도 있게 다루고 있다.

먼저, 국내 학자들의 주장을 살펴보면, 일부에서는 다문화교육을 다양한 문화적 배경을 중심으로 설명하고 있다. Grant(1981)는 다문화교육에 관해서 다양한 문화를 가지고 있는 다양한 인종의 학생들의 교육적 요구에 보다 적합한 교육의 개념·관점·틀이라고 하였다. Banks(1993)는 거시적인 관점에서 다문화교육을 접근하고 있다. 다문화교육을 학생들의 교육에 큰 변화를 추구하는 개혁운동으로 보았다. 즉, 그는 미국뿐만 아니라 서구 사회에서 존재하는 인종·민족·종교·문화·사회계층의 다양성이 국가의 자산을 풍부하게 하고, 타 문화를 체험할 수 있는 풍부한 기회를 제공해서 개인의 자아실현을 도와준다고 믿는다. Banks는 다문화교육을 통해 이루려는 목적을 다음과 같이 제시하였다.

첫째, 개인들로 하여금 다른 문화의 관점을 통해 자신의 문화를 바라보게 함으로써 자기 이해를 증진시킬 수 있다. 둘째, 백인이라는 주류 집단 학생들에게 문화적·민족적·언어적 대안들을 가르치는 것이다. 셋째, 모든 학생이 자문화, 주류문화, 그리고 타 문화가 공존하는 다문화사회에서 요구되는 지식과 기능, 태도를 습득하도록 한다. 넷째, 소수민족집단이 그들의 인종적·신체적·문화적 특성 때문에 겪는 고통과 차별을 감소시키는 데 있다. 다섯째, 학생들이 세계화 속에서 살아가는 데 필요한 쓰기, 읽기, 그리고 수리적 능력을 습득하도록 돕는 것이다. 마지막으로 학생들이 자신이 속한 문화공동체, 국가적 시민공동체, 지역 문화, 그리고 전 지구적 공동체에서 제 구실을 하는 데 필요한 지식·태도·기능을 다양한 인종·문화·언어·종교 집단의 학생들이 습득하도록 도와주는 것이다(모경환 외, 2008, 재인용).

국내외 다문화교육에 대한 연구현황을 살펴보면, 다문화교육에 대한 방향성만 제시되어 있을 뿐, 구체적인 교수·학습 방법이 소개되지 않은 한계점이 있다. 이러한 현실 때문에 한국에서 실시되고 있는 다문화교육도 체계성과 적절성을 확보하지 못한 상태이다. 따라서 이 글에서는 구성주의 교수 · 학습 원리를 토대로 다문화교육을 위한 방안을 제안해 보고자 한다.

3. 구성주의와 지식구성

3.1. 구성주의의 이해

구성주의는 우리가 지식을 어떻게 인식하고 형성하는가를 밝히는 인식론으로 이해할 수 있다. Duffy(1992)는 구성주의를 '앎의 이론'이라고 했는데, 이것은 구성주의가 어떤 완료된 형태로서가 아니라 지속적으로 진행해 나간다는 의미를 강조한다. Fosnot(1996)도 구성주의를 '의미 만들기' 혹은 '알아가기' 이론이라고 불렀다. 이 역시 구성주의가 완결형태가 아니라 진행형의 의미를 띠고 있음을 나타낸다. 이런 정의를 통해서 구성주의는 지식 혹은 의미를 계속해서 구성해가는 인식론으로 이해할 수 있다.

이러한 구성주의 인식론은 지식을 구성하는 데 영향을 미치는 요인에 따라 크게 인지적 구성주의와 사회문화적 구성주의로 구분할 수 있다. 인지적 구성주의는 개인의 인지적 작용을 더욱 강조하는 관점이고, 사회문화적 구성주의는 개인이 참여하고 속해 있는 사회 · 문화 · 역사적 상황을 더욱 강조하는 관점이다. 따라서 구성주의 인식론에서의 지식은 개인의 사회적 경험을 바탕으로 하여 개인의 인지적 작용과 사회문화적 작용으로 인해 지속적으로 구성되는 것이다. 이러한 지식은 개인이 현실을 살아가고 이해하는 데 의미 있고 적합하고 타당한 것이다.

이 글에서는 다문화교육에 관한 지식을 어떻게 다문화교육사들이 습득하고 이 프로그램을 통해 다문화교육을 어떻게 실천할 것인가와 같은 다문화교육에 관한 지식구성 과정을 논의할 것이다. 이런 지식이 구성될 수 있는 제도적 장치는 다문화교육사 양성 프로그램의 커리큘럼이다. 따라서 다문화교육사 과정을 이수하려는 학습자들을 위해 구성주의 교수 · 학습 이론을 바탕으로 한 교육프로그램을 제안할 것이다.

3.2. 구성주의 교수 · 학습 원리

이 절에서는 구성주의의 교수학습 원리를 교수원칙, 학습원칙 그리고 학습환경으로 나누어 살펴본다. 교수원칙은 교수자에 관한 원리이고, 학습원칙은 학습자에 관한 기본 원리로 볼 수 있다. 그리고 학습환경은 구성주의 교육이 이루어지기 위한 외적인 교육환경을 말한다.

먼저, 구성주의의 인식론에 입각한 구성주의적 교수원칙은 첫째, 교수자는 학생들에게 인지적 활동을 자극하도록 하거나 과제의 전 과정 시연, 자료제시와 같은 역할을 하며 학습자의 학습을 도와주는 조언자이다. 급진적 구성주의 입장에서는 배움을 같이하는 동료학습자라고 한다(O'Loughlin, 1992). 이를 위해서 교사는 혼란스러워하는 학습자들을 보고도 기다리고, 참을 수 있는 인내와 지속성을 갖출 필요가 있다. 결국 학습자들이 스스로의 힘으로도 주어진 문제를 해결해 낼 수 있는 능력을 지닌 존재라는 학생들에 대한 신뢰가 우선되어야 한다.

둘째, 교수자는 구체적 상황을 배경으로 한 실제적 성격의 과제를 부여해야 한다. 구성주의와 객관주의를 구분해 주는 가장 중요한 두 단어가 바로 '상황'과 '실제적 성격의 과제'이다. Duffy & Jonassen(1992)에서는 상황성이 중요하다고 본다. 우리가 무엇을 이해했다 혹은 배웠다 하는 것은 항상 어느 구체적 상황을 전제로 하여 이루어지기 때문이다. 또한 실제성이 중요한 이유는 어떤 과제가 어떤 특정한 학습목표의 달성과 얼마나 관계가 있는가를 보여주는 것이기 때문에 실생활에 직접적인 도움을 줄 수 있다고 보았다.

셋째, 교수자는 가능한 학습자들의 '확산적 사고'를 유발할 수 있는 질문을 해야 한다. 확산적 사고를 유발한다는 것은 학습자들의 기존 인지구조, 혹은 선지식이나 경험에 대한 혼란, 모순을 일으킬 수 있는 질문이나 답변을 하는 것이다. 교수자는 학습자의 답변을 통해 그들의 사고나 경험적 지식의 수준, 배경, 특성을 이해할 수 있다. 그리고 학습자들의 교수자의 질문으로 기존 인지구조에 대해 '혼란'을 일으키고, 그것을 극복하려는 노력을 하게 되며, 그 결과 인지구조의 재평형 상태를 이루게 한다. 이러한 과정의 반복을 통해 지식이 형성되고, 학습이 이루어진다.

넷째, 교수자는 구성주의를 교수법, 교수전략으로 이해하지 말고 인식론으로 받아들여야 한다. 구성주의 교육을 실천하고자 하는 교사들은 구성주의를 단순한 교수법으로 생각하고 교수전략을 배우려고 한다. 그러나 Schifter(1996: 87)는 구성주의 교사가 되기 위해 필요한 것은 기술이나 전략에 대한 장황한 목록이 아니라고 강조한다. 우리가 학습자에게 강조한 것은 "성찰하고, 생각을 나누고, 계속적으로 탐구하는 태도"라고 했다. 또한 강인애(1999)에 따르면 구성주의 교육을 실천하려는 교사들은 구성주의적 교육방법과 전략에 대하여 완벽하게 안내하고 자세하게 기술해 주는 책이나 자료, 혹은 전문가를 찾으려 하는 노력을 하기 전에, "우리 학생들은 지금 무엇을 생각하고 있는가? 그들의 관심은 무엇인가? 어떤 과제나 문제에 흥미를 느낄 것인가? 그들은 이 문제에 대하여 어떤 생각을 갖고 있으며, 어떻게 발전시킬 것인가?"와 같은 질문들을 스스로에게 지속적으로 하는 것이 더욱 중요하다고 주장했다.

다음은 구성주의 학습원칙인데, 이는 구성주의 학습을 위한 학생들의 역할로 이해될 수 있다. 첫째, 학습자는 학습에 대한 주인의식을 갖는다. 학습자는 수동적인 지식의 습득자가 아니며, 적극적이며 자율적인 지식의 형성자이다. 학습자의 주인의식은 스스로 학습할 수 있는 인지적 기술과 능력을 말한다. 즉, 학습자 스스로 자율적으로 그리고 자신감 있고 책임감 있게 자신의 학습을 관리하고 학습의 목표와 방향을 설정해 나갈 수 있는 능력을 말한다. Maturana(1982)의 생물학적 관점이나 Piaget & Inhelder(1973)의 심리학적 관점에서 공통적으로 강조하는 하는 것처럼, 인간은 본래적으로 '자기조직적', '자기준거적', '자율생산적' 존재라는 점이다. 따라서 구성주의 학습 환경이 되려면 학습의 전 과정은 학습자 중심적으로 전개되어야 한다.

둘째, 학습자의 '자아성찰적 실천'이다. 학습자는 모든 개인적 경험이나 일상적인 사건이나 현상에 대하여 무심코 지나쳐 버리는 것이 아니고, 그 의미와 중요성에 항상 의문을 가져 보고 분석하는 인지적 습관을 가져야 한다. 즉, 자기반성적·자기반추적 태도가 요구된다. 반성적 학습 태도는 비판력을 향상시키고, 이러한 비판력을 통해 창의력이 개발될 수 있다.

또한 구성주의 교수학습이 이루어지기 위한 학습환경을 살펴보도록 한다.

첫째, 구성주의 학습환경은 학습자들이 학습의 주체의식을 갖고 능동적으로 지식을 구성하기 위해서 토론, 성찰, 활발한 지식구성활동이 이루어질 수 있는 교실

분위기와 환경이 조성되어야 한다. 이런 학습환경을 만들기 위해서 교수자는 학습자에게 자신들의 어떠한 생각과 경험적 지식이라도 표현할 수 있도록 촉매자와 조언자 역할을 해주어야 한다. 또한 항상 교수자로부터 존중받는다고 느낌을 갖도록 하는 것도 중요하다. 또한 자신들의 관심과 직접적으로 관련된 학습내용을 익혀 가면서, '학습의 즐거움'도 느끼고, 나아가 실제적 성격의 과제를 자신들의 힘으로 해결할 수 있는 기회를 통해 스스로에 대한 학습자로서의 '자신감', 학습에 대한 '동기부여'를 줄 수 있어야 한다.

둘째, 협동학습 환경의 활용이다. 나아가서 다른 견해와 생각을 어떻게 하면 잘 조율해서 공동의 이해와 생각에 도달할 수 있는가가 중요하다. 이를 통해 자신의 견해와 생각을 논리적이고 설득력 있게 제시하는 기술을 배울 수 있다.

앞에서 살펴본 구성주의 교수학습 원리를 바탕으로 다문화교육의 실현 가능성을 찾아보면 다음과 같다. 먼저, 구성주의 교육목표는 현실 생활에 의미 있는 지식을 구성하는 것이다. 이것은 실제성을 갖는 과제와 다양한 체험학습을 통해 교육목표를 달성할 수 있다. 다문화교육방법에는 문제해결학습, 고등사고학습, 비판적 사고학습, 협동수업, 소집단 활동수업이 있다. 특히, 학습은 사회 구성원들에 의해 영향을 받는다는 입장이기 때문에 협동학습을 통해 서로의 문화 이해할 수 있다. 예를 들어, 소규모의 집단으로 구성된 학습자가 특정 주제에 대해 연구하는 프로젝트를 수행하는 방식인 '팀별 프로젝트식' 수업을 활용할 수 있다. 마지막으로, 학습자의 역할은 의미의 능동적 구성자, 산출자, 해석자이다. 이는 교수 중심이 아니라 학습자 중심이라는 것을 의미한다. 학습자 중심 교육(LCL: Learner Centered Learning 혹은 Student Centered Learning)은 근본적으로 '학습자'와 '학습'이라는 두 요인에 초점을 두는 것이다. 결국, 구성주의 교육의 핵심은 학습자 중심의 교육이다. 교수자와 학습환경은 학습자가 구성주의 교육이 가능하도록 도와주는 역할을 한다. 세계 교육계는 1990년대를 거쳐 21세기에 접어들면서 구성주의에 대한 새로운 조명과 함께 '학습자 중심 교육'으로의 전환을 서두르고 있다. 우리나라 역시 2000년부터 초·중·고에서 단계적으로 적용되고 있는 제7차 커리큘럼이 학습자 중심 교육을 지향하고 있다. 이제는 더 능동적인 인식 주체가 될 수 있는 성인교육에도 학습자 중심 교육이 요구되는 시대이다.

4. 다문화교육사 양성 과정

4.1. 프로그램 개발의 목적 및 필요성 알아보기

다문화교육사 양성과정은 글로벌시대를 맞이한 한국사회의 글로벌 마인드 제고에 대한 필요성과 단일민족국가에서 급속히 다문화사회로 변화해가는 한국사회의 사회통합과 다문화사회에 대한 이해증진의 절실한 필요성에 의해 개발되었다.

국제적으로는 교통과 통신의 발달로 인해 해외와의 교류가 활발해지면서 각국가들 간의 상호의존성이 높아져가고 있는 현실을 인식하여 민족 · 국가 · 주변환경에 대한 이해를 통해 국가와 민족들 간의 상호이해와 협력이 필요하며, 지역적으로는 현재 한국 사회의 이민자 집단에 대한 사회적 이해 및 연구부족의 문제로 인한 지역 공동체의 문제 해결과 정책개발이 시급한 실정이다.

다문화교육사 교육과정은 거시적으로는 지역 및 세계에 대한 이해와 다문화이해를 통해 다문화사회에 대처하는 세계 시민의 양성을 목표로 하며, 미시적으로는 한국사회가 직면한 문제인 다문화가정의 사회적 통합 방안 마련과 정책개발 및 운영에 주도적으로 협력할 수 있는 인력양성을 목표로 한다.

사실 인천은 지역적 특성상 산업시설 내의 외국인근로자뿐만 아니라 차이나타운을 중심으로 하는 중국계 귀화민들, 인천경제자유구역인 송도 · 영종 · 청라의 국제적 도시의 이주자 등 다양한 사회적 계층의 다문화사회가 구축될 가능성을 지니고 있어 다문화교육이 절대적으로 필요한 지역이다. 이를 위해 인천의 인하대학교 평생교육원에서는 지역의 문화적 다양성을 인식하고, 지역적 특성을 고려한 맞춤형 교육으로 '다문화교육사' 과정을 2009년부터 운영한다.

다문화교육사 양성과정을 통해 한국으로 이주하고 있는 이주자 및 다문화가정에 대한 대학의 사회적 책무를 수행하는 작은 통로로 활용하고자 한다.

4.2. 다문화교육사 프로그램 내용 살펴보기

4.2.1. 교육목표 및 과목 개요

다문화교육사 양성과정은 다문화사회를 맞아 외국과의 교류와 한국 내 해외

이주자들이 증가함에 따라 자국민들과 이주민들이 다문화사회에 대한 올바른 인식을 가지고 상호소통과 상호이해를 도모하는 데 적극적으로 활동할 전문 인력을 길러내는 것을 목표로 삼는다. 이 과정은 다문화교육에 관심을 가지고 있거나 관련 분야 종사자들을 대상으로 다문화교육에 대한 이론, 실제 및 자질을 지도하여 전문적인 다문화교육사를 육성한다.

4.2.2. 프로그램 운영 방식

먼저, 교육운영방식을 살펴보면 책임강사를 지정하여 교육프로그램을 구성하고, 심도 있는 교육내용을 위해 각계의 전문가로 구성된 책임강사가 추천하는 인력풀을 활용하여 강사진을 운영한다. 교육기간은 2009년 7월 1일부터 4개월간 진행된다. 총 수업시간은 90시간으로 10개의 과목을 수강하게 된다. 수업 시간은 주중 화요일과 목요일 저녁 7시부터 9시 30분간으로, 총 15주 동안 진행된다. 앞의 내용을 정리하면 다음과 같다.

1) 교육기간: 약 4개월 정도(2009.07.01~2009.10.16)
2) 교육시간: 총 90시간(주당 6시간 × 15주 수업 = 90시간)
3) 모집 정원: 20명

4.2.3. 표준 커리큘럼

인하대 평생교육원에서 운영되는 다문화교육사 양성 과정의 표준 커리큘럼은 〈표 3-1〉과 같다.

〈표 3-1〉을 살펴보면, 총 10개의 과목이 개설된다. 앞의 교과목의 운영은 구성주의 교수·학습 원리를 바탕으로 진행될 것이다. 교수자는 학생들에게 인지적 활동을 자극할 수 있는 과정을 시연하고 자료를 제시하는 등 학습자의 학습을 촉진하고 도와주는 역할을 하게 된다. 또한 학습자에게 실제적으로 도움이 될 만한 과제를 부여한다. 마지막으로, 학습자에게 확산적 사고를 유발할 수 있도록 질문을 실시할 것이다. 학습자는 학습에 대해 자기주도적인 학습태도를 갖고, 학습 과정에서 계속적인 자아성찰적(반성적) 실천을 한다. 마지막으로 학습이 이루어지는 환경을 보면, 학습자가 학습의 주체의식을 갖고 능동적으로 지식을 구성하기 위

〈표 3-1〉 표준 커리큘럼

구 분	순 위	교과명	시 간	교과내용	참고서적
필수	1	문화와 교육	3	· 문화의 의미와 특성 · 문화의 전파 · 문화와 교육	
	2	다문화 교육의 이해	9	· 다문화교육의 개념 및 필요성 · 지구촌 다문화교육 · 다문화교육의 논의와 과제	
	3	다문화교육 기관 경영	9	· 다문화교육기관의 홍보 및 운영 · 다문화교육의 논의와 과제 · 다문화교육기관의 교육프로그램	
	4	교수학습 이론 및 교수방법	6	· 교수학습 이론 · 교수학습 방법	① 다문화교육입문/ JAMES A. BANKS(아카데미프레스)
	5	다문화 교육방법론	6	· 다문화교육방법론 이해 · 다문화교육방법론 개발	② 현대사회학의 이해/ 안계춘 (법문사)
	6	다문화교육 교육과정 개발	12	· 다문화교육의 요구분석 · 다문화교육의 목표 및 내용 선정 · 한국과 해외교과서에서의 다문화 교육 사례 · 다문화교육 교육과정의 과제	③ 사회과교육의 통합적구성과 교수-학습 설계/전숙자(교육문화사)
	7	지구촌 문화탐방	18	· 한국의 지리환경 및 역사 · 한국의 정치 및 경제 · 아시아 문화 연구 · 세계 문화 연구	④ 맛있는 국제이해교육-다문화 시대의 음식과 세계화/유네스코 아시아, 태평양 국제이해교육원(동녘)
	8	다문화관련 법규 해설	6	· 이민 관련 법규 및 정책 · 외국인 고용·복지 관련 법규 및 정책 · 국적, 난민 관련 제도	⑤ 다문화 교육의 실제/배화여자대학 유아교육과(다음세대)
	9	다문화 교육기관 현장실습	9	· 다문화교육시설 현장학습(6) · 다문화교육시설 방문후기 발표(3)	
	10	다문화교육과 지역사회 연구	12	· 다문화교육과 지역사회교육 · 다문화교육과 지역학(인천) · 지역사회의 다문화교육 과제 · 인천에서의 다문화교육 방향	
계	10	10개 과목	90		

해서 토론과 성찰을 할 수 있는 학습 공간이 요구되고, 팀별 협동학습도 가능해야 한다.

4.3. 구성주의를 기반으로 한 실라버스 개발하기

실라버스를 개발하기 전에 구성주의를 기반으로 한 교수·학습 과정이 어떻게 이루어지는지 살펴보면 다음과 같다. 한국교육대학교 초등교육연구소(1999)에서 제시한 구성주의 교수·학습 방법에 대한 일반적인 단계는 〈표 3-2〉와 같이 '도입-전개-정리' 과정이다. 이런 단계를 통해 수업이 진행되는 것이다. 수업 절차에 따라 교수자, 학습자, 학습환경의 역할이 달라짐을 알 수 있다.

〈표 3-2〉 구성주의의 일반적 교수·학습 과정

수업 절차	학습환경	교수자	학습자
도입: 문제 제기	문제 상황 제시, 새로운 개념 도입	흥미 유발, 간단한 시범	문제 파악 설계
전개: 활동	갈등 상황 진행	사고활동 모니터, 질문/응답	다양한 도전, 자율적 탐구
정리: 문제 해결	변화 확인, 개인적 적용	토론 참여, 평가와 발전	문제 해결, 결과 나누기

다음은 구성주의 교수·학습 과정이 구체적으로 실현되는 실라버스를 개발하고자 한다. 실라버스의 개발 원칙은 구성주의 교수학습 원리인 교수자 원칙, 학습자 원칙 그리고 학습환경 원칙으로 나누어 볼 수 있다. 개발할 실라버스는 〈표 3-3〉과 같이 16차시에서 진행될 '지구촌 문화탐방 1-한국의 자연지리'이다.

〈표 3-3〉 16차시 '한국의 자연지리' 실라버스

차 시	16	일 시		지도교사	
본시주제	한국의 자연지리				
학습대상	다문화교육사 양성과정 수강생				
학습목표	1. 지리학적으로 한국이 어떤 곳에 위치하고 있으며, 그에 따른 자연환경과 기후, 해양, 매장광물 등에 대해 학습한다. 2. 지리학적 여건으로 자연스럽게 생성된 한국의 생활모습에 대해 학습한다. 3. 지리적으로 한국과 근접해 있는 나라들을 살펴보고 각 나라와 우리나라의 지리적 관계에 대해 학습한다.				
학습자료	지도, 스티커, 영상자료				
단 계	시간	교수·학습 활동		교수자의 역할	
도 입	20분	• 수업의 학습주제와 목표를 설정한다. • 주제에 대한 문제의식을 갖는다.		• 교수자는 지도를 보여주며 학습자가 흥미를 갖도록 한다.	
전개 및 실행	90분	• 교재를 중심으로 강의식 수업을 통해 한국의 지리에 대한 전반적인 개념을 인식한다. • 팀별로 지도를 활용하여 한국의 지리적 특성을 살펴본다. • 팀별로 한국과 주변 아시아 국가 간의 자연지리적 공통점과 차이점을 논의한다.		• 팀별 원활한 토의가 이루어지도록 조언자 역할을 해준다. • 학습자들이 실제 지도를 통해 확산적 사고가 일어나도록 조언해준다.	
정리 및 평가	30분	• 학습자들은 팀별 결과물 발표를 통해 피드백한다.		• 교수자는 팀별 결과물에 대해 피드백을 준다. • 학습자들이 반성적 사고를 하도록 자극한다.	

〈표 3-3〉을 통해 알 수 있듯이, 이 실라버스는 한국의 자연지리를 학습하기 위한 것이다. 그 이전에는 주로 다문화 및 교육 전반에 대한 학습이 이루어졌다면, 16차시부터 다양한 문화를 학습하게 된다. 따라서 대부분 수업은 체험학습, 협동학습, 자기주도적 학습 등의 형태로 이루어진다. 평가단계에서는 팀별 학습의 결과에 대해 발표 및 토론하고, 피드백을 주고받는다. 이를 통해 학습자는 반성적 사고를 하게 된다.

5. 다문화사회로 나아가기

우리가 제대로 된 다문화사회로 나아가기 위해서는 상호존중과 이해에 기반을 둔 다문화교육을 실시해야 한다. 이를 위해서는 문화의 다양성을 인정하고, 이해하며 존중하는 자세와 의식이 선행되어야 한다. 즉, 일방적으로 한국화를 강요하는 동화주의가 아니라, 다름이 함께 공존하는 사회를 만들기 위한 통합적 관점에서 교육과 정책이 필요한 것이다. 그러나 이러한 요구에도 불구하고 다문화교육을 전문으로 교육할 인력이 부족한 상황이다. 이러한 시대적 요구에 맞추어 이 글에서는 구성주의 교수·학습 원리를 토대로 다문화교육사 양성 과정 프로그램을 개발하였다. 왜냐하면 구성주의 교육철학은 고정되고 보편화된 지식을 습득하는 객관주의 교육철학과 달리 개인의 경험과 사회적 맥락에 따라 지식이 구성되므로, 다양성을 중시하는 다문화교육에 적절한 교육철학이기 때문이다.

본 다문화교육사 양성 과정은 구성주의 교수·학습 원리에 따라 운영된다. 즉, 구성주의 교수·학습 원리에 따라 교수자는 학습자의 학습을 도와주는 조력자와 촉진자 역할을 하게 되고, 학습자에게 '확산적 사고'를 유발할 수 있는 질문을 한다. 아울러 학습자에게 구체적 상황을 배경으로 한 실제적 성격을 과제를 부여하게 된다. 학습자는 학습에 대한 주인의식을 갖고, 적극적이며 능동적인 지식의 형성자가 된다. 학습자는 실제성을 갖는 과제와 다양한 체험학습을 통해 교육목표를 달성하게 되는데, 구체적인 교육방법에는 문제해결학습, 팀별 학습, 협동학습, 토론식수업 등이 있다. 마지막으로 구성주의 교수·학습이 이루어지기 위해서 토론과 활발한 지식구성 활동이 이루어질 수 있는 교실분위기와 환경이 마련되어야 한다.

구성주의 교수·학습 원리를 기반으로 한 본 프로그램 운영을 통해 기대할 수 있는 효과를 살펴보면 다음과 같다. 첫째, 다문화관련 다양한 직종에 취업 가능성이 확대된다. 다문화교육사 과정을 이수한 후 취업 가능한 분야는 교육직·상담직과 같은 다문화교육 프로그램을 실시하는 직종과, 공무원·사무직 등 다문화와 관련된 정책 관련 사무에 종사하는 직종 등이 있으며, 이민자·이주노동자 들을 고용하고 있는 기업체 및 관련 기관의 다양한 업무에 종사할 수 있다. 그 이외에 방과후학교 다문화교육 강사, 다문화 관련 행사 기관의 운영 및 시민교류 프로그래머, 시민단체의 이민자 혹은 이주노동자 관련 업무 사무직 및 상담직으로 활동할 수 있다.

둘째, 다문화교육 교재개발 활용 및 개발 방향 제시할 수 있다. 현재 다문화교육사 양성을 위한 교재뿐만 아니라 다문화교육에 대한 교재조차도 많이 찾아볼 수 없다. 그 이유는 다문화의 개념만큼이나 그 내용이 복합적이기 때문이다. 인하대학교 평생교육원 다문화교육사 양성 과정은 각기 다양한 전공의 전문가들을 강사진으로 위촉하고 다문화교육사 양성 과정에 필요한 해당분야의 이론 및 실제를 집필하여 묶은 전문교재를 개발할 것이다. 다문화교육사 양성 1차년도에는 다문화교육사 과정을 위한 담당강사들의 인쇄물이나 파일들을 받아 교재로 구성하여 사용하고, 1차년도 수업을 진행하면서 수정·보안한 원고를 2차년도 수업에서부터 출간하여 교재로 활용하는 방법이 가장 바람직할 것으로 본다.

셋째, 다문화교육사 양성 과정은 지역 내 다른 평생교육 프로그램과 연계 운영이 가능하다. 인천 남구에 위치해 있는 남구여성인력개발센터, 여성복지관, 인천전문대 평생교육원, 인천문화회관, 인천종합사회복지관, 인하공업전문대 평생교육원 등의 평생교육기관 내에 '다문화교육사' 양성 과정을 개설하고, 구체적인 교육 커리큘럼을 제공할 수 있다. 이를 통해 배출된 인력은 인천 지역뿐만 아니라 그 이외의 지역에까지 다문화교육을 담당할 수 있을 것으로 기대한다.

4장

중등학교
다문화담당교사의
전문성 계발

4 중등학교 다문화담당교사의 전문성 계발*

박미숙

* 이 글은 2013년 『교육문화연구』 19권 1호에 게재된 박미숙 논문을 수정 · 보완한 것이다.

1. 다문화가정 학생들의 부적응

한국사회는 세계화로 인해 빠른 속도로 변해가고 있다. 특히 외국인근로자, 결혼이주여성, 유학생, 북한이탈주민 등이 증가하면서 새로운 구성원들이 형성되었다. 다문화가정이 늘어나면서 초 · 중등 학교현장에 인종적 · 문화적 배경이 다른 학생들이 증가하면서 다문화교육에 대한 새로운 요구들이 생겨나기 시작하였다. 이에 2012년 정부에서는 다문화학생 교육 선진화 방안을 발표하였다. 이는 학교 밖 다문화학생을 적극 발굴하여 학교 안으로 유도한 후 일반학생과 다문화학생 모두를 위한 다문화교육을 강화하기 위하여 다문화 친화적인 교육체제를 구축하는 것이다. 특히 다문화학생들의 공교육 진입지원을 위하여 예비학교 및 다문화 코디네이터를 운영하고 한국어교육과정을 신설하며, 이중 언어강사를 확대하는 등 글로벌 선도학교를 육성하는 데 중점을 두었다.

이런 정부의 노력에도 불구하고 다문화가정 학생들이 학교생활 적응에 많은 어려움을 나타내고 있다. 대부분의 다문화가정 학생들이 학교생활에서 직면하는 문제는 학업의 문제와 외모의 문제, 또는 부모님이 외국인이라는 이유로 친구들에게 따돌림을 경험한 적이 있다고 하였다(안은미, 2007; 고유미, 2009). 이렇게 다문화가정 학생들은 일반가정 학생들의 편견과 소외를 경험하고 있으며 학교생활의 어려움으로 학업을 중도에 탈락하거나 장기 무단결석하는 현상들이 늘어나고 있다.

많은 중등 일선학교에 다문화가정 학생들이 증가하고 학교생활에 부적응 현상을 보이자 다문화업무가 발생되었고 다문화업무를 담당하는 교사가 생기게 되었다. 이들의 업무는 학교에 다문화가정 학생들을 파악하고 다문화가정 학생들을 지원 하는 것이 주된 업무이다. 그러므로 다문화업무를 하는 다문화담당교사들에게는 다문화 전문성이 더욱 요구되는 바이다. 그러나 일선학교의 다문화담당교사들의 현황을 보았을 때 다문화업무에 대한 중요성을 인식하지 못하고 다문화담당교사가 되기 위한 준거도 확실하지 않으며 업무체계도 명확하게 규정되어 있지 않은 상황이다. 이에 연구자는 다문화업무에 전문성이 필요함을 인식하고, 다문화업무를 수행하는 다문화 담당교사 역시 다문화 전문성이 필요하다고 보았다.

그러므로 이 글은 다문화담당교사들의 업무경험을 토대로 다문화담당교사들의 전문성 계발에 대한 인식을 탐색하고 이들이 갖추어야 하는 전문성과 업무의 관련성을 바탕으로 제도적-환경적 변화를 위한 정책제안을 하고자 한다.

2. 다문화교육과 다문화학교

2.1. 중등학교 다문화교육의 필요성

한국이 다문화사회로 변모되는 것은 외부적인 요인이나 우연에 의해 발생한 것이 아니다. 농촌 적령기 남성들이 국제결혼으로 인하여 다문화가정을 구성하거나, 이주노동자의 급격한 유입으로 사회의 노동시장 문제를 해결하는 과정에서 생겨난 불가피한 현상이라고 할 수 있다.

교육과학기술부(2012)에 따르면 국내 외국인 주민 수는 5년간 1.8배가 증가하고 외국인 자녀 수는 5년간 3.4배가 증가하였다. 또한 2011년 전체 초·중·고등학교의 71.8%인 7,989개교에 다문화학생이 1명 이상 재학 중이다. 더불어 우리나라 학령인구가 초·중·고등학교에 감소하고 있는 실정인 데 비해 다문화가정 학생 수는 연평균 약 6천 명이 증가하고 있다.

이렇게 증가하는 다문화가정 학생들을 위하여 정부에서는 다각적으로 다문화학생을 위한 방안들을 발표하여 다문화 친화적인 교육체제를 구축하고 있다. 그럼에도 불구하고 다문화가정 학생들은 학교생활에 적응하지 못하거나 중도에 학업을 포기하는 비율은 초등학교 연령층인 만 7~12세의 아동이 15.4%, 중학생 39.7%, 고등학교 69.7%가 학업을 포기하는 현상이 일어나고 있다. 특히 상급학교에 올라갈수록 중도탈락 비율이 더욱 높아지고 있다(교육과학기술부, 2011).

따라서 다문화로 말미암은 사회문제 현상은 학교 급이 높아지고 나이가 많아 질수록 사회적으로 문제를 일으킬 소지가 크며 이들이 학업을 중도 포기하고 학교 밖으로 이탈할 때 생기는 사회적 문제점을 많은 학자들은 우려한다. 이것은 이들이 학교를 졸업하였을 때 곧바로 사회와 직면하게 되고 이들이 사회에서 잘 적응하여 우리 사회 구성원으로 살아갈 때 건강한 사회가 형성되기 때문이다. 그러나 현실에서는 중등학교에 다문화가정 학생들의 수가 많지 않아 학교의 경영자나 관리자들이 문제의 심각성을 인식하지 못하고 있다. 그러므로 앞으로 다가올 다문화사회에 대비하여 교사들의 인식은 물론 일반학생들에게 다문화이해교육이 학교에서부터 실시되어야 함은 필연적인 일이다. 따라서 중등학교 다문화교육의 목표는 중등학교 적응교육과 다문화이해교육을 넘어 다문화교육을 통한 글로벌 인재육성과 다문화융합을 통한 새로운 문화 창조의 방향으로 나아가야 할 것이다.

2.2. 다문화학교와 다문화담당교사

다문화교육이 성공적으로 이루어지기 위해서는 학교교육의 역할이 매우 중요하다. 그러나 현재 일반학교 현장의 다문화교육은 미흡하며 체계적으로 이루어지지 않고 있다. 학교를 변화시키기 위해서 먼저 교사들이 학교문화를 이해하고 다문화에 대한 특성을 학교문화에 녹여내야 한다. 문화적 요소를 고려하지 않으면 교육제도 개선을 위하여 기대한 만큼의 효과가 나타나지 않는다.

많은 학자들은 다문화학교의 특성에 대하여 다음과 같이 제시하였다. Banks(2008)는 다문화학교의 여덟 가지 특징에 대하여 다음과 같이 제시하였다. 첫째, 교사와 교육관계자들은 모든 학생에게 긍정적인 태도와 함께 높은 기대수준을 지녀야 하며 긍정적으로 배려한다. 둘째, 공식적 교육과정에 다양한 문화와 민족, 문화경험, 관점을 반영한다. 셋째, 교사가 사용하는 수업방식은 학생들의 문화적 특성과 학습특성, 동기에 적절히 대처한다. 넷째, 교사와 교육관계자들은 다양한 학생들의 언어와 방언을 존중한다. 다섯째, 학교에서 수업교재는 다양한 문화적, 민족적, 인종적 관점에서 사건과 상황, 개념들을 반영한다. 여섯째, 학교에서 시험과 평가절차는 학생들의 문화적 다양성을 잘 반영하고 영재반 학급에 다문화가정 학생들이 적정하게 배정하도록 한다. 일곱째, 학교문화와 잠재적 교육과정에서 문화적·민족적 다양성을 반영한다. 여덟째, 학교상담교사들은 다양한 인종·민족·언어집단의 학생들에게 높은 기대수준을 지니고 학생들이 직업목표를 정하고 달성할 수 있도록 돕는다(모경환, 2007).

Bennett(2007)는 효과적으로 통합된 다문화학교의 특성으로 통합적 다원주의 특성이 강할수록 인종 간의 우호적 관계 형성을 가능하게 하고 학업성취수준을 향상하며 학생 개개인의 발달을 촉진할 가능성이 높다고 밝혔다. 학교 내에서 문화다원주의, 통합적 다원주의가 실현되기 위해서는 교사의 긍정적인 기대와 긍정적인 학습 환경, 다문화 교육과정의 조건이 필수적이라고 하였다(김옥순 외, 2010).

Johnson & Johnson(2000)은 이상적인 다문화학교를 협동학교라고 하며, 협동학교는 학생들은 주로 협동학습 집단에서 활동하고 교사들과 직원들, 교육 행정가는 협력적인 팀에서 일하며 협동학교의 구조는 대부분 협동학습을 사용하는 교실에서 시작한다고 하였다. 그래서 협력조직을 형성하기 위해서 긍정적인 상호의존-협동이 학교 전반에 걸쳐 학습그룹, 교실, 교실 간, 학교, 학부모, 지역주민 간에 구축되어야 한다고 하였다(김영순 외, 2010).

민주주의가 추구하는 모든 학교는 학자들이 말하는 다양성과 개방성을 갖춘 다문화학교의 조건을 갖추어야 한다. 그러나 한국에서의 다문화학교는 다문화가정 학생들을 위한 한국문화이해교육과 한국문화사회교육으로 이해가 되고 있다. 또 일부에서는 다문화중심학교나 다문화연구학교처럼 다문화가정 자녀가 많이 다니는 학교라고 인식하고 있다. 많은 학교가 다문화학교로 변화되기 위해서는 많은 특성을 내포하고 있어야 한다. 우리는 한국적 상황에 맞는 다문화학교의 특성을 가질 수 있도록 노력해야 하는 것 역시 매우 중요함을 인식하여야 한다.

또한 학교에서는 다문화가정 학생들의 증가와 이들을 지원하기 위한 일들이 늘어나면서 다문화업무가 새롭게 생성하게 되었다. 이 업무를 담당하는 교사가 다문화담당교사이다. 다문화담당교사는 다문화가정 학생들의 부족한 학습을 향상시킬 수 있도록 지원하고 자신감이 없는 학생들을 지지하고 격려하는 업무를 담당한다. 또 대학생 멘토링을 연결하여 부족한 학습에 도움을 주거나 다문화중심학교의 여러 가지 프로그램을 이용할 수 있도록 연계하고 있다. 또한 일반 학생들과 1:1 결연을 맺어주어 부족한 학습을 향상하도록 도와주고 있다.

또 이들이 자존감을 가지고 학교생활을 할 수 있도록 하는 것도 다문화담당교사들의 업무라고 할 수 있다. 이렇게 특수한 상황에 있는 다문화가정 학생들을 위하여 이들에게 필요한 것을 파악하고 이들을 지원하고 지지하기 위해서는 다문화담당교사의 업무에 다문화 전문성이 요구된다.

교사의 전문성 구성요소에 대한 여러 학자의 연구에 따르면 김이경(2004), 이우태(2011)는 교사의 전문성을 개인이 가지고 있는 인성과 지식, 가치, 신념, 태도를 포함하여 조직을 위한 실천과 업무처리능력, 학교조직을 위한 헌신, 그리고 사회문화적인 자질과 역할로 나누었다. 또 조동섭(2005), 김옥예(2006)는 지식기반, 능력기반, 신념기반 전문성으로 나누었다. 이정화(2005), 오욱환(2005)은 전문성을 학문적 능력과 실천적 능력 등 지식, 기술, 태도에 교사의 자질과 의지를 포함하여 구성하였다. 이와 같이 교사의 전문성 구성요소를 많은 학자들이 제시하였으나 지식과 기술, 태도의 요소들을 벗어나지 못하고 있다.

학교의 상황은 변하여 가고 다양한 문화적 배경을 가진 학생들이 학급에 하나둘 형성되면서 교사들의 전문성은 다문화적인 교사로 변화되어야 한다. 다문화적인 상황에서 교사들의 전문성에 대하여 모경환(2009)은 다문화교육에서 교사에게 요구하는 전문성 요소로서 자신의 문화적 태도에 대한 반성능력과 문화적 다양성에 대한 이해, 다문화가정 학습자의 특성에 대한 지식을 갖추고 관용적인 태도와 다문화적 갈등에 대한 해결능력을 갖추어야 한다고 하였다. 또 최지현(2010)은 다문화교사의 전문성을 강화하기 위해서는 교사의 역량과 전문성이 반드시 갖추어야 할 선행조건이며 다문화에 대한 이해를 통해 다문화가정이 통합의 대상이 아니라 공존의 대상이라는 사실을 받아들이는 관용의 자세가 필요하다고 하였다. 따라서 다문화담당교사들의 전문성은 단지 교과의 전문성만 의미하는 것이 아니라 교사가 학교현장에서 교사로서 수행하여야 할 전반적인 직무와 역할이 포함되어야 한다.

전문성 계발은 인간에게 내재하거나 잠재된 전문적인 것을 발달시키는 것이다.

따라서 다문화담당교사들의 전문성 계발은 자신들의 경험을 통하여 교사들에게 잠재되어 인식하지 못하던 전문성을 알아가는 과정이라 할 수 있다. 많은 연구에서는 전문성 계발의 내재적인 요인은 업무의 몰입이며 외부적인 환경은 가족, 학교, 직장, 국가 등이 포함된다(김정아, 2007). 더불어 교사의 전문성 계발을 위하여 연수의 필요성을 강조하고(함형복, 2002; 최명옥, 2010) 교사들의 자발성과 유기성, 유연성을 높여야 한다고 하였다(류민영, 2010).

따라서 다문화담당교사들의 전문성을 계발하기 위하여 이들의 업무와 전문성이 어떤 관련이 있으며 다문화담당교사들은 전문성 계발을 위하여 무엇이 필요하다고 인식하고 있는지 살펴볼 필요가 있다. 그러므로 이 글에서는 교사전문성의 구성요소에 대해 많은 학자들이 제시한 것과 다문화교사들이 필히 갖추어야 할 요소들을 복합적으로 다루어 지식적인 전문성과 기술적인 전문성, 태도적인 전문성으로 나누어 살펴보고 질문지를 구성하였다.

3. 연구방법

이 글은 학교 현장에 근무하는 다문화담당교사들의 업무경험과 역할을 통하여 다문화 전문성과 업무의 관계성을 탐색하여 전문성 계발을 위한 정책제안을 하고자 한다. 다문화업무를 담당하는 교사는 열정과 업무의 마인드가 있는 교사가 다문화업무를 수행해야 한다. 그러나 다문화담당교사들은 업무의 중요성은 인식하지만 중첩된 업무의 현실에서 다문화전문성을 갖추는 것은 현실적으로 어렵다고 하였다. 그러므로 이들에게 필요한 전문성을 계발하기 위하여 무엇이 필요하다고 인식하는지 업무의 경험을 통해 심층인터뷰를 하였다. 이를 위하여 다문화담당교사들을 참여관찰하고 심층면담을 중심으로 한 질적 연구이다.

먼저 연구 참여자를 선정하기 위하여 인천의 I대학교의 멘토링 사업에 참여한 26개 중등학교의 교사들을 대상으로 연구내용과 함께 연구 참여 의사를 묻는 전체메일을 보냈다. 이에 연구에 참여할 의사가 있는 교사와 다문화가정 멘토링에 참여한 멘토들이 추천한 교사 6명을 연구 참여자로 선정하였다. 이를 위하여 심층인터뷰에 참여한 교사의 일반적인 특성은 〈표 4-1〉과 같다.

〈표 4-1〉 연구 참여자의 일반적 특성

연구 참여자	성 별	전공 교과	교육 경력	학 교	다문화관련 업무경험	다문화 연수 경험
연구 참여자 1	남	영어	27년	인천 D중학교	10년	유
연구 참여자 2	여	사회	28년	인천 W중학교	6년	유
연구 참여자 3	여	미술	12년	인천 Y중학교	무	무
연구 참여자 4	여	영어	18년	인천 B중학교	무	무
연구 참여자 5	여	도덕	16년	인천 M중학교	3년	유
연구 참여자 6	여	도덕	26년	인천 S 중학교	무	무

　　이들은 학교에서 다문화업무를 담당하고 있으며 다문화업무 외에도 여러 가지 업무를 담당하고 있다. 따라서 다문화업무는 다른 주된 업무의 보조업무로 수행하고 있었다.

　　자료 수집은 문헌연구와 방문조사연구, 참여자의 심층인터뷰를 통하여 수집하였다. 연구기간은 2012년 3월부터 2012년 9월까지 진행하였다. 먼저 이론적 배경과 관련된 논문과 사례를 찾아 문헌연구로 조사하였다. 다문화담당교사들이 가져야 할 전문성에 대한 연구가 거의 없어 일반교사들의 전문성에 관한 연구를 바탕으로 조사하여 보았다. 두 번째는 인천시의 다문화교육에 대한 비전과 지원체계를 살펴보기 위하여 방문조사를 실시하였다. 교육청을 방문하여 인천광역시 교육청에서 실시하는 다문화교육에 대한 전체적인 비전과 전략에 대하여 살펴보았다. 세 번째는 연구 참여자의 동의를 얻은 후 연구 참여자와의 라포형성을 위하여 예비조사를 실시하였다. 예비조사에서 각 학교의 다문화업무 교사들과 안면을 트고 라포를 형성하는 등 교사들의 다문화업무에 대한 전반적인 내용을 파악하였다. 넷째, 이론적 배경을 충실히 완성한 후 이론적 배경을 바탕으로 질문지를 구성하여 본 조사에 임하였으며 교사마다 개인적인 인터뷰를 실시하였다. 인터뷰를 한후 부족한 부분은 전화와 이메일을 통하여 자료를 수집하였다.

　　심층면담은 교사마다 2~3회 실시하였으며 1회 인터뷰 시간은 1시간 내외로 하였다. 인터뷰 장소는 교사가 근무하는 학교의 조용한 교실에서 실시하였으며 면담 일시는 교사의 수업시간을 고려하여 교사들이 정하여 주는 시간에 맞추어 연구자가 방문하였다. 면담 시에는 교사의 허락을 득한 후 녹음기로 녹음과 함께 연구자가 면담 시 분위기를 함께 기록하였다.

질문지 구성은 장혜숙(2008), 유은경(2011), 오현주(2011)의 질문지에서 전문성 요소인 지식관점 전문성과 기술관점 전문성, 태도관점 전문성으로 수정 보완하였으며 업무의 경험과 업무환경, 업무인식으로 구분하였다. 또한 전문성 계발에 따른 인식을 경험과 연수, 교육방법과 자기계발 등으로 나누어 구성하였다.

〈표 4-2〉 질문지구성내용

구 분	질문내용
다문화 전문성	지식관점의 전문성
	기술관점의 전문성
	태도관점의 전문성
다문화업무	다문화 업무경험과 전문성의 관계
	다문화 업무환경과 전문성의 관계
	다문화 업무인식과 전문성의 관계
다문화 전문성 계발	경험과 전문성 계발
	연수와 전문성 계발
	교육방법과 전문성 계발

면담 시 질문은 교사가 미리 준비한 질문지를 가지고 반구조화된 형태의 면담을 실시하였으며 자유로운 분위기에서 편안하게 인터뷰할 수 있도록 배려하였다. 면담 후 연구자는 녹음내용을 반복적으로 들으면서 녹음에 대해 전사를 하였다.

자료 분석은 Stevick-Colaissi-Keen의 방법을 수정한 Moustakas(1994)의 현상학적 분석절차에 따라 다문화담당교사들의 현상이나 그들의 경험을 현상학적관점에서 분석하였다. 분석을 위하여 인터뷰내용을 전사하고 코딩한 후 다문화담당교사들의 전문성과 업무의 관계성을 찾기 위하여 질문에서 전문성과 업무를 주제화하고 이들의 연관성을 찾아보았다. 또 다문화담당교사들이 전문성 계발에 무엇이 필요하다고 인식하고 있는지 또 이를 위하여 어떠한 노력을 하는지 주제를 바탕으로 우선순위를 정하여 나눈 결과 다음과 같이 도출할 수 있었다.

4. 다문화담당교사의 전문성

4.1. 다문화담당교사들의 전문성과 업무와의 연관관계

4.1.1. 다른 업무와의 연관성 찾기

인천시 다문화담당교사들의 업무를 파악하기 위하여 연구 참여자들이 근무하는 학교의 업무분장을 먼저 살펴보았다. 내용은 다음 〈표 4-3〉과 같다.

〈표 4-3〉 연구 참여자의 업무주관부서와 업무내용

구 분	다문화담당부서	업 무
인천의 D중학교	국제문화부	국제교류, 탈북, 다문화
인천의 W중학교	진로진학상담부	진로진학상담, 다문화
인천의 Y중학교	인성교육부	벨트형다문화중심, 진로, 상담, 인성, 방송
인천의 B중학교	창의인성부	창의인성, 에듀팟, 다문화
인천의 M중학교	인성복지부	인성, 통일, 효, 다문화
인천의 S중학교	창의인성부	민주시민, 통일, 다문화, 인성

학교에서 다문화업무는 학생의 인성이나 복지와 관련이 있다고 생각하여 국제문화부와 진로상담부, 창의인성부, 인성복지부에서 담당하고 있었다. 또한 다문화업무는 주된 업무 사이에 다문화업무를 보조업무로 수행하고 있다는 것을 알 수 있었다. 상담업무와 함께 다문화업무를 수행하는 교사의 인터뷰는 다음과 같다.

> "저는 업무분장에서 일주일에 수업시수는 10시간, 상담시간 10시간이며 행정적인 일은 주로 퇴근 이후에 합니다. 학교에서 업무를 주실 때 기대수준은 다문화는 붙은 거라서 기대수준은 별로 없으며 저 같은 경우는 진로상담과 다문화업무를 하기는 하지만 원래는 저한테 올 부분이 아니지만 제가 새로 오다보니까 하게 되었습니다. 제가 상담을 맡고 있다 보니까 다문화에 관심도 있고 안타깝기도 하고 도와주어 학교생활에 잘 적응하게 하고 싶은 것이 저의 마음입니다."(연구 참여자 2)

다문화업무는 다문화가정 학생들을 위한 업무가 주를 이루다보니 학생들의 특성을 이해하고 이들의 고민을 상담하며 자존감을 향상하도록 지지하는 상담업무와 관련이 높음을 알 수 있었다. 또 국제교류업무와도 많은 관련이 있다는 것을 인터뷰를 통해 알 수 있었다.

> "저는 국제교류업무를 오래 담당하면서 다양한 문화적 이해능력과 외국어로 의사
> 소통 능력을 함양할 수 있었으며 이는 다문화업무를 하면서 다문화가정 학생을 이
> 해하는 계기가 되었습니다."(연구 참여자 1)

상담업무와 국제교류업무를 수행하면서 다문화업무를 함께한 교사에게 다문화 전문성이 높게 나타났다. 이들 교사는 자신의 업무가 다문화 전문성을 함양하는 데 도움이 되며 다문화업무는 상담업무나 국제교류 업무와 함께 하는 것이 효과적이라고 하였다. 따라서 다문화업무는 다른 업무와 연관성이 높으며 특히 상담업무나 국제교류업무와 같이 다양한 문화와 언어 또 심리를 이해하는 업무와 함께 수행할 때 업무의 효율성이 높다는 것을 알 수 있었다.

4.1.2. 업무인식과 자율적으로 선택하기

다문화담당교사들의 업무는 무엇이며 다문화담당교사들은 업무를 어떻게 인식하고 있는지 교사들의 인터뷰를 통하여 살펴보았다.

> "다문화담당교사들의 대표적인 업무는 첫 번째 교사가 늘 그 아이들을 불러다가
> 지지하고 자존감 형성해주고 시험기간에서 진로까지 연장해서 상담하고 두 번째
> 는 교사가 학생들의 실력을 향상시켜줄 수 있는 기회를 제공하는 것입니다. 대학
> 생을 통하여 멘토링을 연결해주고 관리도 합니다."(교사 2)

교사가 어떤 마인드를 가지고 업무에 접근하고 다문화가정 학생들을 대하는 것이 업무를 수행하는 데 효과성이 있는지 알 수 있다. 따라서 업무의 대한 인식은 업무의 전문성과 깊은 연관성이 있다고 할 수 있다. 또한 다문화담당교사가 업무를 맡기까지는 자신이 업무를 맡고 싶어서 맡는 것이 아니라고 하였다. 모든 업무는 자신에게 떨어지는 업무를 맡아서 하게 되는 것이라고 하였다.

> "다문화업무는 다문화가정 학생의 학교입학에서부터 학부모의 학교에 대한 문화
> 적 차이를 설명하고 학생의 개별적 상담을 통한 학교 적응의 정도, 개별적인 학습
> 지도와 필요한 학습지원 방법, 다양한 문화적 경험을 하여 한국문화에 대한 적응도

를 높이는 여러 가지 사업구상을 실행하는 것입니다. 저는 다문화업무를 제가 하고 싶어서 했습니다. 국제교류업무는 영어교사니까 하였고 다문화업무는 국제교류 업무와 관련이 높다고 생각하여 스스로 선택하여 5년째 하고 있습니다."(교사 1)

교사의 업무인식과 자발적인 업무선택은 다문화교육에 대한 인식과 다문화가정 학생을 변화시키고자 하는 의지를 강화시킨다. 그런 점에서 다문화담당교사의 전문성은 교사의 업무인식과 업무의 자발성에 따라 많은 연관성이 있으며 자발적으로 선택하여야 전문성도 향상되고 학생들을 위해 노력하는 마음도 다를 것 같다. 따라서 다문화담당교사들이 다문화업무를 기피하기보다는 자발적으로 선택할 수 있도록 업무에 대한 지원과 업무분담에 대하여 논의가 필요하다.

4.1.3. 업무 환경에 따른 전문성의 차이

다문화담당교사들의 업무의 환경은 전문성과 많은 관련이 있었다. 다문화중심학교를 근무하는 교사와 일반학교를 근무하는 다문화담당교사는 프로그램의 운영과 현장체험에서 많은 차이가 있었다. 다문화중심학교는 다문화가정 학생들을 모아 프로그램을 진행하거나 체험활동과 캠프를 같이한다. 일반학교 다문화 담당교사들은 다문화가정 학생들에게 다문화중심학교의 프로그램을 소개하지만 방과 후 다문화중심학교까지 수업을 들으러 가는 다문화가정 학생들은 거의 없는 실정이었다. 인터뷰한 교사 중 교사 1은 탈북중심학교, 교사 3은 다문화중심학교에 근무하고 있어 이들에게 학생들과의 외부경험을 물어보았다.

"인천 시청주관의 아시아 이민자 축제, 남동구청 주관의 다문화 축제인 소래축제 참가, 연수구청 주관의 주말 영어 광장 참가, 남동구청 주관의 남미 문화관 방문 체험, 중국 자매학교 교환 방문, 미국 자매학교 교환 방문, 탈북학생 여름캠프, 시교육청 주관의 이중언어 말하기 대회, 영어의 날 행사, 송도 경자청 주관의 각종 다문화행사, 서울 거리문화 축제 참가 행사, 인천 프랜차이즈 구단 방문 응원전(SK와이번스, 인천 유나이티드 축구단 응원전)."(교사 1)

"중심학교들은 다를 수 있습니다. 거기는 교육청하고 담당자하고 바로 연결되어 업무를 하기 때문에 다를 수 있지만 우리는 일반 공문 가지고 공문처리 하는 것으로 일단 인원수가 적기 때문에 학교에서도 다문화교육에 많이 할애하거나 신경을 쓰지 않습니다. 우리 학교도 다문화가정 학생이 1%도 안 되니까 행적적인 업무를 할 수밖에 없습니다."(교사 6)

다문화중심학교 다문화담당교사는 다양한 프로그램을 운영하고 많은 경험을 할 수 있는 계기가 마련되고 있지만 일반학교 다문화담당교사들은 과중한 행정적인 업무로 업무를 수행하고 있었다. 따라서 다문화중심학교와 일반학교의 업무환경은 다문화 전문성과 많은 관련성이 있으며 다문화중심학교의 교사들이 다문화 전문성을 더 많이 가지고 있다는 것을 알 수 있었다. 따라서 일반학교와 다문화중심학교 교사들이 유기적인 관계가 형성된다면 다문화업무에 대한 이해와 함께 일반학교 다문화가정 학생들이 다문화중심학교 프로그램에 참여하는 기회를 확대할 수 있을 것이며 업무의 효율성도 높아질 것이다.

4.1.4. 경험을 통한 전문성의 차이

다문화업무의 경험은 전문성과 어떤 연관성이 있는지 알아보기 위하여 다음과 같이 살펴보았다. 다문화업무의 경험을 인터뷰하면서 다문화업무를 처음 맡았을 때의 느낌과 업무를 수행하면서 느낀 보람 등에 대하여 교사들의 인식을 살펴보았다.

"처음 업무를 맡았을 때 약간의 공황상태가 있었으나, 다른 학교의 사례들을 한 달 간 연구하고 본교의 프로그램을 계획하게 되었다. 처음에는 낯설기도 하고 일이 많을 거라고 생각했다."(교사 3, 교사 6)

업무를 처음 맡았을 때의 느낌은 모든 교사들이 달랐다. 교사 스스로 다문화업무를 맡고 싶어 맡았다는 교사는 한명이고 다른 교사들은 모두 업무 분장으로 인해서 업무를 맡았다고 하였다. 그러나 기피업무인 다문화업무를 떠맡아 하였지만 다문화업무를 하면서 보람을 느끼기도 하였다.

"다문화 말하기 대회에 참가하여 교육감 상을 수상하고 아이가 자존감이 높아지고 어디 다른 참가할 대회가 또 없나요 하고 질문을 할 때 보람되었습니다."(교사 1)

"2011년 여름 35도가 넘는 기온에도 본교 수업을 들으러 한 시간가량 버스를 두 번 갈아타고 20분 정도 걸어서 오다가 빨갛게 익어버린 아이들의 얼굴을 보았을 때 가장 감동을 받았습니다."(교사 3)

다문화업무를 하면서 다문화담당교사들은 다양하게 보람을 느끼고 있었고 자신의 업무가 학생들에게 많은 영향을 미친다는 것을 알고 있었다. 다문화업무를 경험하면서 다문화에 대한 애정과 다문화업무에 대한 자신감은 물론 전문성을 가지게 되었다고 하였다. 또 다문화담당교사들은 경험을 통하여 조금 쉬워진 일을 내년에도 계속하고 싶다고 하였다. 그러므로 전문성은 다문화업무를 경험하면서 발달된다는 것을 알 수 있었다.

그러므로 다문화담당교사들이 경험을 통하여 발달한 다문화 전문성을 잘 발휘할 수 있도록 업무를 총체적으로 지원해야 할 것이다. 특히 창의체험학습이나 창의인성활동에 다문화업무의 경험을 적용하여 다양한 프로그램을 진행하거나 체험학습에서 다문화를 접할 수 있는 기회를 만들어준다면 여러 가지 측면에서 효과적일 것이다.

4.1.5. 학교장과 관리자의 인식 바꾸기

현재 대부분의 중등 일선학교에선 다문화가정 학생들은 적은 수에 불과하였다. 이렇게 적은 수의 다문화가정 학생들을 위한 업무를 하다 보니 다문화업무에 대한 중요성을 정부는 물론 학교장도 인식하지 못하고 있다. 그러나 현재 초등학교의 다문화가정 학생들이 중등으로 진입을 하고 다문화사회로 더욱 변모된다면 다문화가정의 학생 수가 더 많은 수를 차지하여 발생되는 문제는 아무도 예측할 수가 없다.

다문화교육을 강조하는 이유도 이런 상황을 대비하고 예방하는 것이다. 그래서 다문화업무의 중요성을 연구자는 강조하고 있으며 다문화업무를 담당하는 교사들의 전문성이 필요하다. 다문화업무와 교사의 전문성에 대하여 많은 교사들은 적은 학생 수에 때문에 학교에서 업무의 중요성을 인식하지 못하였다.

> "다문화업무에 대해 중요하다고 생각해야 하는데 학교에서 인식해야 하는데 아직은 인원이 적으니까 적어도 30% 정도 되어야 될 것 같습니다. 미국의 경우도 흑인이 30% 넘으면서 편견도 덜해졌다고 합니다. 지금은 적은 수라 아이들은 숨어 있고 필요성을 덜 느끼고 있고 문제가 없으니까 인식하지 못하고 있습니다."(교사 1)

> "아직은 중학교에 그 아이들의 비중이 많지 않다 보니까 중요한 업무로 인식하지

않고 있습니다. 안산 같은 많은 학생이 있는 경우에는 그 업무가 방대하고 어떤 상황이 의도하지 않더라도 관리나 케어하지 못할 때 학교가 문제점이 노출되기 때문에 학교의 관리자가 행정적으로나 정서적으로 끌고 가지 않으면 많은 영향을 준다는 것을 인식하고 있습니다."(교사 2)

학교에서는 학교장의 경영마인드와 관리자들의 인식은 업무를 하는 데 많은 영향을 미친다. 일반학교에 다문화가정 학생들이 많아 다문화업무의 비중이 높아지고 학교장과 관리자들이 관심을 갖는다면 다문화담당교사의 전문성이 더욱 필요할 것이라고 하였다. 다문화담당교사들은 다문화업무를 하면서 다문화업무에 대한 학교장의 인식은 일 년의 교육계획을 수립하는 데 중요한 역할을 하며 예산과 연결된다고 하였다. 따라서 학교장과 관리자가 자신이 근무하는 학교에 다문화가정 학생을 위하여 어떤 지원제도가 필요하고 학교장과 관리자가 어떤 역할을 해주어야 도움이 되는지, 어떤 환경을 조성해 주었을 때 다문화업무가 효과적으로 수행될 수 있을지 고려해 보아야 할 것이다.

지금까지 다문화담당교사의 전문성은 실제 업무와 깊은 관련이 있다는 것을 알 수 있었다. 따라서 다문화담당교사들은 이들이 업무를 효과적으로 수행하기 위하여 전문적인 역량을 갖추어야 하며, 이에 따른 전문성을 계발하기 위하여 무엇이 필요하다고 인식하고 이를 위하여 어떤 노력하고 있는지 살펴볼 필요가 있다.

4.2. 다문화담당교사의 다문화 전문성 계발

4.2.1. 경험을 통한 전문성 갖기

다문화담당교사들의 다문화 전문성을 계발되기 위하여 무엇보다 중요한 것은 교사들의 경험이라고 하였다. 전문성은 이미 교사가 가지고 있는 것이며 이를 계발하기 위하여 교사들이 잠재적으로 가지고 있는 것들을 끌어내어 높은 효과성을 거두기 위한 것이다. 그러므로 전문성 계발이라는 것은 전문성이 있는 상태에서 계발이 가능한 것이며 교사의 경험은 전문성 계발이 가장 중요한 부분이라고 교사들은 답하였다.

"제가 다문화에 대한 이런 마음이 생기게 된 것은 다문화업무를 하면서 다문화가정 가정방문을 하면서 생기게 되었습니다. 다문화가정 지원을 위해 예산을 확보하고 학교장으로부터 예산을 지원받아 쌀을 지원하거나 명절 때 선물을 사주었습니다."(교사 2)

"도덕과라 일반파트에 넣어 업무를 하지만 도덕과라고 경험을 하지 않으면 모를 거고 그런 아이들을 가르쳐본 경험이 있어야 한다고 생각합니다. 초등학교는 괜찮겠지만 중학교에서는 수업시간 외에는 알 수가 없습니다."(교사 5)

실무경험은 무엇과도 바꿀 수 없는 현장체험이다. 다문화담당교사들이 처음 업무를 맡았을 때 전문성을 가지기 위하여 많은 노력을 기울인다. 그러나 업무의 경험이 증가할수록 이전의 업무가 쉽게 다가올 뿐만 아니라 업무를 다시 선택하는 기회를 제공한다. 따라서 교사들은 자신의 경험을 통해 전문성이 향상된다고 인식하고 있으며 전문성은 경험을 통하여 가장 많이 신장한다고 하였다.

4.2.2. 다문화 연수를 통한 지식 갖기

모든 교사들은 다문화 전문성을 계발하기 위한 것으로 다문화연수를 꼽았다. 다문화담당교사들은 업무를 추진하기 위해서는 알아야 하기 때문에 교사의 연수가 절실하다고 하였다. 또한 교사들이 다문화에 대한 지식을 함양할 수 있었던 것은 연수를 통하여 이루어졌다고 하였다.

"일단은 알아야 추진하고 배워야 추진하고 부분적으로 하는 것은 한계가 있습니다. 교과에서 다루는 것도 조금밖에 없고 교사가 계속 연수를 받고 전문성을 쌓아야지 이 업무를 할 수 있지 주어진 상태에서 하면 한계가 있다고 생각합니다."(교사 5)

"연수를 받을 때마다 더 다져집니다. 다른 학교의 사례 등을 보면서 머릿속에서 잊고 있던 다문화업무를 잊고 있다가도 연수를 받고 오면 이런 부분을 더 해야 된다고 다시 생각하는 계기가 됩니다."(교사 2)

다문화담당교사들은 업무를 하면서 연수의 필요성을 모두 느끼고 있었다. 연수를 통하여 다문화에 대한 간접경험과 함께 교사자신의 마인드가 형성된다는 것을 알고 있었다. 또 연수를 받지 않고 처음 업무를 맡은 다문화담당교사도 역시 업무를 하면서 연수의 필요성을 느끼고 연수를 신청하였다고 하였다. 따라서 처음 업무를 맡은 다문화담당교사에게는 업무에 대한 일회성 교육이 아닌 지속적인 연수가 필요하며 다문화가정 학생들을 위한 상담 및 진로지도 등에 대한 연수가 더불어 실시되어야 할 것이다.

4.2.3. 네트워크와 다문화연구회를 통한 경험 공유하기

다문화담당교사들은 중심학교별로 네트워크를 형성한다면 전문성이 계발될 것이라고 하였다. 업무를 처음 맡은 다문화담당교사들이 업무를 수행하면서 어려움이 발생할 때 의견을 교환하거나 정보를 나눌 수 있는 방법이 없다고 하였다. 다문화담당교사들끼리 중심학교별로 네트워크를 형성한다면 전문성을 신장하고 계발하기 위한 좋은 방법이라고 하였다.

> "중심학교는 교육청 담당자하고 바로 연결되어 업무를 하기 때문에 다를 수는 있지만 우리는 일반 공문가지고 공문 처리하는 것이고 일단 인원수가 적기 때문에 우리는 통합하는 겁니다. 다문화업무를 맡은 같이 근무한 교사들이나 안면이 있는 교사끼리 우리업무를 하면서 업무를 주고받고 우리끼리 연수 갈 때 같이 가고 통계 같은 정보를 주고받고 우리끼리 형성하자고 한 겁니다. 그러므로 다문화 연수를 받고, 업무에 대한 이해도와 참여의지를 키우기 위해 다문화 교사 동아리 활성화도 필요하다고 봅니다."(교사 6)

> "탈북학생들에게는 어울림연구회라는 것이 있습니다. 중고등 교사를 대상으로. 그분들은 전문가 같다는 생각이 들었습니다. 따라서 다문화도 일부 관심 있는 분들이 연구회를 결성한다면 전문성이 높아질 것 같습니다."(교사 1)

다문화담당자끼리 정보를 주고받고 연수도 같이 참여하고 프로그램도 공유하는 것이 전문성을 계발시킬 수 있다고 하였다. 다문화담당교사끼리 유기적인 관계를 형성하여 연구회를 하거나 연구사례를 공유하면서 업무에 대한 개선방향과 프로그램의 활성화에 대한 논의가 이루어지길 바라고 있었다.

4.2.4. 다양한 매체를 활용한 교육방법 적용하기

다문화담당교사들은 교사들을 연수하거나 학생에게 다문화교육에 앞서 다문화관련 서적을 찾아보거나 교육청 홈페이지를 이용하여 다문화중심학교 또는 다문화프로그램을 보면서 정보를 얻거나 활용하기도 한다.

> "다문화에 대한 현재의 상황과 상황이 파악되어야 교사 마인드가 바뀌어야 됩니다. 다문화가족의 구조와 변화속도에 대한 안내 자료를 만들어 주고 학부모에게 가정통신문을 구성하여 일 년에 두세 번 보냅니다."(교사 2)

> "인터넷뿐만 아니라 다양한 매체를 통하여 진행되고 있는 각종 다문화프로그램을 주기적으로 연구 조사하여 학생들에 필요한 부분을 발견하고 적응하여 학생들에게 도움이 될 것인가를 연구 분석하고 적응 방법을 구안하는 과정입니다."(교사 1)

다문화담당교사들이 알아야 교사들에게 다문화연수도 할 수 있으며 연수를 하기 위하여 자료를 준비하거나 가정통신문을 작성하기 위하여 다양한 매체를 활용한다고 하였다. 또 다양한 매체들을 활용하여 다양한 다문화교육방법을 찾기도 하며 이런 과정을 통하여 전문성이 계발된다고 인식하였다.

4.2.5. 업무의 전담과 가산점 부여하기

다문화담당교사의 전문성이 계발되려면 업무를 전담할 수 있도록 제도적인 변화가 필요하다고 하였다. 그러나 현재 업무상황에서는 다문화업무에 모든 신경을 쏟을 수 없으며 프로그램을 진행하거나 외부체험을 할 수가 없다고 하였다.

> "다문화업무는 해당 학생이 적다 보니 전담 업무가 아니라 다른 업무의 보조 업무로밖에 여겨지지 않는 부분이 있습니다. 학교생활에서는 어쩔 수 없습니다. 교사에게 소명의식만 강요하면 끝이 없고 교사에게 책임이 있고 따라오는 것도 있다면, 점수가 없으면 이 아이들이 대회에서 상을 받아 와도 소용이 없습니다. 해도 티도 안 나고 보이는 것이 있어야 되는 것 같습니다. 애들 상대로 하는 것이지만 일하시는 분들도 이런 일을 하여 수적인 것도 보여줘야 아이들한테 가는 것도 크고 교사들도 힘이 나고 해도 티도 안 나고 그러면 의욕이 당연히 없습니다."(교사 5)

> "연구학교의 고가점수는 정확히 모르겠는데 각 교과마다 교육청 연계되는 일을 하

시면 연구사시험이라든지 도움이 될 것이라 생각합니다. 직접적으로 점수로 안 준
다더라도 실력으로 쌓이기도 하고 점수까지 주면 좋겠습니다."(교사 2)

　모든 교사들이 기피하는 다문화업무를 하면서 가산점을 받는지에 대하여 일
반학교 교사들은 가산점이 없다고 하였다. 또한 다문화업무에서 바로잡을 부분
으로 다문화업무가 다른 업무의 보조업무가 아닌 전담업무가 되어야 다문화담당
교사의 전문성이 더욱 함양되고 계발된다고 하였다. 또 교사의 전문성 계발을 위
하여 교사고가에 반영되는 점수가 있거나 이에 상응하는 것을 준다면 전문성 계
발에 도움이 된다고 하였다. 따라서 이에 대한 제도적인 지원을 모색하여야 할
것이다.

5. 다문화담당교사의 전문성 계발을 위한 제언

　이 글은 학교현장에서 다문화업무를 담당하는 교사들의 경험 통하여 다문화
전문성과 업무의 연관성을 살펴보고 다문화담당교사의 전문성 계발에 따른 제도
적-환경적 정책을 제안하는 것이다. 이를 위하여 인천시 중등학교에 근무하는 다
문화담당교사 6명을 대상으로 심층면담을 실시하였다. 이렇게 수집한 자료를 분
석한 결과 다음과 같은 결과를 도출하였다.

　첫째, 다문화담당교사들의 전문성과 이들의 업무는 어떤 관련이 있는지 살펴본
결과 상담업무나 국제교류업무와 함께 다문화업무를 수행하는 교사가 업무를 더
욱 효율적으로 수행하고 있었다. 또 다문화담당교사들이 업무의 인식 정도와 자
발성에 따라, 업무의 환경과 업무의 경험에 따라 전문성이 차이가 나는 것으로 나
타났다. 또한 학교장과 관리자가 다문화에 대한 인식이 높을 때 다문화담당교사
가 전문성을 발휘할 수 있음을 알 수 있었다.

　둘째, 다문화담당교사들은 전문성 함양을 위하여 무엇이 필요하다고 인식하는
지 살펴보았을 때 다문화 업무경험이 전문성을 계발하는 데 가장 큰 역할을 한다
고 인식하였다. 또한 다문화연수를 통하여 지식을 함양하고 사례 등을 경험한다
고 하였다. 또 중심학교별 네트워크 형성과 다문화연구회 활성화를 통하여, 또 다
양한 매체를 활용하거나 다문화 교육방법 고안과정에서 전문성이 계발된다고 하

였다. 더불어 다문화업무를 전담해주거나 가산점을 부여한다면 다문화업무의 기피현상도 막을 수 있으며 교사들이 업무를 위한 전문성을 계발하기 위하여 더욱 노력할 것이라고 하였다.

그러므로 이 글에서 다문화담당교사의 전문성 계발을 위한 제도적-환경적 변화를 위한 정책 방안을 제안한다.

첫째, 다문화업무의 경험이 있거나 다문화연수를 일정 시간 이상 받은 교사에게 다문화업무를 담당하게 한다.

둘째, 다문화업무의 체계화와 현실적인 매뉴얼을 제시한다.

셋째, 다문화담당교사들이 업무를 수월하게 수행할 수 있도록 전담업무로 지정하고 가산점을 부과한다.

넷째, 다문화담당교사의 전문성을 인식하고 전문성을 계발하기 위하여 다문화 중심학교별 네트워크를 연계하고 중심학교별 다문화연구회를 활성화한다.

다섯째, 학교장과 관리자의 인식전환이 우선될 수 있도록 제도적인 지원을 한다.

지금까지 다문화담당교사의 전문성 함양과 계발에 대하여 살펴보았다. 이 글이 앞으로 다문화업무를 담당할 교사들과 현재 업무에 대한 중요성을 인식하지 못하는 다문화담당교사들에게 시사점을 제공하여 업무를 수행하는 데 기여하길 바라며, 다문화교육의 미래를 보장하는 견해의 초석이 되길 희망한다.

5장

다문화가정 자녀 멘토링 효과증진을 위한 슈퍼비전

5

다문화가정 자녀 멘토링 효과증진을 위한 슈퍼비전*

김영순 · 김금희

* 이 글은 2012년 『인문과학연구』 33호에 게재된 논문 「멘토의 멘토링 효과증진을 위한 슈퍼비전-다문화가정 자녀를 중심으로」를 수정 · 보완한 것이다.

1. 멘토링 역사

대학생 멘토링이란 멘토와 멘티가 정기적으로 만나 다양한 유형의 학습을 지원하는 프로그램을 말한다(교육과학기술부, 2009). 우리나라에서는 대학생 멘토링이 2006년부터 동작 · 관악구의 70개 초 · 중등학교에서 시범 사업으로 시작하여 운영되고 있고, 2009년에 들어서면서 2,380개의 학교로 확대해서 운영되고 있는 추세이다(한국교육개발원, 2009). 멘토링 프로그램은 성장기의 아동과 청소년을 위한 건전한 역할모델을 제시하고 형과 누나 같은 대학생들과의 긴밀한 상호적 관계를 통해 보호 아동 및 청소년들에게 정서적 · 사회적 지지를 줄 수 있다는 점에서 매우 효과적인 접근법이다. 특히 멘토링은 저소득 아동 및 청소년을 지도하는 과정에서 정서적인 지지, 긍정적인 성인에 대한 모델링, 그리고 다양한 경험을 제공함으로써 그 효과가 크다고 볼 수 있다. 기존의 다양한 복지서비스가 집단 프로그램과 단기 상담을 중심으로 이루어지는 것과 달리 멘토링은 서비스 제공 및 효과성의 측면에서 일대일 멘토-멘티 관계를 통해 사회에 대한 폭넓은 시야를 갖게 한다는 점에서 저소득 아동 및 청소년의 성장과 발달에 효과적이다. 그러나 현재의 대학생 멘토링은 대학교 · 지역학교 · 지방자치단체 등 다양한 주체가 협력을 이루어 운영되고 있기 때문에 운영과정에서 문제점들이 발생하고 있고, 관리 주체가 분명하지 않아 멘토링에 대한 효율적인 관리 감독이 필요한 상황이다. 또한 국내 대학생 멘토링에 참여한 멘토나 멘티의 대상으로 실시한 결과를 보면 멘토링의 결과가 효과적이라고 보기에는 부족한 요소가 많이 나타났다(양민화 외, 2011). 멘토링의 효과성과 관련된 기존 내용을 살펴보면, 김남숙(2010, 2011)은 멘토링이 효과적으로 운영되기 위해서는 무엇보다 멘토의 역량 강화가 필요하다고 보았고, 멘토와 멘티의 적절한 매칭, 프로그램의 계획 및 관리, 멘토링 활동에서 적절한 슈퍼비전을 제공하는 전문가 등이 있어야 한다고 주장하였다. 그 이외에 다수의 논문에서 멘티의 변화에 초점을 두고 있을 뿐 멘토에 대한 및 멘토링 활동에 필요한 슈퍼비전에 대한 연구는 미흡한 것으로 나타났다.

일반적으로 '멘토링' 하면 학습이 부진하거나 적응에 어려움이 있는 학생들을 대상으로 주 목적은 학교성적을 향상시키는 데 있다. 그러한 집중 현상은 멘티들의 정서적인 측면을 지지하기보다는 학습 성취도 향상 위주로 멘토링 프로그램은 한정되고 있다. 특히 정체성 혼란 등 여러 가지 어려움을 겪고 있는 다문화가정 자녀들을 대상으로 한 멘토링에서는 무엇보다 멘티를 지지해주는 것이 필요하다고 생각한다. 이를 위해서는 멘토가 효과적인 학습 성취뿐만이 아니라 정서적인 지지자로서의 역할도 할 수 있도록 역량을 키우는 것이 필요하다. 이러한 역량은 멘토에 대한 슈퍼비전을 통해 가능하다. 멘토의 슈퍼비전은 멘티의 학습과 정서적인 지지까지 함께 성장할 수 있도록 하기 때문이다. 이처럼 멘토링에 대하여 지난 수년간에 걸쳐 학계와 실무계에서 높은 관심을 갖게 되면서 그 효과성에 대한 검증은 물론 다양한 영역으로의 접목과 확산에 관심을 가지고 있다. 본 연구에서는 멘토링 활동의 효과성을 높이기 위한 방안으로 멘토를 대상으로 슈퍼비전의 필요성을 확인하고, 사회적 차원, 정서적 차원, 행정적 차원에 따라 어떠한 슈퍼비전이 필요한지 구체적으로 살펴보고자 한다. 이를 위해 2011년 인하대학교 대학생 멘토링에 참여한 멘토 5명을 대상으로 심층인터뷰를 진행할 것이다.

2. 멘토링의 개념

멘토(Mentor)라는 말은 그리스 신화에서 비롯되었다. 고대 그리스의 이타이카 왕국의 왕인 오디세우스가 트로이 전쟁에 출정하면서 한 친구에게 자신의 아들인

텔레마코스를 보살펴달라고 부탁했는데 그 친구의 이름이 바로 '멘토'였다. 그 후 전쟁터에서 아버지가 돌아오기까지 멘토는 그의 아들의 친구이자 선생님, 상담자, 때로는 아버지가 되어 잘 돌봐 주었다고 한다. 그 후 멘토라는 그의 이름은 지혜와 신뢰로 한 사람의 인생을 이끌어 주는 지도자라는 의미로 사용되어 왔다(이대숙, 2005). 한국에서는 멘토링을 여러 종류의 조직에서 경험과 지식이 풍부한 선배인 멘토가 그렇지 못한 후배인 멘티를 주로 일대일 전담함으로써 멘티의 잠재력을 개발시키는 활동이라고 정의하고 있다. 전통적으로 멘토링(Mentoring)은 나이와 경험 및 노하우가 풍부한 선경험자(멘토)가 경험이 더 적은 초심자(멘티)에게 그만의 지식과 기술을 지도하고 조언하는 활동을 의미하는 것으로 자신의 전문경험을 전수하게 된다. 무엇보다 학습을 바탕으로 한 인간적인 상호작용을 중심으로 하는 활동이므로 교육적인 효과는 크다 할 수 있다.

특히 미국에서는 1980대 들어 교사들의 전문성 개발 전략을 강의 하면서 초임교사 멘토링을 34개주에서 실시하고 있는데 초임 교사들이 겪는 현실의 충격을 완화하고 교직을 떠나지 않게 하기 위한 처방 중 하나인 내용이 멘토링을 통한 개인적 성찰의 강화, 멘토링과 슈퍼비전을 통한 관계중심의 지원 등이며 처음으로 교육에 입문하게 되어 새로운 충격과 경험을 하게 되는 초임교사들을 위한 멘토링에 대한 연구가 진행되어 왔다(백유순 외, 2005; 조혜진, 2009; 신붕섭, 2005). 이러한 측면에서 본다면 멘토링은 교육과 훈련 등이 누적되어 개인의 생산요소를 증대시키며 개인 인적 자원을 높이기도 한다. 또한 무엇보다도 아동청소년기에 무한한 잠재력과 사회·심리적, 문화적 갈등 등을 고려한다면 멘토링은 더없이 중요한 성장 촉진을 할 수 있게 된다. 브래드 존슨, 찰스 리들리(2009) 멘토링이란 보다 풍부한 경험을 가진 사람이 그렇지 못한 사람에게 안내자, 역할모델, 선생님, 스폰서가 되어주는 것이다. 멘토는 한 분야에서 성공을 목표로 하는 멘티에게 지식을 전달하고 조언을 건네며 상담자가 되어 주고 기회를 제공하는 역할을 한다. 그리하여 훌륭한 멘토가 되기 위해서는 여러 가지 요소가 필요 한데 멘토가 갖추어야 할 요소를 세 가지로 분류한다면 지식과 태도, 기술이라고 하였다. 멘토의 역할에 따라 한 사람의 인생이 변화하여 성장할 수도 있고 그와 반대로 나락에 빠질 수 있기에 멘토는 중요한 위치에 있는 사람이다(한만봉, 2009). 위에서 살펴본 멘토링의 개념을 정리하면 멘토링은 나이와 경험 및 노하우가 풍부한 선경험자가 경험이 더 적은 초심자(멘티)에게 그만의 지식과 기술을 지도하고 조언하는 활동이라고 볼 수 있다. 즉, 멘토는 인간적인 상호작용을 바탕으로 자신의 전문 경험을 전수하게 되고 이를 통해 교육적인 효과를 기대할 수 있다.

멘토들이 체험하는 멘토링의 문화적 과정은 멘토와 멘티 간 문화적 근접성을 확인하고 이질감이나 고정관념을 약화시키는 역할을 했다. 그리고 멘토와 멘티의 가족적인 관계형성은 멘티들의 학교생활 적응, 학업성취 촉진, 사회적 모순에 대한 해결책으로 인식하는 데 기인하였다(윤경원·엄재은, 2009). 그리고 멘토의 특성에 따라 멘티의 심리사회적 기능은 멘티의 몰입과 인간관계에 영향을 미치는 것으로 나타났다(박경규 외, 2010). 지식정보화시대가 시작되면서 멘토링 효과를 높이기 위한 요소는 여러 가지가 있다. 일반적으로 멘토링에서 멘토와 멘티의 개인정보를 충분히 활용하지 못하고 관리자에 의해 일괄적으로 처리하는데 이는 멘토링 효과에 부정적인 영향을 미칠 수 있다(진희란·박찬정, 2008).

멘토링은 멘토와 멘티의 특성에 의해 영향을 받으며 멘토, 멘티의 상호작용으로 인해 멘토링 효과도 달라질 수 있기 때문이다(강정예·이윤화, 2006). 멘토의 역할은 교사로서의 역할, 상담자역할, 코치역할, 스폰서역할 등으로 멘티와의 매칭을 통해 그 성과를 추구하는 것이다(이상호·이만기, 2006). 멘토링은 멘토와의 심리적·상호적인 관계유지와 많은 노력이 소요되는 상담이기에 상담내용 등 사적인 내용들이 비밀유지와 같은 신뢰차원에서 관계가 더욱 긍정적일 수 있다(김민정 외, 2006). 성공적인 멘토링 프로그램 성과를 얻기 위해서는 멘토를 위한 슈퍼비전, 멘토 선발, 멘토와 멘티의 매칭, 멘토 보상, 멘토의 역량강화에 대한 연구가 필요하다(김남숙, 2010). 멘토와 멘티는 멘토링 프로그램을 통해 사회정서적 측면, 자아정체성 측면, 인지적 측면 등 다양한 부분에서 성장을 경험하는 것으로 나타났다. 또한 매칭의 경우 멘토의 특성과 멘티의 특성을 구체적으로 파악한 뒤 상황적 요인을 고려하고 멘토에 대한 오리엔테이션 제공, 지속적인 슈퍼비전 제공, 다양한 프로그램과 콘텐츠가 개발되어야 한다(김예성·배정현, 2007). 이 연구는 특히 멘토를 위한 슈퍼비전 영역에 집중할 것이다.

2.1. 슈퍼비전의 개념

슈퍼비전이란 다른 사람의 업무에 대해 책임을 가지고 관리, 감독하는 것을 의미한다. 멘토링 활동을 지지하고 격려하는 슈퍼비전의 형태는 개별 슈퍼비전, 집단 슈퍼비전 그리고 동료 슈퍼비전으로 구분할 수 있다(김용일 · 양옥경, 2006).

첫째, 개별 슈퍼비전은 경험이 없는 슈퍼바이저에게 1:1의 형태가 가장 친숙한 것이므로 슈퍼비전의 초기에 사용된다. 슈퍼바이저는 집단이나 동료 학습상황에 배치되기 전에 효과적인 상호작용을 위한 역할을 습득해야 한다. 만약 이러한 역할에 대한 이해가 없을 경우 슈퍼바이저가 목표를 달성할 수 없음은 물론이고 다른 사람들의 목표 달성에도 영향을 미치게 된다. 그러므로 가장 단순한 개별적인 슈퍼비전으로 시작하는 것이 슈퍼바이저로 하여금 자신감을 가지고 활동하고 슈퍼비전의 목표를 이해하는 데 무리가 없게 된다(Hart, 1982). 둘째, 집단 슈퍼비전은 주로 역동적인 집단에 활용되며, 집단자체의 관련된 목표를 갖고 구성원 간 상호작용을 통해 슈퍼비전을 주는 것을 의미한다. 또한 동료 슈퍼비전은 자신의 불만, 낙담, 회의, 실수에 대한 죄책감이나 부적절한 업무 수행에 대한 불안감에 대해 동료들과 이야기하는 것을 의미한다. 이들은 서로의 과업 상황을 잘 알고 있고 주어진 문제에 대해 전문지식을 활용하여 토의할 수 있으며, 유사한 감정을 공유할 수 있고 감정이입이 쉽기 때문에 그 효과가 높은 것으로 알려져 있다(김용일 · 양옥경, 2001). 김예성 · 배정현(2007) 등의 몇몇 연구들이 효과적인 멘토링 활동을 위해 지속적인 슈퍼비전을 제공하고 다양한 프로그램 콘텐츠 개발이 필요하다고 강조한다. 특히, 사회적 차원의 슈퍼비전, 정서적 차원의 슈퍼비전, 행정적 차원의 슈퍼비전의 필요성이 강조되고 있다(이선영, 2003; 이훈구 외, 2005; 천은주, 1992). 양정남 외(2006)에 따르면 지금까지 슈퍼비전의 연구는 교육적 슈퍼비전에 치중하고 행정적 슈퍼비전을 소홀히 하는 경향이 있었다고 지적한다. 행정적 슈퍼비전은 업무수행 과정을 제공해 주는 것으로 업무의 효율성을 높이는 데 도움이 된다. 따라서 멘토링의 효율성을 증대시키기 위해서는 사회적 · 정서적 · 행정적 차원의 슈퍼비전이 모두 필요하다고 볼 수 있다.

3. 다문화가정 멘토링 사업에 참여한 대학생

이를 위해 2011년에 인하대학교 다문화가정 멘토링 사업에 참여한 대학생 멘토 5명을 대상으로 포커스 그룹 인터뷰(Focus Group Interview)를 실시하였다. 이 사업은 인천에 거주하는 다문화가정 자녀 중 중학교에 재학 중인 학생을 중심으로 인하대학교 대학생과 일대일로 멘토링 활동을 하는 프로그램이다. 본 연구를 위해 멘토링 활동 시 멘티의 다양한 성향에 맞추어 어려운 상황에서도 멘토링 활동에 참여한 멘토 5명을 각각 2회에 걸쳐 미리 구성된 질문지에 따라 FGI를 실시하였다. 이를 통해 멘토에 슈퍼비전이 얼마나 필요한지, 또한 사회적 차원, 정서적 차원, 행정적 차원에서 어떠한 슈퍼비전이 필요한지 밝히고자 하였다.

멘토링 사업에 참여하였던 대학생 28명 중 5명을 대상으로 자신들의 멘토 경험에 대하여 인터뷰(FGI)를 실시하였다. 인터뷰는 2012년 2월 24일과 2012년 3월 2일에 걸쳐 2회 이루어졌으며, 1회 70여 분과 2회 100여 분 동안 진행하여 총 2시간 50분 동안 진행하였다. 연구자는 인하대학교 멘토링 사업 운영 실무자로서 상담심리학을 전공하고 현재는 대학원에서 다문화교육을 전공하고 있다. FGI에 참여했던 멘토들의 특징을 보면 사범대학생 3명, 사학과 1명, 시각정보디자인 학과 1명으로 대부분 과거 멘토링 경험이 있는 멘토들이 많았다. 멘토들의 인적사항을 정리한 내용은 〈표 5-1〉과 같다.

〈표 5-1〉 멘토 현황

번 호	성 별	학 년	멘토의 전공분야	일반 멘토링 과거경험(유, 무)	다문화멘토링 과거경험 (유, 무)
1	남	3	사회교육과	무	유(취학, 미취학)
2	남	3	사회교육과	유(초, 중, 고)	무
3	여	3	사학과	무	무
4	여	3	경영학과	무	유
5	여	3	시각정보디자인학과	무	유

FGI의 반구조화된 질문을 기본으로 하면서 멘토들의 응답은 자유롭고 보다 질적인 응답을 듣기 위해 질문에 매이지 않고 서로의 의견에 상호작용할 수 있는 형태로 진행하였다. 본 글의 목적 중 하나인 멘토링이 지속될 수 있는 요인들과 멘

토링 시 효과적인 슈퍼비전을 할 수 있는 요인들을 찾고자 1차 질문지는 멘토링 활동 시에 어려운 점, 멘토에 대한 슈퍼비전의 필요성, 슈퍼비전 지원 방식과 횟수에 대한 것으로 구성하였다. 1차 인터뷰를 진행한 후 질문내용을 보완하여 2차 질문지를 다음과 같이 구성하였다. 멘토링에서 필요한 사회적인 차원의 슈퍼비전, 정서적인 차원의 슈퍼비전, 그리고 행정적인 차원의 슈퍼비전이 무엇이라고 생각하는지에 대해 질문 내용을 구성하였다. 이를 정리하면 〈표 5-2〉와 같다.

〈표 5-2〉 질문 내용

번 호	질문 내용
1	멘토링 활동 시 어떤 점에 가장 어려움을 느끼십니까?
2	멘토링 활동 시 멘티와의 관계에서 가장 우선시하는 것은 무엇입니까?
3	슈퍼비전 지원이 이루어진다면 어떤 방식이 이루어지고 그 횟수는 어느 정도가 적당하다고 생각하십니까?
4	사회적인 차원의 슈퍼비전은 무엇이라고 생각하십니까?
5	정서적인 차원의 슈퍼비전은 무엇이라고 생각하십니까?
6	행정적인 차원의 슈퍼비전은 무엇이라고 생각하십니까?

4. 효과적인 멘토링

이 글에서는 멘토링 사업을 좀 더 효과적으로 이끌기 위한 방법으로 멘토링 활동 시 멘토들을 위한 슈퍼비전이 필요하다는 것과 구체적으로 어떠한 내용의 슈퍼비전이 필요한지에 대해 살펴보았다. 멘토는 슈퍼비전을 통해 다문화가정 자녀와의 멘토링 활동에서 경험하게 되는 어려움을 서로 공유하고, 이를 통해 공감대를 형성하며, 그 해결책과 방법들을 고민함으로써 여러 가지 문제들을 해결하고 있었다. 구체적인 결과는 다음과 같다.

멘토링 활동 시 어려운 점

사전 정보제공의 부재와 중도입국청소년의 의사소통의 어려움, 장소확보의 어려움, 중첩적인 제출서류에 대한 부담감 등으로 나타났다. 먼저 사전 정보제공의 부재에서의 대상자에 따르면 다음과 같다.

"저도 멘토링을 하면서 멘티의 신상정보를 알아내는 데 상당히 오래 걸렸거든요 조심스러워서…… 저도 3~4개월 지나고 나서야 정확하게 어느 국가고 이런 걸 알았는데 미리 그 멘티에 대한 어떤 정보를 알았다면 거기에 대한 준비도 좀 하고…… 그랬을 텐데…… 처음 만난 사람 붙들고 너 어느 나라에서 왔니? 뭐 이렇게 물어 보는 게 참 껄끄럽다는, 껄끄럽다기보다 어려웠다는 얘기잖아요……."(멘토 1, 2.24.)

"정보가 전혀 없는데…… 멘토랑 멘티가 딱 멘토링을 시작하면서 멘토가 멘티한테 어느 나라에서 왔니?라던가 어머니가 그쪽 분이니? 아버님이 그쪽 분이니? 뭐 언제 들어왔니? 이런 거를…… 만나자마자 물어보기가 민감한 건데 이런 거를 멘토들이 멘티들에게 물어보는 것보다는 전문적인 분들이 가서 상담을 통해서 정보를 받아온다든가 (중략) 교육청을 통해서 정보를 받아서 미리 멘토들에게 나눠주게 되면 그런 기본 토대 자료가 있으면 우리가 활동하기가 편할 것 같아요."(멘토 2, 2.24.)

멘토와 멘티 모두에게 다문화라는 환경이 민감하게 작용과 멘티 자신이 자의적으로 멘토링을 신청한 것과는 달리 다문화가정 자녀라는 이유로 학교담당교사가 신청을 하는 케이스다. 이러한 신청건에 관해서 학생들을 소극적이기에 더욱이 사전정보제공의 부재로 멘토링 활동을 중단하는 경우가 발생하기도 하는 것으로 나타났다.

중도입국청소년의 의사소통의 어려움의 호소는 다음과 같다.

"한국어를 잘 못하고 중학교 2학년이라고 해도 17살이거든요. 문자도 안 돼요…… 결국은 멘티하고 의사소통이 잘 안 되고 한국어가 안 되니까 좀 어려웠어요. 직접적으로 만나지 않으면 아예 통화로는 확신이 안 섭니다. 언제 만나기로 해도 걔가 알아들었는지 못 알아들었는지, 알았다고는 하는데 그런 게 좀 차이가 나고 본인도 답답해하고 그렇죠. 서로 서로가 답답한 거죠. 가르쳐 주려고 하는 사람도 답답하고 멘티 역시도 제가 또 영어를 잘하는 것도 아니기 때문에……."(멘토 2, 2.24.)

"멘토로서 활동에 어려움을 느낀 부분은 멘토링 첫 진행인데 무엇을 해야 하는지 단계적인 지침서가 없어서 아쉬웠습니다. 많은 경험이 있었더라면 저를 믿고 따라주는 멘티에게 더 잘 가르치고 좋은 생각을 전달할 수 있었을 텐데 하는 후회가 많이 남습니다. 결과적으로 멘토링이 거의 끝나갈 때 나만의 노하우 같은 것이 생겨서 멘티 학생과 더 좋은 시간을 보냈는데……."(멘토 4, 2.24.)

"만나자마자 물어보기가 민감한 건데 이런 거를 멘토들이 멘티들에게 물어보는 것보다는 전문적인 분들이 가서 상담을 통해서 정보를 받아 온다든가 교육청을 통해서 정보를 받아서 미리 멘토들에게 나눠주게 되면 그런 기본 토대 자료가 있으면 우리가 활동하기가 편할 것 같아요."(멘토 2, 2.24.)

멘티의 사전정보 부족으로 중학교 2학년으로 알고 시작한 멘티는 17살 아랍인이다. 아버지의 사업으로 잠시 한국에 머물고 있는 중이라 서툰 한국어로 인해 의사소통의 어려움을 호소하였다. 문화와 언어가 다르고 멘티의 한국어 능력 부족으로 의사소통과 학습능력 또한 한계를 느끼며 이로 인해 멘토 역시 멘토링 활동에도 의욕이 저하되는 현상을 겪기도 하는 것으로 나타났다. 또한 멘토링 경험이 없는 초보 멘토에게는 멘토링 활동에 대한 매뉴얼이 없어서 당황하고 멘토링 수업 계획서를 작성하고 진행하는 데 어려움을 겪었다.

장소확보의 어려움

"저는 멘토링 활동할 때 제일 어려웠던 것은 장소 부분이었어요. 저는 방학 때 수강한 것이기 때문에 학교에서 멘토링 진행이 힘들다고 하시더라고요. 담당 선생님이…… 그러면 제가 어디에서 하냐고 물어보니까 알아서 하래요. 그게 너무 무책임하게 들렸거든요."(멘토 4, 2.24.)

"개인적으로 상황이 마땅치 않아서 멘티 집에 가서 했는데…… 좀 무서웠어요. 솔직히 말하면 재개발지역이라서 개들이 또 돌아다니고 질문을 하는데 이공계 쪽에 관심이 필요로 하더라구요. 저는 그 전공도 아닌데……."(멘토 3, 2.24.)

중첩적인 제출서류에 대한 부담감

"멘토링 학습활동을 하는 시간보다 제출서류 작성하는 것이 더 많은 시간을 잡아먹게 되요."(멘토 1, 2.24.)

"멘토링 활동 학습지를 작성하는데 어렵다는 것은 저의 멘티도 알고 있을 정도에요."(멘토 4, 3.2.)

"상담게시판을 적극적으로 활용해서 이루어 나가는 것도 괜찮다고……."(멘토 5, 3.2.)

멘토링 활동 시 멘티와의 관계에서 가장 우선시하는 것

본 연구에 따르면 멘티의 관심사와 사전 정보와 친밀감 형성이며 이는 멘토링 활동 시에 멘티와의 공감대 형성에도 중요함으로 나타났다.

"저는 다문화에 대해서 아느냐? 해서 말 트기 시작한 게 2~3개월 걸렸단 말이에요. 저는 그 관계를 유지하기 위해서 가장 먼저 했던 게 멘티의 관심사를 파악하는 거였거든요. 관심사들과 속마음을 털어놓는 과정까지 멘티의 관심사를 멘토한테 딱 얘기할 수 있는 순간까지 가는 과정이 가장 중요한 거 같아요. (하략)"(멘토 2, 2.24.)

"멘티는 속으로는 영화를 보러 가고 싶은데 멘토 선생은 와서 맨날 수학을 가르치는 거에요. 근데 멘티는 말을 못하는 거죠. 멘토와 거리감을 느끼기 때문에……."(멘토 1, 2.24.)

"멘티의 관심사를 캐치한 다음부터는…… 대화를 쭉 해서 멘티의 관심사를 캐치한 다음 멘티 선생님 대학교도 견학가고 싶어요. 확실히 관심사를 탁 터서 얘기할 수 있는 사이가 되고 나니깐 확실히 친밀감이 확 더 생기는 거 같아요."(멘토 5, 2.24.)

"제 멘티 같은 경우는 다문화가정이라고 생각되지 않을 정도로 너무 학교생활도 잘하고 있고요. 오히려 그 다문화가정이라는 꼬리표 때문에 애가 스트레스 받지……."(멘토 3, 3.2.)

"멘티 학생과의 관계에서 어려움은 못 느꼈습니다. 그렇지만 제가 내준 학습 과제를 풀어오는 것은 멘티의 역량입니다. 멘티는 성실하고 정직해야 한다고 생각합니다. 또한 멘티의 그런 자세를 이끌 수 있는 것은 멘티와 멘토 간에 신뢰가 밑바탕이 되어야 가능하다고 봅니다. 멘토가 멘티 자신을 이끌고, 또 열심히 따라가다 보면 좋은 결과가 있을 것이라는 그런 믿음을 서로 가져야 한다고 생각합니다."(멘토 4, 2.24.)

"가장 필요한 게 멘토링을 시작할 때 멘토 자체가 다문화가정이라는 꼬리표를 갖지 않도록 먼저 해주는 슈퍼비전이 필요한 거 같아요. 아니라고 주장을 하지만 사실은 자기도 모르게 그런 꼬리표를 머릿속에 두고서 멘토를 진행하는 거 같아서 그게 가장 중요한 거 같아요. 그런 인식을 갖고 하면 안 된다 이런 식의 방향을 제시해주는 게……."(멘토 1, 2.24.)

멘토링 시에 가장 우선시되어야 하는 것은 멘티의 사전 정보와 함께 멘티와의 친밀감 형성이며 다음으로 멘티의 관심사에 대해 어려움과 멘티의 관심과는 달리 방향성이 다르면 학습효과도 떨어지고 친밀성에도 어려움으로 나타났다. 이렇듯 멘티의 관심사를 이끌어내고 친밀감을 갖기 위한 방법으로는 멘티와의 대화를 시도하는 것이다. 핵심 있는 대화는 목적이 분명해야 하며 멘티의 수준과 관심사를 촉진하며 혼자서 하는 말이 아니라 상대방의 말에 공감하고 있음을 표정으로서 답례하고 개방적으로 질문하고 경청과 함께 피드백을 주고받을 때 진정한 대화는 이루어진다.

슈퍼비전 지원의 방식과 그 횟수

슈퍼비전의 시기에 대한 질문에서 멘토링 초기에는 주당 1회가 가장 적당하다고 응답했고, 일정 시간 지나면 멘토가 필요할 때 만나서 자유롭게 할 수 있는 방법이 가장 좋다고 응답했다.

> "슈퍼비전은 초반 시작할 때 초반은 주당 1회씩 만나면 좋을 것 같고요 한 일정 정도 시간 지나서 자리 잡히면 멘토가 필요할 때 만나서 자유롭게 할 수 있는 방법 그게 좋아요."(멘토 1, 5, 3.2.)

> "슈퍼비전은 초반 시작할 때 초반은 주당 1회씩 만나고 멘토가 원할 때 신청해서 하는 것도 좋을 것 같아요."(멘토 3, 3.2.)

> "횟수와 방식을 사전에 정하는 것도 좋지만, 방법과 횟수는 해당하는 슈퍼바이저와 멘토가 자체적으로 각자 상황에 맞춰서 정하는 것이 가장 효과적이라고 생각합니다."(멘토 4, 3.2.)

> "저와 같은 경우에는 멘티와의 활동 보고와 앞으로의 진행 방향에 대해서 상담하기를 원했습니다. 이를 위해서는 적어도 월 1회의 슈퍼바이저와의 상담이 필요했습니다. 혹시 슈퍼바이저의 권한을 넘어서는 경우에도 슈퍼바이저께서 물심양면으로 도와주신다면, 해결하지 못할 고민과 어려움은 없을 거라고 생각합니다."(멘토 4, 3.2.)

슈퍼비전 지원 방식과 횟수는 사전에 정하는 것도 좋지만, 방법과 횟수는 해당하는 슈퍼바이저와 멘토가 자체적으로 각자 상황에 맞춰서 정하는 것이 가장 효과적이며, 멘토가 멘티와의 활동 보고와 앞으로의 진행 방향에 대해서 상담하기를 원할 때 이를 위해서는 적어도 월 1회의 슈퍼바이저와의 상담이 필요하고, 그 방법론으로는 멘토가 처한 상황에 대해 조언하는 방식이 필요하다.

사회적인 차원의 슈퍼비전

사회적 차원은 멘토 자신과 사회구성원들 관계 안에서 긍정적인 변화를 가져다주는 사회적 지지를 의미한다. 사회적 기능으로는 다른 사람이 자신을 어떻게 느끼는지에 대한 지대한 관심을 가지고 있다. 이에 멘토링 활동 시 운영자의 전문성과 정보제공은 어려움에 직면한 멘토들에게 공감대를 형성하는 데 징검다리 역할을 할 수 있는 통로이기도 한다.

> "지금 멘토링을 한 번 끝내고 난 뒤에 느낀 건데 운영자 선생님이 계신다고 해서 우리가 운영자에게 맘 편하게 뭘 물어볼 시간도 많지 않았고 만날 시간도 없었어요. 상담을 전문적으로 하셨는데 상담을 전문적으로 하시다가 대학원에 오신 분들도 있고, 언어학을 전공하신 분도 있기 때문에 서로 어디가 안 통하거나 도움을 청하고 싶을 때 미리 운영자에 대한 정보를 알았다면 좀 더 편하게 물어볼 수 있는 상황이 될 것 같아요."(멘토 1, 3.2.)

> "어려운 상담이라기보다 멘토링 활동에서 겪을 수 있는 어려운 점이나 멘토가 멘티에 대해서 공유하고 싶은 점을 두루두루 설명할 수 있는 기회가 필요하다고 생각합니다. 멘토가 혼자서 진행하고 활동할 수 있는 부분들보다 슈퍼바이저의 조언이나 그 권한이 필요한 때에 그런 것을 해결할 수 있는 상담은 반드시 필요합니다."(멘토 4, 3.2.)

멘토들의 사회적인 측면에서 도움을 얻고자 하였음에도 운영자의 전공분야에서 정보제공이 부족한 것으로 나타났다. 이는 멘토링 활동에서 오는 어려움을 의논, 즉 상담을 통해서 정서적 지지와 함께 사회적 측면에서도 도움을 얻고자 하였으나 사전 정보가 없어 어려움에 봉착하였을 때 갈등한 점으로 나타났다.

정서적인 차원의 슈퍼비전

본 연구에서는 멘토링 활동에 있어서 멘토들이 멘토링 활동을 진행하는 동안 자신들의 정서적 교감과 지지, 그리고 정서적 지지와 격려를 받을 수 있기를 기대하는 것으로 나타났다.

정서적 교감과 지지

"정서적인 측면이 더 강화되야 한다. 그거는 뭐 멘티 멘토에 대한 상담도 개인적인 상담도 필요하다."(멘토 3, 3.2.)

"멘토가 주체가 돼야 하기 때문에 멘토에게 도움을 주는 선에서 돼야 한다고 저는 생각을 해요. 멘토에게 그러니깐 멘토에 대한 슈퍼비전 멘토가 그런 식으로 많이 도움을 받는다면 자연스럽게 멘티한테까지 연결되는 좋은 방향이 아닐까 생각을 합니다. 멘토의 멘토인 거 같아요."(멘토 1, 3, 3.2.)

"저는 좀 상처를 많이 좀 받았어요. 멘티의 그런 돌발행동이나 말들 때문에…… 얘가 본심이 아닌 거는 저도 머리로는 아는데 막상 얘가 말을 그렇게 퉁명스럽게 하면 저도 마음이 좀 여린 편이라서…… 저도 되게 노력을 하고 있다고 생각을 하고 있는데 말을 이렇게 하면 나는 아직 멀었다 이 생각이 되고…… 돌이켜 생각해보면 저 진짜 미치겠거든요……."(멘토 5, 3.2.)

다문화가정 아이들이라는 일반적인 특성은 아이들의 자신에 대해 표현하기를 어려워한다는 것이다. 또한 대화 시 표현력 부족으로 상대방이 감지하기 어려울 정도의 의사소통방식은 멘토가 오해를 하거나 의욕을 상실하기도 하며 멘토들이 상처를 받기도 하는 것으로 나타났다. 이렇듯 비슷한 사례를 가진 멘토들이 그 해결책과 고민들을 함께 고민하면서 정서적 교감과 지지를 얻는 것을 선호하였다. 또한 멘토들은 비슷한 문제에 직면했을 때 함께 토론 하는 형식의 슈퍼비전을 원했으며 멘토들 간의 친밀한 유대감을 통해 어려움을 이겨나가는 방법을 원하는 것으로 나타났다.

정서적 지지와 격려

"멘토 선생님들의 마음을 좀 달래줄 수 있는 그런 진짜 멘토의 정서적인 측면의 멘토도 필요하다고 생각합니다. 상처받을까 봐 한 번도 제가 기분 나빴다고 말한 적이 없었거든요. 그러다가 마지막 날 처음으로 말했어요."(멘토 5, 3.2.)

"운영자들의 전문분야랄까 그런 걸 잘 모르니깐 저희 선생님께 여쭤보고 싶어도 바쁘신 거 많이 알고 힘드신 일 있었잖아요 그래서 시간 내서 여쭤보기가 좀 죄송해서 말 안 하고 저 혼자 끙끙 많이 앓았어요."(멘토 5, 3.2.)

멘토링 활동을 하는 데 있어서 보다 전문적인 교육이 멘토링 활동에 긍정적인 효과를 기대하는 것으로 나타났다. 특히 본 글의 대상이 되는 멘토들은 향후 계속적인 멘토링 활동에 기여한다는 점을 감안한다면 슈퍼비전을 하는 전문가의 전공에 대한 정보를 공유하고 조언과 상담이 필요하다. 이를 통해 멘토링 활동에 대한 전반전인 어려움이나 중단을 하고 싶은 만큼의 좌절이 생길 때 멘토들이 정서적인 지지와 격려를 통해 다시 한 번 도전할 수 있도록 해야 한다는 점이다. 특히 다문화 멘토링 활동의 어려움은 멘토가 멘토로서의 자부심과 책임감을 갖게 되는 부분이기도 한다.

행정적인 차원의 슈퍼비전

장소확보의 필요성에서 멘토링 활동에 있어서 멘토들의 안전의 확보와 사고방지를 위해 운영 측과 각 학교의 다문화학생 담당교사의 적극적인 관심과 그리고 지역의 공공기관의 협조와 연계의 필요성이 시급한 것으로 나타났다. 또한 서류의 간소화는 멘토링 활동 시 멘토들의 과중한 서류작성에 소요된 시간을 줄여주고자 하는 방안으로 멘토링 사무국에 제출하는 서류로 갈음해 주는 방안이 필요로 한다.

"그래서 담당선생님이시긴 하지만 별로 관심이 없어보였고요 중간 어떻게 멘토링이 진행됐는지 설명을 드렸었는데도 답장도 없으세요…… 그래서 개인적으로 상황이 마땅치 않아서 멘티 집에 가서 했는데…… 좀 무서웠어요. 솔직히 말하면 재개발지역이라서 걔들이 또 돌아다니고…….."(멘토3, 3.2.)

"멘토링 진행은 공식적으로는 공공기관에서 담당자 확인을 받으며 진행하는 것으로 알고 있습니다. 교실을 임대할 수 있는 학기 중에는 담당 교사분이나 교감선생님께 말씀드리고 장소를 구해서 멘토링을 진행할 수 있었지만 방학기간에는 담당교사분도 안 계시고 학교 교실을 빌릴 수 있는 시간이나 여러 여건들이 안 맞기 때문에 방학 동안에 멘토링 진행하는 부분이 가장 어려웠습니다. 근처 동사무소 스

터디룸도 빌려보려고 했으나 저는 1:1 멘토링이기 때문에 사용자가 2명밖에 안 돼
서 빌릴 수 없었습니다. 방학 동안에 마땅한 멘토링 활동할 만한 장소 찾기가 가장
어려웠다. 그래서 저는 방학에 주로 카페나 멘티 부모님이 안 계실 때 집에서 하곤
했습니다."(멘토 4, 3.2.)

행정적 차원에서의 장소확보의 어려움으로는 멘토링은 학교 내 시설물과 공공
기간에서만 멘토링을 해야 하는 규정으로 방학기간에 학교장소를 구하고자 하지
만 담당교사들의 소극적인 태도와 대처로 인해 멘토링 활동 장소확보에 대해 어
려움을 호소하였다. 또한 공공시설의 규정은 학생 2인 이상일 때만 장소를 제공
할 수 있다는 규정에 따라 일대일 멘토링 학습을 하는 과정에서 멘토링을 하기 위
한 장소의 선택은 극히 제한적이다. 이에 멘토들은 범죄와 사고유발이 발생할 수
있는 환경에서도 어쩔 수 없이 멘토링 활동을 위한 학습지도를 하게 되는데 돌발
적인 사고가 발생할 수 있는 여러 가지 상황들을 미연에 방지하고, 멘토와 멘티의
안전을 도모할 수 있는 멘토링 활동 시 규제된 장소 등을 프로그램 운영자 측에서
확보까지 해야 하는 것으로 나타났다.

서류의 간소화

"멘토링 학습활동을 하는 시간보다 제출서류 작성하는 것이 더 많은 시간을 잡아
먹게 되요. 한 번 서류를 내자면 장학재단에 내고 사무국에 내고 중첩적으로 서류
를 내야 하는 어려움과 서류작성방법도 일일이 물어봐야 하는 번거로움과 어려움
이……"(멘토 1, 3.2.)

"그리고 서류상담을 했을 때 실명을 거론해야 하는 사생활노출도 문제가 있다고
봅니다."(멘토 5, 3.2.)

"처음 서류 작성을 시작할 때도 초보 멘토를 위한 지침서 부분이 있었으면 시간을
좀 더 효율적으로 보낼 수 있었을 거라는 아쉬움이 듭니다."(멘토 4, 2.24.)

서류의 간소화에서 응답자들은 제출 서류가 중복된다는 점에 대해 가장 비합
리적이라고 느꼈다. 그리고 서류 제출 시에 상담내용과 함께 실명을 기재해야 한
다는 것은 멘티의 사생활침해에 대한 문제점으로도 초래한다고 했다. 이러한 행

정적인 어려움은 간소화된 서류제출과 방법으로 멘토링 활동에 크나큰 부담을 줄일 필요성이 있음을 시사하였다.

멘토·멘티 매칭

"멘토 모집을 할 때도 멘티에 맞는 멘토를 매칭하는 게 중요하다고 생각하고요. 또하나는 이번에 지역문제 때문에 시작할 때 말이 좀 많았었는데…… 제가 멘토링을 다른 데서 진행하고 있는 곳에서는 멘토를 모집할 때 미리 공고를 해요. 가능한 지역이 어디인가를 멘토한테 먼저 물어봐서…… 아 내가 강화도가 가능하다 혹은 내가 학교에서 거취를 하는데 용현동 근처밖에 모르기 때문에 이 근처에서 밖에 못한다……."(멘토 1, 2.24.)

멘토·멘티 매칭에 대한 응답의 분석으로는 멘티의 성별과 나이, 학년 등의 일반적인 정보와 함께 다문화가정 자녀에 대한 특성(예를 들면, 부모님의 출신국가에 대한 문화와 생활습관) 등의 대한 정보제공이 이루어진다면 멘토링 활동에 있어서 멘토와 멘티가 공감대를 이루어 서로간의 친밀감의 형성과 멘티의 관심사와 성향에 따라 멘토와 멘티의 매칭이 이루어진다면 멘토링 활동에 있어 더욱 효과적인 다문화가정 자녀에 대한 멘토링 활동을 기대할 수 있는 것으로 나타났다.

5. 멘토링 개선방안

지금까지 본 글에서는 멘토링 활동의 효과성을 높이기 위한 방안으로 멘토를 대상으로 슈퍼비전의 필요성을 확인하고, 사회적·정서적·행정적 차원에 따라 어떠한 슈퍼비전이 필요한지 구체적으로 살펴보고자 했으며 이를 위해 2011년 인하대학교 대학생 멘토링에 참여한 대학생 40명 중 5명을 대상으로 본 연구에서는 방법인 심층적인 초점인터뷰(FGI)를 실시하여 자신들의 멘토 경험에 대한 멘토들의 응답에서 다음과 같은 결과가 나타났다.

내용을 정리하면 다음과 같다. 첫째, 멘토링 활동 시 가장 어려움 점으로 '멘티와 멘티 가정에 대한 사전 정보 부족'과 특히 '중도입국청소년과의 의사소통'이라고 답했다. 그 이외에 장소 미확정에 따른 어려움, 담당교사의 소극적인 태도, 멘티의 의욕 상실, 활동 후 제출해야 하는 서류 과다 등의 의견이 있었다. 효과적인 멘토링을 위해서는 다문화가정에 대한 사전 정보와 멘토링 장소에 대한 사전 확정이 필요하며, 멘토링 활동 후 제출서류 간소화가 필요할 것으로 보인다. 그리고 담당교사의 관심과 적극적인 개입도 요구된다.

둘째, 멘토링 활동 시 멘티와의 관계에서 가장 우선시하는 점으로는 '멘티의 관심사를 파악'하는 것이다. 멘티의 성향을 알기 위하여 검사지를 활용하는 방법과 중학생 또래집단의 특성에 대한 사전 지식이 필요한 것으로 보인다.

셋째, 슈퍼비전 지원 방식과 횟수는 멘토링 초기에는 주당 1회가 가장 적당하고, 일정 시간이 지나면 필요할 때마다 자유로운 방식으로 만나는 것이 가장 좋다고 응답했다. 횟수와 방식은 사전에 정하기보다는 각자 상황에 따라 결정하는 것이 가장 효과적이라고 생각한다.

넷째, 사회적 차원의 슈퍼비전에서 '운영자에 전문성에 대한 정보제공'이 가장 필요한 것으로 나타났다. 멘토들은 멘토링 활동에서 오는 어려움에 대해 의논하고 싶었으나 운영자에 대한 사전 정보가 부족해 어려웠다고 했다. 사회적 차원의 슈퍼비전이 잘 이루어지기 위해 운영자들의 전문성에 대한 정보를 사전교육 시 전달하는 것이 필요할 것으로 보인다.

다섯째, 정서적 차원의 슈퍼비전에서 '정서적 교감과 지지'와 '정서적 지지와 격려'가 가장 필요한 것으로 나타났다. 정서적 교감이 잘 되지 않은 이유를 보면 대화 시 표현력 부족과 서툰 의사소통 방식으로 인해 멘토와 멘티 간에 오해를 하거나 멘토들이 상처를 받기도 하는 것으로 나타났다. 정서적 지지와 격려에서는 멘토들이 비슷한 문제에 직면했을 때 함께 토론하는 형식의 슈퍼비전을 원했으며, 멘토 상호간의 친밀한 유대감을 통해 어려움을 이겨나가는 방법을 원하는 것으로 나타났다. 멘토링 활동에 있어서 정서적인 지지와 격려가 긍정적인 효과를 보일 것으로 기대된다.

마지막으로 행정적인 차원의 슈퍼비전에서는 '장소확보의 어려움', '서류의 간소화', '멘토·멘티의 매칭'이 필요한 것으로 나타났다. 장소는 멘토와 멘티의 안전을 도모할 수 있는 장치로서 멘토링 활동 시 적절하고 확정된 장소를 제공해 주는 것이 매우 필요한 것으로 보인다. 그리고 '서류의 간소화'에서는 중복해서 제출해야 하는 서류를 간소화하는 것이 필요할 것으로 생각된다. 멘토·멘티 매칭에 있어서는 멘티의 일반적인 정보, 관심사와 성향에 따른 매칭뿐만 아니라 멘토가 이동이 가능한 지역으로 우선 매칭하는 것이 필요할 것으로 보인다.

　지금까지 멘토링이 효과적으로 이루어지기 위한 방안으로 멘토에 대한 슈퍼비전의 필요성과 구체적인 슈퍼비전 내용에 대해 살펴보았다. 이러한 결과를 통해 다문화가정 자녀를 대상으로 한 멘토링이 더욱 효과적으로 운영할 수 있을 것으로 기대한다.

6장

교육연극을 활용한 다문화 대안학교의 한국어교육

6 교육연극을 활용한 다문화 대안학교의 한국어교육*

김창아 · 김영순 * 이 글은 2013년도『교육과학연구』44-3호에 게재된「교육연극을 활용한 다문화 대안학교의 한국어교육 프로그램 실행연구」를 수정 · 보완한 것이다.

1. 다문화 대안학교와 한국어교육방법

이 글은 공립 다문화 대안학교인 'ㅎ'학교에서 교육연극 기법을 활용하여 진행한 방과후 한국어교육 프로그램의 과정을 관찰한 것이다. 다문화 대안학교는 다문화가정 자녀의 언어 · 문화적 문제에 대한 학교 부적응과 학습결손 문제를 해소하고, 일반학교의 진입을 도와주는 중간지대 역할을 한다(장인실, 2011). 특히 한국어교육은 학습자의 한국생활과 교과교육을 위한 도구로서 다문화 대안학교 교육의 핵심이라 할 수 있다(원진숙, 2009, 2012). 이곳에서의 한국어교육은 모국어를 한국어로 사용하지 않는 학습자에 대한 한국어교육을 말한다. 이를 제2언어로서의 한국어교육(Korea as second language)이라는 의미에서 약칭인 KSL로 사용한다.

Stewig와 Buege(1994/2004)에 따르면, 학습자에게 유의미한 상황 · 맥락 중심의 총체적 접근은 보다 높은 언어교육 효과를 가능하게 한다. 교육연극은 이와 같은 주장에 적합한 교육적 접근이다. 교육연극은 연극적 체험을 중심으로 하는 활동으로, 학습자의 흥미성과 능동적 참여를 특징으로 한다. 이에 따라 교육연극을 활용한 다문화 대안학교 KSL 프로그램을 계획하였다. 교육 현장에서는 국어과를 비롯하여 각 교과교육과 관련하여 교육연극 수업의 효과가 꾸준히 입증되고 있다. 그러나 한국어 능력이 제한된 다문화 대안학교의 학습자들이 교육연극 활용 프로그램에 흥미를 갖고 능동적으로 참여할지는 알 수 없다.

교육 프로그램은 특정한 학습자를 대상으로 하고, 그 대상에 대한 관찰과 실제적 자료에 기초하여 계획하는 것이 일반적이다. 그러나 공립형 다문화 대안학교라는 체제가 새로운 것이어서 KSL 프로그램의 기초가 되는 현장과 관련된 연구와 교육현장에 적합한 KSL 프로그램이 모두 부재한 실정이다. 그러나 학교의 상황과 학습자에 대한 실질적 정보가 부재한 학교 설립 시점부터 교육 활동은 이루어진다. 다문화 대안학교에서 효과적인 KSL 프로그램이 구현되기 위해서는 현재 교육 현장의 모습을 토대로 한 교육활동의 개선이 필요하다. 이와 같은 인식을 토대로 이 글에서는 다음의 두 가지를 살펴보고자 한다. 먼저 교육연극을 활용한 다문화 대안학교 KSL 프로그램 실행 과정은 어떠한지에 대해 살펴보도록 한다. 다음으로는 교육연극을 활용한 다문화 대안학교 KSL 프로그램 실행 과정에 영향을 주는 요인에 대한 논의를 하도록 한다. 이를 통하여 드러나는 교육현장의 특성은 차후 이루어질 교육활동의 기초자료로서 의의를 가질 것으로 기대한다.

2. 다문화가정 자녀의 한국어교육과 교육연극

다문화교육은 교육을 통하여 중대한 변화를 추구하는 하나의 개혁운동이다(Banks, 2008/2010; Bennett, 2007/2009; Campbell, 2010/2012). 다문화교육은 다문화 사회와 관련한 모든 이슈와 관련된다. 한국의 교육계에서는 주로 다문화가정 및 다문화가정 자녀에 초점을 두고 연구와 정책이 실현되고 있다. 2013년 3월 개교한 공립 다문화 대안학교의 설립 목적은 다문화가정 학생의 한국어 사용능력 함양을 통한 일반학교 진입을 촉진하는 데 있다(김영순 외, 2012). 다문화가정 자녀의 한국어교육과 관련하여 KSL 교육프로그램 개발과 관련된 연구들이 이어졌다.

특히 원진숙(2008, 2009, 2011, 2012)은 다문화 대안학교에서의 한국어교육 및 교재와 밀접한 관련이 있다. 다문화가정 자녀의 한국어교육에 대한 필요성(원진숙, 2008)에 의해 KSL 교육프로그램(원진숙, 2009)이 제시되었다. 이 프로그램은 3단계로 구성하였으며 한국어 숙달 정도를 기준으로 하였다. 각 단계는 기초적인 한국어 의사소통 능력(BRICS)과 인지적/학문적 언어능력(CALP)의 상대적 비중을 달리 적용하는 원리에 기초하였다. 단계별 중점사항은 다음과 같다. 1단계는 기초적인 한국어 의사소통 능력 배양, 2단계는 다양한 문화 체험 활동을 통한 한국어 능력 및 다문화적 능력 강화기, 3단계는 내용교과 학습을 통한 인지적·학문적 한국어 능력 배양이다. 원진숙(2009)은 KSL 교육프로그램이 일상생활 중심의 의사소통 능력, 다양한 문화 체험 및 학습자의 능동성, 다문화적 능력을 보장하여야 함을 말하였다. 원진숙(2011)은 일반학교에서의 다문화가정 자녀와 담당 교사들을 대상으로 실시한 사전조사를 기초로 KSL 프로그램의 내용요소를 제시하였다. 원진숙(2009, 2011, 2012)의 연구결과를 통해 다문화가정 자녀를 위한 한국어 교육과정이 개발되었다. 이후 2013년 3월 언어적 부적응을 겪는 전국의 다문화가정 학습자가 있는 학교에 『표준한국어교육』 교재가 배부되었다. 이 책은 원진숙(2009)이 제시한 결과와 다르게 총 6단계로 구성되었지만, 숙달도 중심의 단계별 교육과정이라는 점, 교육의 중점을 일상적인 의사소통, 다양한 문화 체험을 통한 한국어 및 다문화적 능력 강화 등에 둔 점 등은 동일하다.

그러나 KSL 교육프로그램은 하나의 완벽한 모델일 수는 없으며(원진숙, 2009, 2012), 학교와 학습자의 실태를 바탕으로 '맞춤형 언어 교육'이 되어야 한다(원진숙, 2009). 이는 다문화 대안학교에서의 KSL 프로그램이 현장의 특성에 맞게 운영되는 것이 필요함을 말한다. 교육연극은 다양한 활동과 교수법들의 장점을 활용할 수 있다는 유연성을 갖는다(한규용, 2010). 또한 KSL 프로그램이 추구하는 일상생활 중심의 의사소통 능력과 학습자의 능동성은 교육연극의 효과와 관련성이 높다.

교육연극은 연극적 체험활동을 교육현장에 응용하여 효율적인 교육효과를 지향(심상교, 2004)한다. 교육연극은 학습자 중심의 교육이념과 함께 교육현장을 중심으로 활동이 이어져 왔다. 학교에서 교육연극은 실제적인 교육활동을 통해 교과통합 학습 또는 개별 교과 학습의 효과적인 방법임이 입증되고 있다(한민희, 2012). 이러한 교육적 효과는 다문화 인구수가 증가함에 따라 다문화교육에서도 교육연극에 대해 관심을 갖게 하는 계기가 되었다. 그러나 〈표 6-1〉에서도 나타나듯이 관련 활동이 아직은 미비한 실정이다. 이 활동들의 특징을 살펴보면 다음과 같다.

〈표 6-1〉에서는 교육연극의 다음과 같은 네 가지 주요 특징을 공유한다. 첫째, 교육연극은 은유성을 갖는다. 교육연극의 기본 가정은 마치 '~인 것처럼' 활동하

〈표 6-1〉 다문화교육 관련 교육연극 활동

구 분	권재원 (2005)	김숙희 (2011)	김영옥 (2010)	이송은 (2007)	박연희 (2012)	한규용 (2010)
특 징	실험-통제집 단을 통한 효 과검증	교육연구 활동 후 설문조사	사회통합 프로 그램의 일부로 제시	문학교육에 적 합한 활동 탐색	박물관 활용 다문화교육 프 로그램의 일부 로 제시	이중언어 교육 방법으로서의 가능성을 제시 한 이론적 연구
교육연극유형	DIE	연극놀이	TIE	연극놀이	연극놀이	DIE
대 상	일반중학교 2학년	다문화가족	결혼이주 여성	필리핀 가정 모-자	일반 한국인	연구자 및 교육자
주요 활동	공공 쟁점에 대한 가상의 결과를 구현, 체험, 성찰	참가자들은 그 룹별 연극 놀 이를 통하여 자신의 이야기 를 하고, 이를 책으로 만듦	전문 극단의 연극 관람을 통하여 비언어 적 의사소통을 통한 평등한 상호 말 걸기	책 읽고 관련 내용을 함께 연 극 놀이로 표현	다문화인의 이 야기를 듣고, 그 나라의 유 물에 대해 알 아보는 놀이, 글 또는 그림 표현	사용언어에 따 른 모둠 구성 과 교육연극 활용 방안제시
교육연극의 효과	학습자의 능동 적 참여가 보 장됨	언어교육을 포 함한 사회화 교육을 위함	배우와 관객의 소통을 통한 관객의 자발적 소통의지 유발	교육연극의 환 상성으로 언어 및 감정적 이완 과 학습자 간 긍 정적 인식	연극놀이는 쉬 운 언어 혹은 몸짓언어 사용 으로 언어 소 통의 제약에서 자유로움	이중언어교육 은 자유로운 언 어사용을 위한 즐겁고 다양한 활동요구 됨

는 것으로, 자아의 허구적 표현방식이다(Courtney, 2007). 둘째, 교육연극은 연극의 자연성에 의한다. 연극은 인간의 감정과 그에 따른 행동을 바탕으로 하는 자연스럽고 흥미 있는 학습수단이다(김창화, 2003). 셋째, 교육연극은 실제성을 갖는다. 상상과 허구의 세계를 지금 현재 여기에서 벌어지는 것으로 생각하는 연극적 체험을 하게 된다(김창화, 2003; Courtney, 1989/2007, 1980/2010; Wessels, 1987/2008; Stewig와 Buege, 1994/2004). 넷째, 교육연극은 교육성을 갖는다.

또한 교육연극은 학습자의 능동적 참여(권재원, 2005; 한규용, 2010), 효과적 언어 교육(김숙희, 2011; 한규용, 2010), 심리적으로 긍정적 인식을 갖게 한다는 장점을 갖는다(이송은, 2007; 박연희, 2012). 특히 김숙희(2011)의 경우, 자신의 이야기를 재구성하여 하나의 결과물로 표현하는 활동을 통해 학습자가 성취감과 함께 자신감을 경험한다는 점은 관심 있게 볼 만하다. 앞서의 글들이 제시한 교육연극 활동들은 학습자 상호간의 의견교환 활동과 다양한 방법을 활용한 표현활동이라는 공통점이 있다. 교육연극의 구성 요건과 관련하여 김창화(2003)는 예술적 창의성과 사회적 인식의 확인 및 의사소통의 상호교환을 언급하였다. Stewig와 Buege(1994/2004)는 교실 연극의 구성 요소로 자료, 토론-질문, 아이디어의 연기,

평가를 말하는데, 이는 드라마의 은유성과 자연성의 특질과 관련된다. Bowell과 Heap(2001, 2010)은 특히 의견 조정활동을 강조하였는데, 대본이 있는 경우에도 필요한 활동임을 말하였다. 따라서 학습자 상호 의견교환과 다양한 형식의 표현활동은 교육연극의 구성 요건이 된다. 교육연극이 교육연극으로 자리매김하기 위한 조건은 학자들마다 조금씩 다르지만 대체로 의견교환과 표현활동을 포함한다 (김창화, 2003, Stewig와 Buege, 1994/2004; Bowell과 Heap, 2001, 2010). 이 글에서 주요 활동장면인 KSL교육연극 활동 역시 상호 의견교환 활동과 어떠한 방법의 표현활동이 함께 나타났기 때문에 교육연극이라고 간주할 수 있다.

이와 같은 점을 토대로 이 글은 다음과 같은 점에서 앞서의 글들과 차별성을 갖는다. 첫째, 학습활동의 주체가 다르다. 일반적으로 교육연극 학습활동의 주체는 한국인이거나(권재원, 2005; 박연희, 2012), 다문화가족의 구성원들(김숙희, 2011; 김영옥, 2010; 이송은, 2007)이다. 그러나 이 글에서의 학습활동 주체는 다문화가정 자녀만이 포함된다. 둘째, 교육활동 장면의 차이이다. 일반적으로 교육연극 활동은 기존의 체제가 유지되고 있는 곳(권재원, 2005; 김숙희, 2011; 이송은, 2007; 박연희, 2012)이거나, 일회적인 곳(김영옥, 2010)으로 분류되었다. 그러나 다문화 대안학교는 새로운 체제가 유지되고, 교육이 지속적으로 이루어지는 곳이다.

교육연극은 모든 활동이 명시된 대본의 경우라도 학습자의 해석에 의한 의견의 제시와 재협상, 대체 및 조정이 고려된다(Bowell과 Heap, 2010). 교육연극에서의 의견 제시, 협상, 조정과 같은 의견교환 활동은 다문화사회에서 갈등을 해결하는 민주주의적 교육방법(Campbell, 2010/2012)이자, 다양한 학습자의 특성과 요구가 반영될 수 있는 주요 과정이라 할 수 있다.

3. 다문화가정 자녀와 교육연극

실행연구는 이론적 연구자와 교육주체가 동등한 입장에서 자신의 개인적·사회적 삶을 탐구하여 계속적으로 개선시키려 하는 과정 지향적 탐구 패러다임이자 민주적 연구 절차이다(Kemmis와 McTaggart, 2000). 최근에는 학교현장에서 중요성이 더욱 확산되고 있으며(Mills, 2003/2005), 이론과 실제의 괴리 극복을 위한 주요 방법으로 인식되고 있다(Skerritt과 Farquhar, 2002). 실행연구는 대부분의 질적 연구와 다르게 연구자의 직접 개입을 통하여 현장의 변화를 목적으로 한다(이명숙, 2001; 이용숙, 유창조, 김영찬, 2013; Creswell, 2007/2010). 이들이 제시한 실행연구와 여타의 연구 방법은 연구의 목적과 연구자의 관여 정도에 따라 다음 〈표 6-2〉와 같이 구별할 수 있다.

〈표 6-2〉 실행연구와 기타 연구 비교

	실행연구	양적 연구	참여관찰	기타 질적 연구
연구 목적	현장의 변화, 효율적 문제 해결	일반화	현상학적 모습에 대한 관찰과 이해	연구 참여자의 경험에 대한 의미부여
연구자의 관여 정도	변화를 위해 직접 개입	없음	내부자&외부자 관점 유지	비의도적 관여가능성에 대해 연구자 스스로 인정

　　교육연극은 한국어수업을 함에 있어, 학습자의 흥미성과 능동적 참여를 보장할 수 있는 방법이다. 실행연구 또한 교육자의 교육활동 개선의 의의뿐만 아니라 활동에 직접 참여하는 학습자의 요구와 실태를 반영한다는 일종의 학습자 중심성의 특징을 갖는다. 따라서 교육연극 활동의 개선을 위해 적합한 연구방법이라 할 수 있다. 수집된 자료에는 현장노트, 실행 활동 과정의 녹음, 비디오 녹화, 교사면담 등이 있다. 수업 과정은 녹화와 녹음을 하였으며, 매 수업이 끝난 후 해당 학교 교사와 수업의 내용과 계획에 대한 의견을 교환하였다. 또한 작성한 현장노트를 전문가 1인에게 지속적으로 보내어 피드백을 받았다. 학습자가 이야기한 내용은 다음 수업 내용에 반영하였고, 그들의 의견을 확인하였다. 6월 28일 마지막으로 생산된 자료는 7월 5일 학습자에게 읽어 주고 그들의 진술을 확인하였다.

　　실행연구에 있어서 관찰은 필수적 절차이다. 그러나 수업을 진행하면서 동시에 정확한 관찰을 하기는 용이하지 않다. 학습자들의 활동은 순차적이라기보다는 동시다발적으로 이루어지기 때문이다. 비디오 녹화자료를 통한 관찰은 수업 중 활동으로 놓치기 쉬운, 학습자들의 다양한 모습을 파악하는 데 효과적이었다. 예를 들어 4차 수업에서, 수업 시간보다 먼저 온 민지가 지난 시간에 결정한 이야기를 다른 것으로 바꾸었으면 좋겠다는 이야기를 내게 하고 있었다. 민지의 이야기가 이어지는 동안 수업시간이 되었고, 수현이는 교수자에게 밖에서 누가 싸우고 있음을 말했다. 연구자는 민지의 이야기에 대해 다른 친구들에게도 물어봐야 함을 말하면서, 동시에 수현이의 관심에 대응해줘야 했다. 이를 고려하여 1회부터 비디오 녹화가 이루어졌고, 수업 후 녹음자료의 전사본과 함께 현장노트에 기록하였다. 총 8차의 수업이 끝난 후 중학년 교사 면담이 부수적으로 이루어졌는데, 이 면담은 같은 특기를 갖고 있는 학급 구성원을 위한 교육활동에 대한 내용이었다. 교사 면담의 경우, 총 4인을 대상으로 이루어졌으나, 이 글과 관련하여 유의미한 것으로는 중학년 선생님을 대상으로 한 1회의 면담(40분 소요)이었다.

수집된 자료는 Mills(2003/2005)의 주제 분석 방법을 활용하였다. Mills(2003/2005)의 주제 분석 절차는 주제 정하기-자료 코딩-핵심질문-조직이다. Mills(2003/2005)는 실행연구 분석을 위해서는 문헌 검토와 자료 수집 과정에서 나왔던 '주제들'에 집중하며 자료를 살펴보는 주제 분석 방법을 제시한다. Mills(2003/2005)가 제시한 분석과정에 의해 만들어진 개념 지도는 〈그림 6-1〉과 같다.

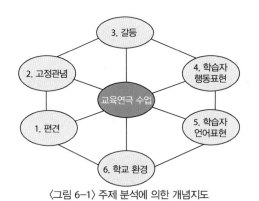

〈그림 6-1〉 주제 분석에 의한 개념지도

〈그림 6-1〉의 '1. 편견'과 '2. 고정관념'은 수업을 계획하는 단계에서 교사가 가정한 학습자의 모습과 관련된다. 해당 학교의 경우 개교 학교의 특성상 현장에 대한 분석의 시간이 주어지지 않고 교수-학습 활동이 이루어졌다. 따라서 연구자는 기존의 자료에 의한 이론적 지식과 대략적 가정만을 기반으로 수업을 준비하였다. '3. 갈등'은 주로 학습자 간 관계에 의한 것으로, 수업에 부정적인 영향을 미쳤다. '4. 학습자 행동표현'과 '5. 학습자 언어능력'은 함께 활동한 수업과 밀접한 관련성이 있는 반응을 말한다. '6. 학교환경'은 교사가 의도한 교육활동을 보다 효과적으로 제공할 수 있는 물리적 기반이 된다. 이상의 개념을 중심으로 자료를 분석하고, 이것을 연구자 요인과 학습자 요인으로 범주화하였다. 그러나 순환적 자

료수집과 분석의 과정에서 '4. 학습자 행동표현'과 '5. 학습자 언어능력'은 갈등의 범주 안에 포함되었다. 예를 들어 4차 수업에서 보였던 한 학습자의 소란스런 행동표현은 흥미성이 떨어지는 수업의 결과로 나타난 것이지만, 그것은 다시 수업에 집중하고 싶은 다른 학습자와의 갈등 요인이 되는 모습이 나타났기 때문이다. 언어능력 역시 비슷한 양상으로 나타났다. 누군가에 의한 부당한 대우는 그것을 항의할 수준의 언어 능력을 갖지 못한 경우, 다른 사람에게 화풀이를 한다거나 수업에 참여하지 않아 또 다른 갈등 요인으로 작용하기 때문이다. '6. 학교환경'의 경우 학습자의 갈등 요인으로도, 연구자의 고정관념과 편견에 관여하기도 하였다. 따라서 영향을 미치는 대상에 따라 분류하였다.

교육연극 활동의 참여자는 5명으로 시작하였다. 그러나 후에 1명이 늘어 총 6명의 참여자가 함께 활동하였다. 참여자는 방과후 수업 교육연극에 신청한 수강생들로 이루어졌다. 그러나 연극에 관심이 있어서 온 참여자는 2명이었다. 학교의 특성상 모든 학습자가 적어도 1개의 방과후 활동에 참여해야 하는데, 특별히 할 것이 없어서 신청했다는 참여자가 3명이었다. 참여자의 이름은 모두 가명을 사용하였으며, 참여자 관련 사항은 다음 〈표 6-3〉과 같다.

〈표 6-3〉 연구 참여자 개요

이름(가명 사용)	학년/성별	나 이	한국어	가능 언어
김대성	1/남	9	중	2
민용성	5/남	12	하	2
김민지	6/여	16	중	2
진수현	6/남	16	하	1
한지민	6/여	13	상	3
한 솔	6/여	12	중	5

〈표 6-3〉에서 참여자들의 한국어 수준은 경희대에서 개발한 한국어능력 평가를 통하여 부여받은 것이다. 그러나 한국어 능력에서 같은 '중'을 받았더라도 아이들의 언어 능력은 일정하지 않았다. 대성이와 민지는 모두 한국어 능력 중을 받았으나 쓰기와 말하기 영역에서 눈에 띄는 차이를 발견할 수 있었다.

4. 교육연극 수업의 계획과 과정

4.1. 교육연극 수업의 계획

교육연극을 활용한 KSL 프로그램의 주요 활동은 상호 의견교환을 통한 이야기 만들기와 연극적 표현활동이다. 또한 전체 수업은 초등학생의 발달 수준을 고려하여 놀이-즉흥 표현-연극적 표현으로 확장될 수 있도록 구안하였다. 교육연극을 활용한 KSL 프로그램의 전체적 흐름은 총 4단계로 계획되었다. 수업의 최종 목표는 함께 선정한 이야기를 대본화하고, 그것을 연극으로 표현하는 것이다. 따라서 수업의 단계는 놀이를 통한 마음 열기-이야기 알기(이야기 읽기, 이야기의 구조 알기)-이야기 초점화하기(등장인물의 특성, 행동, 배경, 소품)-연극 활동으로 구성하

〈표 6-4〉 교육연극 활용 KSL 수업 계획

수업차수	단 계	주요 계획/학습주제	유의점	준비물 및 기타
1차	마음 열기	오리엔테이션/놀이를 통한 마음 열기(놀이를 통한 신체 표현, 놀이를 통한 상호의견교환)	간단한 지시어 사용 및 신체 표현 활동	게임용 리듬막대
2차	이야기 알기	다양한 문화학습/내가 잘 아는 문화의 책을 읽고, 말과 마임으로 표현하기	학습자의 수준에 따라 언어적·비언어적 표현 활용	도서관 학습, 칠판 대용 노트
3차		이야기 구조학습/이야기 구조를 알고, 내가 고른 이야기와 관련지어 말하기	선수지식 활용한 공통점(구조), 차이점(내용) 알고 찾기	칠판
4차	이야기 초점화 하기	이야기 초점화 학습/이야기 속 인물의 특징을 고려하여 역할 정하고, 음악 고르기	수준, 학습자 특성 고려하여 역할 정하기/음악교과서 이용	컴퓨터, 음악책
5차		인물 행동 초점화 학습/연극에 사용할 가면 만들기	대사 만들기, '만약~라면'-장소 변화, 인물의 성격 변화 등 고려	가면, 포스터 물감 세트, 글루건, 비즈
6차		인물의 말 초점학습/이야기의 배경과 이야기의 내용을 구체적으로 생각해서 말하기	상황을 구체적으로 생각할 수 있도록 돕기	대본 작성용 A4용지, 필기도구
7차		인물에게 필요한 것/역할을 생각하며 연극 소품 만들기	대사와 동작도 생각하며 만들기, 학습자에게 대사 써보도록 하기	참여자 동의서, 대본 작성용 A4용지, 필기도구
8차	연극 활동	연극 활동/함께 만든 내용으로 구성된 대본을 읽고, 어울리는 동작 생각하여 표현하기	학습자의 누적활동을 고려하여 대본 읽기활동 하기	가면, 대본, 소품

였다. 특히, 이야기 초점화하기에서는 이야기의 배경과 등장인물의 성격에 따라 대사와 행동이 달라질 수 있음을 알도록 한다. 또한 학습자가 선정한 이야기에서 나타나는 주제가 현재 우리 생활에서는 어떤 모습으로 나타날 수 있는지를 고려하여 이야기를 만들고 연극으로 표현한다. 교육연극 활용 KSL 수업의 계획은 〈표 6-4〉와 같다.

〈표 6-4〉를 바탕으로 한 교육연극 활용 KSL 프로그램은 2013년 4월 19일부터 6월 28일까지 주 1회, 총 8회 이루어졌다. 각 수업은 초등학교 수업 시간인 40분을 기준으로 2시간씩 진행되었다.

4.2. 교육연극 수업의 과정

프로그램 실행 과정에서 나타난 교육연극의 주요 활동과 학습자의 반응에 따른 수업의 변화는 다음 〈표 6-5〉와 같다.

〈표 6-5〉 KSL 교육연극 프로그램의 주요 계획과 실행 과정

수업 차수	주요 계획/학습주제 → 실행과정을 통한 반성의 반영	학습자 주요 반응	다음 수업 반영사항
1차	오리엔테이션/놀이를 통한 마음 열기(놀이를 통한 신체 표현, 놀이를 통한 상호의견교환)	재미 없음	학습자 선호 활동 포함하기, 쓰기를 어려워함
2차	다양한 문화학습/내가 잘 아는 문화의 책을 읽고, 말과 마임으로 표현하기 → 내가 좋아하는 활동 후 마임으로 표현	힘듦	도서관에 책이 없어 연구자가 이야기 자료 준비
3차	이야기 구조학습/이야기 구조를 알고, 내가 고른 이야기와 관련지어 말하기 → 강당에서 도서관으로 활동 장소 이동	하기 싫음	친한 친구에게 역할 주기
4차	이야기 초점화 학습/이야기 속 인물의 특징을 고려하여 역할 정하고, 음악 고르기 → 친한 친구에게 도우미 역할을 부탁함	함께하기 싫음	학습자의 성격과 역할의 특성 연관 짓기, 학습자의 공통 경험 필요
5차	인물 행동 초점화 학습/연극에 사용할 가면 만들기 → 가면을 만들며 인물의 특성 말하기	학습자 성격, 재미있음	아이들이 집중할 수 있도록 구체적 경험이 필요
6차	인물의 말 초점학습/이야기의 배경과 이야기의 내용을 구체적으로 생각해서 말하기 → 동네 걷기를 하며 자유롭게 이야기하기	동네 걷기로 신이 남	구체물을 활용하여 줄거리 구성하기
7차	인물에게 필요한 것/역할을 생각하며 연극 소품 만들기 → 이야기를 구체화하며 가면 꾸미기	즐거움, 오지 않음	역할의 비중 조절하기
8차	연극 활동/함께 만든 내용으로 구성된 대본을 읽고, 어울리는 동작 생각하여 표현하기 → 역할의 비중을 조절하여 대본을 제시함	꼭 하고 싶음, 하기 싫음	대사에 맞는 동작을 외우기 어려워함

교수자의 예상과 달리 수업의 초기에는 수업에 대한 부정적인 반응이 대부분이었다. 따라서 교수자는 학습자에게 흥미성과 능동성이 보장된 수업을 끌어가기 위해서 다음과 같이 학습자들의 반응을 다음 시간에 반영하였다.

1차 수업(2013.4.19.)에서는 교수자가 생각해 간 놀이 활동(자기소개하기, 색깔 맞추기, 의복 소개하기)을 중심으로 하였다. 그러나 학습자들은 연구자가 생각한 놀이 활동에 재미없다고 하였다. 따라서 다음 시간은 2차 수업에서는 수업을 하기 전에 학습자가 좋아하는 활동을 하는 시간을 포함하기로 하였다.

2차 수업(2013.4.26.)은 계획했던 책 읽기를 통한 표현 활동 대신, 자기가 알고 있는 이야기와 연극으로 하고 싶은 이야기 소개하기 활동을 하였다. 학습자의 요구가 고려된 표현활동을 포함하여 진행되었다. 대성, 용성, 수현, 민지는 배드민턴, 축구, 줄넘기 활동을 하고, 지민이는 그리기 활동을 한 후, 마임으로 표현하였다. 그러나 혼자서 표현하는 마임과 달리 여러 사람이 함께하는 마임 표현(예: 단체 줄넘기)의 경우 조금 힘들어하는 모습을 보였다. 따라서 다음 수업의 경우, 학습자의 개별적 활동이 고려되어야 했다.

3차 수업(2013.5.3.)에서는 친구가 소개한 책 중에서 한 권을 선택하고, 이야기의 구조를 파악한 후, 2차 수업에서 각자가 소개한 이야기의 구조와 관련하여 수업을 진행할 예정이었다. 그러나 학교 도서관에 책이 없어서 한 학습자가 소개한 외국동화 '원숭이와 악어'를 연구자가 준비하여 자료로 이용하였다. 교수자는 학습자들에게 잘 아는 동화가 무엇인지 물어보았으나, 지민이와 민지 외에는 이야기를 잘 알지 못 한다고 하였다. 따라서 교수자는 지민이와 민지의 이야기를 바탕으로 인터넷 검색을 통하여 해당 이야기를 찾을 수밖에 없었는데, 민지가 '베트남 이야기'라며 말해준 내용은 인터넷에서 아프리카 전래동화로 소개되어 있었다. 학습자가 소개한 다른 이야기가 특별히 없었기에, 학습자의 생활에서 나타나는 일들과 관련하여 생각하고 비교해 보도록 했다.

4차 수업(2013.5.10.)에서는 이야기의 구조를 알고, 학습자가 선정한 이야기책의 내용과 관련지어 말하는 시간을 갖고자 하였다. 이 수업은 교수자가 준비해간 자료를 학습자들이 돌아가며 읽은 후, 이야기의 구조 알기 활동으로 순서를 바꾸어 진행하였다. 이때 한 학습자의 경우 이야기 읽기를 하지 않으려는 모습을 보였다. 그러나 친한 동료 학습자의 설득으로 읽게 되었다. 따라서 다음 시간부터는 친한 동료 학습자에게 보다 적극적인 역할을 줘야겠다는 생각을 하게 되었다. 음악책에 있는 노래를 이용하여 연극에 사용할 음악을 만들 계획은 학습자들이 원하지 않아서 하지 않기로 했다.

5차 수업(2013.5.24.)에서는 내가 만약 이야기 속 인물이라면 어떤 말과 행동을 할지 생각해보고, 그에 맞는 가면 만들기를 계획했다. 하지만 학습자들은 이야기 속 인물의 행동에 대해 이야기하기를 힘들어했다. 따라서 가면 만들기 활동으로 넘어갔는데, 학습자들은 오히려 가면 만들기를 통해서 인물의 성격과 대사 그리고 행동에 대해 구체적으로 이야기를 이어갔다.

6차 수업(2013.6.5.)은 대사 만들기와 이야기의 배경에 대해 좀 더 집중적으로 의견교환을 할 예정이었다. 그러나 5차 수업(2013.5.24.)에서 학습자가 구체물을 통한 학습을 집중하여 잘하는 모습과, 4차 수업(2013.5.10.)에서 학습자들끼리 대립하는 모습을 보고, 그들에게 공통된 즐거운 경험을 만들어 줄 것을 계획하였다. 학습자들은 사이가 안 좋아서 지속으로 대립을 하는 경우도 있지만, 지속적인 대립을 통하여 서로에게 더욱 안 좋은 감정이 쌓일 수도 있다.

7차 수업(2013.6.21.)에서는 이야기 속 인물에게 필요한 것을 만들고 연극 소품으로 사용할 예정이었다. 그러나 생각보다 대본 만들기가 늦어졌다는 판단과 가면 만들기 활동이 대본 만들기에 효과적이었음을 고려하여 가면 꾸미기 활동을 하였다.

8차 수업(2013.6.29.)에서는 심각한 위기 상황이 발생했다. 수업의 마무리로 모두 함께 연극 활동을 하기로 했으나 한 학습자가 개인적인 문제로 더 이상 하지 않겠다고 선언하고, 오지 않은 것이다. 이에 따라 연극 자체를 할 수 없는 상황이 되자 아이들은 그 학습자를 설득하기 위해 뛰어다녔다. 다행히 아이들의 노력으로 학습자는 다시 참여하여 연극 활동을 마칠 수 있었다. 모든 수업이 끝난 후에는 따로 간단하게 간식파티를 하며 자유롭게 이야기하는 시간을 가졌다.

다문화 대안학교에서 진행한 교육연극 활용 KSL 수업은 매 순간, 매 과정 긴장을 늦출 수 없었다. 그 이유는 교육연극의 특성이자 본 수업에서 중시한 학습자의 흥미성과 능동적 태도를 이끌어 내기 위해서 매 시간 수업의 순서, 방법 등을 바꾸어야 했기 때문이다.

4.3. 교육연극 수업에 영향을 주는 요인

교육연극 활동에 영향을 준 사항은 크게 교수자 요인과 학습자 요인으로 나눌 수 있었다. 교수자 요인으로는 편견과 고정관념이 나타났다. 학습자 요인으로는 갈등이 나타났다. 학습자의 행동과 언어 능력은 그 자체로 교육연극 활동에 영향을 주기보다는, 활동에서 비롯된 행동과 언어능력이 다른 학습자에게 영향을 미치면서 하나의 갈등 요인으로 작용하는 모습이 나타났다. 따라서 학습자의 행동과 언어능력은 갈등이라는 상위 범주에 포함시켰다. 또한 환경 요인의 경우 학습자와 교수자 모두에게 영향을 주었다.

4.3.1. 교수자 요인: 편견과 고정관념

편견이란 나와 다른 사람에 대한 공정하지 못하고 한쪽으로 치우친 생각이다. 주동범·이동원(2000)은 편견은 일단 형성되면 수정되기 어려우므로 성인기 이전의 학교교육, 즉 초등학교에서부터 시작되어야 한다고 했다. 고정관념이란 어떤 개인이나 집단에 대한 특정 시각을 기준으로 단순화시킨 일반화의 하나다. 이것은 개인의 독특한 개성이나 개인차 혹은 능력을 무시한 채, 단순히 그 개인이 특정 집단의 구성원이라는 이유만으로 개성이나 특성, 능력을 특정하게 또는 어떤 범주로 귀속시키는 관념이나 기대를 말한다(Johnson과 Johnson, 2002/2010; Bennett, 2007/2009).

1) 대상의 범위/능력/환경

연구자의 편견과 고정관념은 학교의 실태를 모른 채 프로그램을 구상하기 위해 상정한 일종의 가정에서 비롯된다. 대상과 능력 그리고 환경에 대한 편견과 고정관념으로 나타났다.

(1) 대상의 범위

일반적으로 초등학생의 연령은 8~13세에 해당한다. 교수자는 방과후 수업의 학습자 대상이 초등학생이므로 초등학생을 기준으로 프로그램의 내용과 수준을 고려하였다. 그러나 학습자에게서 전혀 예상하지 못했던 답변이 나오기도 했다.

"수현이도 시큰둥하게 있음. 지민이가 연극은 언제 하냐고 물음. 교육연극은 놀이
를 통해서 하는 것이라고 이야기함. 너희는 어떤 거를 하고 싶은데? 하는 질문에
수현이는 '오자룡이 간다'를 말함."(1차 수업 끝날 무렵, 학습자와의 대화 현장노트)

교육연극 프로그램에 참가한 아이들은 총 5명이었다(이후 1명 늚). 그러나 그 아
이들 중에서 자기 나이에 맞는 학년에서 공부하는 사람은 1학년 대성이와 6학년
지민이뿐이다. 제 나이에 맞는 학년에서 공부하는 아이들의 경우, 한국어실력도
뛰어난 편이다. 아이들의 나이 편차는 최대 8살이었다. 나이에 맞지 않는 학년에
서 공부를 하는 경우, 특히 나이보다 낮은 학년에서 공부하는 경우, 자신의 활동
모습을 또래들에게 보이고 싶지 않아 한다.

"수현이와 민지는 도서실에서 활동하는 것을 싫어했음. 마침 중학교 쉬는 시간이
었는데, 중학교 아이들이 우리가 무엇을 하는지 관심을 갖고 와서 잠시 소란스러
웠음. 수현이와 민지는 "여기서 안 하면 안 돼요?" "그냥 아래에서 해요"라고 말했
음. 왜 그러냐는 질문에 지민이가 얘네들은 원래 중학생인데 여기(3층)는 중학교
애들이 공부하는 데라서 친구들이 많아서 그렇다고 말해줌."(2013.5.3, 3차 수업 중)

앞서 두 차수에 걸쳐 진행된 수업은 강당이 5명의 인원이 이용하기에는 너무
넓어서 아이들의 주의를 산만하게 한다는 반성을 하게 했다. 따라서 강당보다 좁
은 공간이 나을 것으로 여겨지는 3층에서 수업을 진행하기로 하고 모두 함께 도
서실로 올라갔다. 3층은 ㅎ학교 중등반이 있었고, 민지와 수현이는 이에 대해서
불만을 말했다.

그러나 이러한 문제는 방과후 KSL 교육연극 프로그램에서만 나타나는 것이 아
니다. 한국어 정규 기본과정반인 디딤돌반의 경우 국립국어원에서 제공되는 교재
자체가 학년을 구분하지 않고, 초등학생용·중학생용·고등학생용으로 나뉘어
있어, 원래 학년에 비하여 나이가 많은 학습자의 경우, 나이 차가 많은 동생들과
같은 학습자와 함께 한글의 기초부터 익혀야 한다는 맹점이 생긴다. 더욱이 교재
에 구성된 그림 자료의 경우, 과령인 학습자에게는 흥미를 반감시킬 여지가 높다.

(2) 능력

때로는 무언가를 강조하기 때문에 상대적으로 잘 보이지 않는 것이 있다. 공립
형 다문화 대안학교와 관련된 연구들은 다문화가정 자녀의 한국어와 교과학습에

대한 문제를 강조했다. 교수자 역시 아이들이 부족한 것을 채워주고자 프로그램을 구성하였다. 그러나 아이들은 한국어가 미숙하지만 다른 것에 뛰어난 능력을 보여주었다. 6학년인 한솔이는 방글라데시 출신으로 인도에서 살다가 올해 3월에 한국에 왔다고 한다. 한솔이는 처음에는 한국말을 잘 못 한다고 하다가 가면 만들기 활동을 하며 편하게 이야기를 시작하였다. 아이는 자신이 무려 5개 언어를 할 수 있다며 자랑스러워했다.

> "한솔이는 자기가 5개 나라 말을 할 수 있다고 함. 어느 나라 말을 할 수 있냐고 묻자, 영어를 할 수 있고, 한국어, 방글라데시어, 방글라데시 소수민족어, 중국어를 할 수 있다고 함."(2013.6.21, 7차 수업 중)

언어에 대한 능력은 한별이뿐만 아니라 지민이도 영어, 중국어와 한국어를 할 수 있고, 말이 없던 용성이 역시 필리핀어와 영어를 함께할 수 있다고 한다. 민지 또한 베트남어와 한국어를 할 수 있다고 했다. 특히 민지는 언어 능력 외에도 다른 아이들을 배려하는 모습을 보여주어 타인에 대한 공감 능력이 뛰어남을 알 수 있었다.

> "수현이는 읽지 않겠다고 함. 하지만 민지가 어르고 달램. 수현이를 달래는 민지의 목소리는 말 안 듣는 동생을 달래는 것처럼 느껴짐. 민지가 계속 조금이라도 읽어 보라고 하자, 수현이는 마지못해 읽기를 함."(2013.5.3, 3차 수업 중)

뿐만 아니라 학습자별로 한국어 능력에 있어서도 차이가 많았는데, 담당 선생님에 의하면 한국어 능력이 가장 좋은 지민이의 경우, 언어 자체만 본다면 지금이라도 원적교로 돌아가도 될 수준이라고 한다. 이와 별도로 한누리에서 초등학교 중학년을 담당하는 선생님은 아이들이 미술 혹은 체육에 소질이 있다는 귀띔을 해줬다.

> "우리 반 애 하나가 체조에 소질이 있어서 이렇게 교실에 매트를 깔아놓고 연습을 시켜요. (중략) 하나는 체조, 하나는 발레 나머지 하나는 체조하고 발레를 전부터(자기나라에서부터) 하고 왔대요."(2013.6.28, 8차 수업 후 중학년 선생님과의 면담)

(3) 환 경

처음 구안했던 활동 중에는 컴퓨터가 필요한 활동들도 있었고, 이야기를 학습자가 선택하는 경우, 학교 도서실을 활용한 수업으로 계획하였다. 그러나 6월 말

현재 컴퓨터실과 도서실은 아무것도 마련되어 있지 않다. 교수자는 다문화 대안학교라는 특징에 맞게 학습자의 출신국과 관련한 자료가 어느 정도는 갖추어져 있을 것으로 예상하고 수업을 시행하였다. 그러나 아이들이 말한 학교는 다문화 대안학교로서 아직 준비해야 할 것이 많아 보였다.

> "오늘은 선생님이 준비한 놀이를 하고, 다음 시간에는 너희가 자기 나라 놀이를 친구들에게 소개하고 그 놀이를 해 보는 시간을 가질 예정이라고 말함. 민지는 여기서는 놀이 할 것(도구)이 없어서 소개할 수 없다고 함."(2013.4.19, 1차 수업 현장노트 중)

이와 관련하여 학교의 선생님들은 아직 교육청에서 예산이 나오지 않아 기숙사조차 교사들이 돌아가며 사감 업무를 대행한다고 한다. 그러나 다문화 관련 단체들의 MOU를 통한 도움으로 때로는 좋은 경험을 하기도 한다. 연극에 사용할 음악에 대해서 이야기하자 민지와 지민이는 바로 그날 외부에서 실내악공연을 하러 왔음을 말하고, 거기에서 사용한 음악이 좋았다고 한다.

> "민지는 아까 여기서 사람들이 와서 연주한 것을 넣으면 좋겠다고 했다. 지민이도 진짜 멋있었다며 그 음악을 넣으면 좋겠다고 했다. 학교에 누가 왔었는지를 물으니 여러 나라 사람들이 와서 바이올린, 중간짜리 바이올린, 큰 바이올린 같은 것을 가져와서 연주했다고 한다. 어떤 사람이 들으면 잠잘 것 같은 음악 그리고, 적당히 신나면서 좋은 음악이었다고 말했다."(2013.5.10, 4차 수업 중)

교수자는 학습자들의 원적교 복귀에 맞추어 프로그램을 구안하였다. 따라서 음악과 관련된 내용 역시 교과서에서 사용된 음악을 중심으로 할 것을 계획하였다. 또한 이것은 학습자들의 출신국이 모두 다르므로 공통된 경험이 없으리라는 편견에서 비롯하였다. 그러나 학습자들은 지금 그곳에 만들어지는 공통된 경험에 의한 것을 보다 가치 있게 여겼다.

4.3.2. 학습자 요인 : 집단 갈등

학습자들이 교육연극 프로그램에 참여하면서 드러낸 주요 사항은 갈등과 관련된 것으로 나타났다. 이준호 · 박지환(2011)은 집단 내 갈등과 이직 의도 관련 연구에서 집단 내 갈등의 효과로 이직의도가 발생하는 것은 문화 보편적 관점에서 이해 가능하다고 한다. 대안학교에서 나타나는 갈등은 교육연극 수업을 하는 데 부정적 반응으로 나타났다.

1) 대상의 행동/능력/환경

(1) 대상의 행동

교수자 측면에서 대상의 범위는 프로그램 구안 과정에서 예상한 학습자의 연령과 학년에 의한 것이었다. 그러나 학습자 측면에서는 대상의 행동/능력/환경 요인으로 인한 갈등이 프로그램 운영에 영향을 주었다.

> "그때 수현이가 바퀴 달린 의자(도서실의 컴퓨터 책상용)에 앉은 채 끌고 와서 아이들 근처로 다가왔다. 지민이는 수현이의 의자 바퀴가 자기에게 다가오자 손으로 밀려고 준비를 하고 있다. 수현이에게 그 의자 바퀴가 지민이 다리를 아프게 할까 봐 지민이가 그런 것이라 하고 의자를 지민이에게서 조금 떨어뜨려줄 것을 말했다."
> (2013.5.10, 4차 수업 중)

수현이는 모두 함께 집중하여 토론을 이어가야 할 때 강당에서는 축구공을 찼고, 도서실로 자리를 옮긴 뒤부터는 바퀴 달린 의자를 끌고 다니며 소란스럽게 했다. 연극이 꼭 하고 싶어서 왔다는 지민이는 수현이가 반에서도 그렇게 수업을 방해한다고 속상해한다.

> "그럼 수현이는 수업시간에도 그러는 거냐고 물으니, 지민이는 반에서도 다른 아이 하나하고 똑같이 시끄럽게 한다고, 선생님 목소리보다 걔네 둘 목소리가 더 크게 들린다고 말함." (2013.6.28, 8차 수업 중)

수현이의 행동은 갈등 상황을 접할 때, 그리고 도구를 이용하여 활동할 때 집중도가 높았다. 4차 수업 중 창밖을 보던 수현이가 어떤 아이들이 싸우는 것을 말하며 그 아이들이 싸움을 멈출 때까지 보고 있었다.

> "그때 수현이가 '선생님, 지금 저기서 그래요'라고 말한다. 나는 무슨 말인지 잘 알아듣지를 못하고, '응? 저기에 뭐?'라고 대꾸했다. '저기서 애들이 싸워요.' 누가 싸우냐고 묻자 ○○이 싸운다고 한다. 쟤네들은 맨날 싸운다고 한다."(2013.5.10, 4차 수업 중)

아이들은 자신들이 경험하고, 현재 관련 있는 방향으로 이야기를 끌어간다. 이야기의 방향은 왕따 관련으로 집중되어 만들어져 갔다.

> "선생님의 사랑을 받는 아이가 있는데 선생님의 사랑을 뺏기 위해서 다른 아이들이 그 사랑받는 아이에게 선생님이 싫어하는 일을 시키는 내용으로 하자고 함. 지민이는 그것을 왕따와 관련지어 이야기를 만들자고 함."(2013.5.3, 3차 수업 중)

이야기에 대한 집중은 구체물을 통해 명확해져 갔다. 아이들은 가면 만들기를 하며 자신이 맡은 배역에 대해서 보다 구체적으로 생각했다. 가면에 색칠을 하는 동안 각각 어떤 의미로 그렇게 색칠하였는지를 물었다. 아이들은 잘 대답하지 못했다. 하지만 색칠을 모두 끝낸 후 아이들은 자기가 맡은 배역에 어울리는 행동을 할 수 있었다.

> "내가 나쁜 사람 역할(목소리만)로 이야기를 하면 아이들이 맡은 역할에 맞게 이야기와 행동을 하기로 함. 색칠을 모두 다 끝냈지만 치우지 말라고 얘기함. 수다쟁이는 나쁜 사람이 깨끗하게 하지 말라 했다고 친구들에게 이야기를 함. 공부만 잘하는 아이는 신경 쓰지 않고, 자기는 공부만 하면 된다고 이야기함. 귀여운 아이는 어쩔 줄을 몰라 했고, 모든 걸 다 아는 사람은 그냥 있음. 운동을 잘하는 사람-수현이-은 그때 핸드폰으로 게임을 하고 있었음. 아이들에게 운동을 잘하는 사람 말고, 게임을 잘하는 사람으로 바꾸는 게 낫겠다고 하자 모두 웃으며 인정."(2013.5.24, 5차 수업 중)

아이들은 신중하게 각자의 역할을 골랐음에도 불구하고, 제3자의 눈에는 그 아이의 평소 모습이 보인다.

> "아이들의 역할에 대해서도 이야기를 했는데, "어? 걔 성격이랑 똑같네"라는 말씀을 하심. 아이들이 맡기로 한 역할들이 아이들의 실제 모습과도 비슷하다는 말씀."
> (2013.5.24, 5차 수업 후 방과후 담당 선생님과의 대화)

지민이와 수현이의 꾸준하고 지속적인 갈등의 모습은 8차 수업에서 해소되었다. 한 주 전에 담임선생님께 휴대전화를 압수당하고는 수업에 참여하지 않았던 수현이가 이제 연극 수업에 오지 않겠노라고 말했다는 것이다. 지민이는 수현이가 안 오는 것에 대해 잘됐다는 표현을 했다. 그러나 뒤를 이어 연극을 할 상황이 되었을 때, 수현이가 맡은 역할을 할 사람이 없음을 알고 매우 곤란해했다. 지민이와 나머지 아이들은 수현이가 우리 수업에서 없어서는 안 될 존재라는 것을 깨닫고, 수현이를 데리러 갔다. 아이들은 자신도 모르는 새 하나의 목표를 위해서 서로 의지하고, 함께 활동하는 협동학습을 하고 있었다.

(2) 능 력

언어 능력의 차이로 인하여 학습자들은 갈등을 겪기도 한다. 이러한 언어 능력이 부족한 아이를 도우면서 언어능력이 뛰어난 아이는 매우 자신 있는 모습을 보인다. 4차 수업에 용성이를 따라 왔던 필리핀 출신 여자아이의 경우, 필리핀어·영어·중국어·한국어를 잘한다고 했다.

> "여자아이는 우리가 하는 활동을 보고는 연극하는 거에 대해 자기도 하고 싶다며
> 다음 시간에 함께 와서 해도 되냐고 물어봄. 나는 당연히 함께해도 된다고 말하고
> 출석부에 이름을 적음."(2013.5.24, 5차 수업 중)

하지만 언어 능력은 나이와 상관없이 하나의 권력이 되기도 한다. 용성이를 따라왔던 아이는 다음 주에 오지 않았다. 방과후 선생님은 그 아이가 자기를 믿고 의지하는 중학교 여자아이에게 안 좋은 행동을 해서 원래의 학교로 다시 보내지게 되었다고 한다. 대안학교는 정규학교의 교육으로 그 교육적 목적을 달성할 수 없을 때 선택하는 '대안적' 교육기관임을 생각할 때 대안학교에서 문제를 일으키는 아이들에 대한 대처 방안이 필요할 것이다. 언어 능력의 차이는 학습자와 학교 구성원 간의 갈등을 유발시키기도 한다. 한국어로 자기의 억울함을 설명할 능력이 되지 않는 아이는 그대로 다른 사람의 적절하지 못한 대우를 받을 수밖에 없다.

> "수현이가 휴지를 뜯어오면서 화장실에서 할머니가 화장실 더럽히지 말라고 하셨
> 다고 함. 무슨 일인지 물어보니 화장실을 더럽게 쓴다고, 깨끗하게 쓰라고 말씀하
> 셨다고 함."(2013.5.24, 5차 수업 중)

아이들은 자신들이 가진 많은 언어 능력에도 불구하고 한국어를 못 하거나 혹은 적절한 대처 방법을 찾지 못해 욕을 사용하기도 한다.

> "민지는 '욕 나쁜 말인데 때리는 것 보다는 나아요.' (만약) 얘(어떤 애)가 나한테 욕

하면 따질 수 있지만 얘가 누구한테 욕하면 따질 수 없다고, 여러 아이가 한 사람 한테 욕하면 어떻게 할 수가 없다고 말했다." (2013.5.10, 4차 수업 중)

(3) 환 경

미성년인 학습자들에게 사회적 환경은 많은 영향을 준다. 그들이 겪는 문화충격은 내부의 갈등으로 혹은 밖으로 표출됨으로써 조용하거나 거칠게 나타난다. 앞선 4차 수업에서 수현이가 주목하였던 아이들의 싸움이나 5차 수업에서 함께하기를 희망했던 여자아이가 학교폭력위원회에 회부되어 원적교로 가게 된 사건 등은 모두 학습자가 겪는 문화 충격의 표출로도 해석될 수 있다.

언어적 지지요인이 사라지게 되면, 학습자는 언어 사용의 필요성을 느끼게 된다. 한국어 의사소통에 있어서 도우미 역할을 하던 친구의 부재로 인하여 용성이는 한국어를 조금씩 하게 되었다. 그러나 그것이 용성에게는 새로운 부담이 될 수도 있다. 개인적인 상처가 깊은 수현은 아직 수업에 적극적인 참여를 하지 않는다. 그나마 처음 왔을 때보다 많이 나아졌다는 선생님들의 말씀이 위안이 된다. 수현이가 더 이상 프로그램에 참여하지 않겠다며 오지 않았을 때, 아이들은 자기들 역시 연극을 더 이상 할 수 없는 거라는 생각을 했다. 그러나 수현이와 가장 사이가 좋지 않았던 지민이는 수현이가 자신이 원하는 활동을 하기 위해 꼭 필요한 존재라는 인식을 하게 되었다. 앞으로 둘 사이의 관계가 어떻게 변화할지는 알 수 없다. 그러나 학습자들이 지속적으로 긍정적인 상호작용을 이어나간다면 서로에 대한 감정 역시 긍적적으로 변화할 수 있을 것이다.

5. 다문화 대안학교의 한국어교육 방향

이 글에서는 다문화 대안학교의 방과후 KSL프로그램을 교육연극 기법으로 구현하였다. 교수자는 이를 통하여 학습자들이 흥미롭고 능동적인 태도로 한국어학습을 이어갈 수 있기를 희망하였다. 그러나 수업 중 학습자들은 교수자가 의도하지 않은 반응을 보였다. 교육연극 활동에 있어서 학습자의 부정적인 반응은 '재미없음', '힘듦', '하기 싫음', '함께하기 싫음' 등으로 나타났다. 이러한 부정적 반응을 해소하고자 교수자는 매회 다음 수업의 장소나 주요 방법 등을 계획과 다르게 진행해야 했다.

교육연극 활동의 효과성을 저해하는 주요 요인은 크게 교수자 요인과 학습자 요인으로 나눌 수 있었다. 먼저 교수자 요인으로는 교수자의 편견과 고정관념이 발견되었다. 여기에는 교수자에게 익숙한 상황, 즉 '공립학교'에서 근무하고 '초등학생'을 대하는 교수자의 개인적 경험이 학습자와 교육환경에 대한 일종의 환상을 만들어낸 것은 아니었는지 진지한 반성을 하게 되었다. 그 이유는 교수자가 기존의 다문화교육과 관련한 이론과는 별개로 공립학교니까, 초등학생이니까 하는 일종의 틀을 갖고 있었기 때문이다.

한국인의 입장에서 다문화 대안학교의 학습자는 일종의 부적응 아동에 해당한다. 그러나 대안학교의 학습자 입장에서 보면 그들은 어머니의 출신국과 관련된 언어와 문화를 알고, 거기에 더해서 한국의 언어와 문화를 학습하는 것이다. 수업 내내 한국어로 말하기를 어려워하던 용성이도 두 나라의 언어를 잘할 수 있었다. 하지만 연구자는 '한국어 능력'을 중심으로 학습자를 평가하므로 용성이의 경우 스스로가 잘하는 것이 없게 느낄 수 있다.

학습자가 교육연극 활동에 부정적인 반응을 보이는 주요 요인은 '갈등'으로 파악되었다. 교수자는 이러한 갈등이 학습자들 간의 긍정적 경험이 부재하기 때문이라는 판단으로 동네걷기 활동을 했다. 그러나 학습자들 간의 갈등이 긍정적 경험의 부재에서 생긴 것인지, 아니면 갈등으로 인해 긍정적 경험이 생길 여지가 없었는지가 명확하지가 않다. 분명한 것은 그 고리를 끊어 주는 것이 중요하다. 이와 같은 결과를 반영하여 KSL 교육연극 프로그램은 다음과 같이 실행되어야 할 것이다.

첫째, 학습자의 교육연극 수업 경험에 따라서 단계를 이원화하여 구안한다. 비경험자의 경우, 일상생활의 범위를 학습자의 경험을 토대로 한 일상생활로 구체화된 수업으로 진행한다. 경험자 혹은 연극에 보다 관심이 높은 학습자의 경우에는 교과내용 반영 비율을 상향 조절하여 진행하도록 한다.

둘째, 효율적인 프로그램 운영을 위해서는 학습자의 공통된 경험을 만들기 위한 활동이 선행되어야 한다. 일반학교의 학습자와 다르게 다문화 대안학교의 경우, 학습자의 성장 배경과 학습 배경이 매우 다르다. 따라서 함께 협력하여 활동하는 교육연극의 경우, 무엇보다 긍정적이고도 공통된 경험을 만들어주는 것이 필요하다.

셋째, 학습자의 연령에 따른 범위를 좁혀, 학습자들이 서로 공감할 수 있도록 한다. 성인의 경우 교육연극 활동은 연령이나 언어수준을 초월하여 함께 학습할 수 있는 수단이 될 수 있다(Wessels, 1987/2008). 그러나 발달 과정에 있는 학습자의 경우 발달 단계에 따라 큰 차이를 보인다. 특히 본 연구의 참여자는 초등학교 1학년의 나이부터 중학교 2학년 정도의 나이까지 연령차가 매우 컸다. 이에 따라 참여자가 관심 있어 하는 것과 그에 따른 반응 역시 다르게 나타나기 때문이다.

넷째, 개별 학습자의 다중언어 사용과 기타 학습자의 장점을 살리도록 한다. 예컨대 대본 만들기 작업을 비롯한 문자언어가 필요한 경우, 다중언어 사용자가 한국어가 익숙하지 않은 학습자들을 위해 내용을 정리하고, 같은 내용의 한글 대본을 교수자가 제공함으로써 다중언어 사용자의 장점을 살리고, 한국어가 익숙하지 않은 학습자들의 경우, 내용을 대조하며, 대본을 익힐 수 있다.

다섯째, 다문화 대안학교 학습자의 경우, 전입과 전출의 기간이 일반학교에 비해 짧다. 따라서 교육연극 수업 역시 기간을 짧게 해야 한다. 연극 활동 중 해당아동이 전출을 가면, 나머지 아동들의 부담이 커진다. 반대로 중간에 학습에 합류하는 경우, 연극에서의 학습자 역할 조정에 어려움이 예상되기 때문이다.

이와 같이 다문화 대안학교에서의 교육연극을 활용한 실행연구를 통하여 성찰적인 시사점을 얻을 수 있었다. 교육은 그 사회가 추구하는 가치가 구현되고, 개인의 발전을 위한 밑거름을 제공하는 행위이다. 다문화사회에서의 학교의 역할은 나와 다른 타인과 집단에 대해 이러한 편견이나 고정관념을 바꾸는 것이다. 그러나 학교 역시 이러한 편견이나 고정관념에서 자유로울 수는 없다. 학교를 구성하고, 그 곳에서 교육활동을 수행하는 주체가 모두 인간이기 때문이다. 교육연극은 그 연극적 특성으로 학습자에게 다양한 가치를 존중하는 방식을 능동적인 태도로 성취할 수 있는 가능성을 준다. 이는 다문화교육의 핵심 가치인 다원주의와도 부합된다. 이와 같이 다문화교육이 학교 차원에서 고정관념을 바꾸는 것이라는 인식을 기반으로 KSL교육연극 프로그램이 지속적으로 개선되어 활용될 것을 기대한다.

7장

다문화가족 방문교육지도사의 역할과 교육경험

7 다문화가족 방문교육지도사의 역할과 교육경험*

방현희 · 이미정 * 이 글은 2014년 『열린교육연구』 제22권 제1호에 게재된 논문 「다문화가족 방문교육지도사의 역할과 교육경험에 관한 연구」를 수정 · 보완한 것이다.

1. 다문화가족을 위한 방문교육

　전 지구적으로 빈번한 교류가 이루어지고 있는 현대에, 한국도 예외 없이 외국으로의 이주와 한국으로의 외국인 유입이 증가하고 있다. 2012년 발표된 여성가족부의 통계에 따르면 2009년에 13만 1천여 명으로 추정되던 여성결혼이민자의 수가 2012년에 20만 명을 넘어, 2013년 1월 1일 기준 235,947명으로 행정안전부의 외국인 주민현황조사에 나타나고 있다. 결혼이민자가정과 외국인 노동자가정이 1990년 후반부터 급격히 증가하고, 북한이탈가정도 증가하면서 '다문화가족'이라는 새로운 가족유형이 형성되었다. 2020년에는 다문화가족의 수가 백만 명에 이를 것이라고 예측하고 있는 상황에서 이주민들은 사회 문화적 차이로 인한 한국사회 적응문제를 비롯하여 언어문제, 경제적 어려움, 가정폭력 등 여러 방면에서 어려움을 겪고 있다.

　특히 대다수의 여성결혼이민자들이 결혼과 동시에 이주를 하고 한국사회의 언어와 문화에 적응하지 못한 상태에서 임신과 출산을 하게 되며, 따라서 그 자녀들은 유아기와 아동기에 한국어가 미숙한 어머니에게 양육된다. 그로 인하여 다문화가정 아동들의 언어발달이 지체되어 학업에 어려움을 겪고 학교생활에 부적응하는 경우가 발생하고 있다. 이와 같이 다양한 어려움을 해소하기 위한 방안으로 2006년에 정부에서는 결혼이민자가족지원센터를 설립하여 다문화가족에 대한 교육지원을 시작하였다. 2008년에는 '결혼이민자가족지원센터'라는 명칭을 '다문화가족지원센터'로 변경하였으며, 그 수도 2013년에는 200개소로 증가하였다. 다문화가족지원센터에서는 결혼이민자와 그 가족의 생활지원을 위한 여러 가지 교육프로그램을 시행하고 있다. 그러나 지리적 접근성이 떨어지는 도서 지역이나 농어촌의 경우, 또는 경제적 어려움, 주변 가족의 이해 부족 등 여러 가지 이유로 집합교육에 참여하기 어려운 경우가 많다. 이러한 어려움의 해결을 위하여 여성가족부에서는 2008년부터 다문화가족 방문교육사업을 실시하고 있다.

다문화가족 방문교육사업은 방문교육지도사가 결혼이민자의 가정을 방문하여, 여성결혼이민자와 그 가족을 대상으로 한국어교육과 부모교육, 자녀생활교육 등의 가족생활교육을 하는 찾아가는 맞춤형 가족통합서비스 차원의 사업이다. 다문화가족 방문교육사업은 2007년에 기획되어 2008년 후반부터 시작되었으며, 2008년에 19,000여 명이던 방문교육 수혜자가 2011년 23,500여 명으로 1.7배나 증가하였다(여성가족부, 2012). 그러나 2012년에는 약 20,300명으로 전년 대비 약 13% 감소된 것으로 나타났다(여성가족부, 2013). 이는 2010년 이후부터 감소세를 보이고 있는 여성결혼이민자의 수의 영향인 것으로 파악된다.

이러한 결혼이민여성의 사회적응에는 개인의 정체성의 확립을 통한 다문화 감수성의 함양이 필요하다. 김영순(2012)은 다문화가족 방문교육이 방문교육지도사가 다문화가족의 가정을 직접 방문하여 교육을 하는 형태이기 때문에 여성결혼이민자의 다문화 감수성을 증진시키는 데 효과가 있다고 보았다. 이러한 맥락에서, 다문화가족에 대한 방문교육은 다문화 감수성의 증가와 함께 결혼이민자의 언어능력 향상과 한국생활에 필요한 지식의 습득, 심리적 안정으로 다문화가족의 자아정체성 확립에 도움을 주고 있다고 할 수 있다.

방문교육지도사는 직무상 정해져 있는 자신의 전문 분야과 관계없이 한국어교사, 멘토 또는 상담자, 생활의 안내자, 자녀양육 및 부모교육자 등 다양한 역할을 하게 된다(이세화, 2012). 역할의 다양함과 직무모호성으로 인하여 방문교육지도사들은 직무를 수행함에 있어서 역할갈등을 겪고 있으며, 한국어지도사보다 아동양육지도사가 더 높은 역할갈등을 겪고 있다. 활동매뉴얼의 활용도 차이와 직무모호성에서 그 원인 찾을 수 있다(손제령·김경화, 2009). 따라서 방문교육지도사의 자기효능감을 향상시키기 위한 전문성 강화교육과 보수교육의 체계화가 이루어져야 하며, 현장에서 도움이 되도록 현실적이고 실질적인 방향의 보수교육이 필요하다. 특히 신규 채용된 방문교육지도사를 위한 보수교육의 보강이 이루어질 필요가 있다.

근래에 방문교육지도사와 관련한 관심이 많아지고는 있으나 주로 역할과 직무에 대한 분석과 개선방안에 대한 내용의 연구들이 대부분이며 그중의 다수가 방문교육지도사의 역할갈등과 역할모호성, 직무만족이나 직무스트레스 등에 대하여 분석하고 있다. 반면에, 방문교육지도사의 실제적인 활동경험을 근거로 하는 역할분석이나 교육과 관련한 연구는 많지 않다. 따라서 방문교육지도사에 대한 심층면접으로 방문교육지도사의 역할과 교육에 대한 그들의 인식을 조사하여 방문교육지도사의 전문성 증대와 역량강화를 위한 교육의 방향성을 알아볼 필요가 있다.

이러한 목적으로, 먼저 문헌조사를 통하여 다문화가족지원센터와 다문화가족 방문교육지도사의 기본적인 역할과 현재 시행되고 있는 교육에 대하여 확인해 보고, 그 내용을 기초로 하여 크게 두 가지의 문제를 설정하였다. 첫째, 방문교육지도사는 그들의 역할에 대하여 어떻게 인식하고 있는가? 둘째, 방문교육지도사는 그들을 위한 교육의 경험에 대하여 어떻게 인식하고 있는가? 이러한 문제들을 중심으로 질문지를 작성하고 다문화가족 방문교육지도사에 대한 심층면접을 실시하여 방문교육지도사의 역할과 교육에 대한 그들의 경험에 의한 인식을 확인하였다.

2. 다문화가족 방문교육사업

다문화가족 방문교육사업을 이해하기 위해서는 여성결혼이민자에 대한 이해가 우선되어야 한다. 오성배는 2005년에 발표한 코시안 아동에 관한 논문에서 대부분의 여성결혼이민자들은 결혼과 동시에 한국으로의 이주를 하게 되며, 그중의 많은 수가 결혼 직후 한국사회의 언어와 문화에 제대로 적응하지 못한 상태에서 임신과 출산하고 아동을 양육하게 된다고 하였다. 이러한 경우의 한국어가 미숙한 외국인 어머니에 의해 양육된 어린이는 언어발달이 지체되고, 학교에 진학하여도 또래 어린이보다 뒤떨어진 언어능력으로 인해 학교생활 적응에 어려움을 겪게 된다(성두원, 2006). 이와 같은 문제로 인하여 다문화가정 자녀는 차별과 따돌림을 경험하는 경우가 많으며, 차별과 따돌림의 경험은 자아존중감을 낮게 하고 우울증이나 공격성을 보이는 문제까지 발생하게 된다(김유경 외, 2008). 이러한 문제를 방지하기 위해서는 외국인 어머니의 한국어교육이 우선되어야 한다. 어머니의 언어소통능력이 자녀에게 미치는 영향을 고려한다면, 여성결혼이민자를 위한 한국어교육은 단지 교육대상자의 한국사회적응을 위한 교육이 아닌 다문화가족의 안정에 필수 요건이라 하겠다.

다문화가족의 문제가 단지 언어와 아동양육의 문제로 국한되는 것은 아니다. 한국사회 적응과정에서 나타나는 언어문제와 문화적 차이 외에도 가족구성원 간의 가족관계부적응, 가족 간의 갈등, 건강문제, 경제적 어려움, 지원체제 부족 등 결혼이민여성들에게 다양한 면에서의 어려움이 발생하고 있다. 따라서 다문화가족 지원정책은 결혼이주여성의 한국사회 정착기간과 생애주기에 따른 필요와 욕구를 반영할 수 있도록 현실적인 차원에서 이루어져야 한다. 다시 말해, 다문화가족에게는 인지적·사회적·경제적·정서적인 여러 가지 문제가 혼재되어 있다고 볼 수 있으며, 이와 같은 다양한 문제들을 겪는 여성결혼이민자를 위하여 다각적인 방향의 생활교육의 지원이 필요하다는 것이다.

정부에서는 이러한 교육 지원의 필요성을 충족시키기 위하여 다양한 다문화가족 지원사업을 시행하게 되었으며, 그중 찾아가는 맞춤형 가족통합 서비스로 다문화가족 방문교육사업을 시작하였다. 다문화가족 방문교육사업은 결혼이민자가족의 결혼이민여성과 그 자녀를 대상으로 그 가정으로 방문하여 한국어와 생활교육을 실시하는 사업이다. 한국 입국 초기의 여성결혼이민자의 경우, 한국문화와 지리가 익숙지 않기 때문에 다문화가족지원센터 등의 집합교육에 참가하는 것은 거리상의 문제와는 또 다른 어려움도 예상할 수 있다. 또한 혹간에는 가족들의 이해부족으로 외출하여 교육에 참여하는 것이 어려운 경우도 있다. 이러한 상황에 처해 있는 입국 초기의 여성결혼이민자에게는 찾아가는 방문교육이 반드시 필요한 사업이다.

방문교육지도사업은 다문화가족지원법 제6조 '생활 정보제공 및 교육지원'에 근거를 둔 경제적 어려움과 지리적 접근성의 문제로 다문화가족지원센터의 각종 프로그램을 센터에 방문하여 집합교육을 받기가 어려운 다문화가족을 대상으로 하는 사업이다. 방문교육지도사업은 찾아가는 맞춤형 통합가족지원 서비스 정책의 일환으로 방문교육지도사업을 2007년에 기획하여 2008년 후반기에 처음 시작하였으며, 여성가족부에서 주관하고 다문화가족지원센터에서 관리하며 전문자격을 갖춘 방문교육지도사를 배치하여 진행하는 사업이다(여성가족부, 2011).

방문교육지도사업은 결혼이민여성과 자녀를 위한 한국어교육, 부모교육, 자녀생활교육 가족상담 등을 실시하는 것을 목적으로, 한국어교육은 전문자격을 갖춘 방문교육지도사가 다문화가정을 방문하여 언어소통이 어려운 입국 5년 이하의 입국 초기 결혼이민자를 대상으로 한국어의 어휘, 문법 등에 대한 교육을 진행하고 있다. 부모교육은 만 12세 이하의 자녀를 양육하고 있는 결혼이민자에 대하여 임신·신생아기, 유아기, 아동기로 구분하여 부모성장, 부모·자녀관계증진, 임신·출산 등을 생애주기별로 지원한다. 자녀생활교육은 학업성취, 자아발달, 정서발달, 사회성발달 등에서 어려움을 겪고 있는 3~10세의 다문화가족자녀(중도입국자녀 포함)를 대상으로 인지, 자아, 사회·정서, 문화역량, 시민교육 등의 자녀생활을 지원한다. 이러한 역할을 담당하고 있는 방문교육지도사의 명칭 변화를 다음의 〈표 7-1〉에 연도별로 정리하였다.

〈표 7-1〉을 살펴보면, 방문교육지도사의 명칭과 분류만 바뀌었을 뿐 제공하는

〈표 7-1〉 방문교육지도사의 분류

연 도	방문교육지도사의 분류	비 고
2008	한국어교육지도사, 아동양육지도사	초기부터 2010년까지의 방문교육지도사는 한국어지도사와 아동양육지도사로만 구분됨
2009	한국어교육지도사, 아동양육지도사	
2010	한국어교육지도사, 아동양육지도사	
2011	한국어교육지도사, 부모교육지도사, 자녀생활지도사	아동양육지도사가 부모교육지도사로 명칭 변경, 자녀생활지도사 신설
2012	한국어교육지도사, 가족생활교육지도사	부모교육지도사와 자녀생활지도사를 가족생활교육지도사로 통합
2013	한국어교육지도사, 가족생활지도사	가족생활지도사가 부모교육과 자녀생활서비스를 실시함
2014	한국어교육지도사, 가족생활지도사	

서비스 내용적 측면에서의 변화는 크지 않은 것으로 나타나고 있다. 아동양육이 부모교육과 아동지도로 분리되면서 생활교육지도 서비스 제공의 기간이 두 배로 늘어나게 되었다. 지속적인 명칭의 변화는 방문교육지도사업의 효율적인 체계 구축을 위한 노력을 보여주는 것이라 여겨진다.

다문화가족 방문교육사업의 주무부처는 여성가족부로 사업의 지침을 마련·보급하고 예산을 지원하며 중간관리 역할은 지방자치단체가 하고 있으며 각 시·군·구에서 방문교육 대상자를 선정하고, 다문화가족지원센터의 사업시행을 관리하는 역할을 한다. 다문화가족지원센터는 일선에서 방문교육지도사를 모집, 파견, 관리하며 서비스 만족도 조사, 실적보고, 방문교육 대상자 관리, 대상자 선정 사전조사 실시 등 실무를 담당하고 있다(여성가족부, 2011). 이러한 관리체계로 볼 때, 다문화가족 방문교육사업이 정부 차원의 사업으로 체계화적으로 계획, 실행되고 있음을 알 수 있다.

3. 다문화가족 방문교육지도사

3.1. 다문화가족 방문교육지도사의 역할

다문화가족 방문교육지도사의 직무는 다문화가정을 방문하여 여성결혼이민자와 그 가족을 대상으로 한국어교육과 부모교육, 자녀생활교육 등의 가족생활교육을 담당하는 것이다. 그러므로 다문화가족 방문교육지도사는 교육현장이 다문화가족의 가정인 방문교사이므로 다문화적 효능감은 기반으로 전문교사로서의 역할과 함께 멘토(mentor)로서의 역할을 수행하게 된다. 따라서 다문화적 역량이 다문화가족 방문교육지도사의 직무수행에 있어 필수요소라 하겠으며, 다문화적 역량은 다문화적 신념과 다문화 수용성 등의 다문화적 효능감을 기반으로 하여야 하겠다.

모경환(2009)는 다문화 교사교육의 현황과 과제를 연구한 논문에서 다문화 감수성과 다문화적 신념은 다문화적 효능감의 중요한 요소이며, 다문화적 환경에서 교사는 다문화적 효능감을 지녀야 한다고 주장하였다. 다문화적 효능감이란 다양한 문화를 수용하고 문화적 다양성이 존재하는 환경에 대처할 수 있는 능력을 소유하고 있다고 믿는 자신감과 신념이다(모경환 외, 2010). 김영순(2012)은 다문화가족지원센터의 신규직원교육 과정에서 다문화사회와 다문화 감수성을 주제로 하는 강의를 통해 다문화적 효능감을 형성시키기 위해서 다문화주의적 관점이 전제되어야 하며, 다문화 감수성은 개인의 정체성을 함양시키고 정체성의 확립은 결혼이민여성의 사회적응에 필요한 요소라고 하였다. 그러므로 방문교육지도사의 역할을 이해하는 데는 다문화주의적인 관점에서 다문화적 효능감에 대한 이해가 우선되어야 하겠다.

다문화가족 방문교육지도사의 역할은 전문교사로서의 역할과 멘토로서의 역할로 나누어 볼 수 있다. 첫째, 방문교육지도사는 '교사로서의 역할'을 해야 한다. 방문교육지도사는 다문화가족을 대상으로 한국어 및 자녀양육과 생활 등에 대한 교육을 시행하는 주체가 되므로 다문화교육을 위한 전문교사로서의 역할이 요구된다. 따라서 방문교육지도사는 교사의 전문성을 지녀야 한다.

교사의 전문성이란 교사가 교육활동을 수행하는 데 필요한 전문가적인 자질과 능력이다(함형복, 2002). 교사의 전문성에 대한 분류는 학자에 따라서 다양하다. 혹자는 교사의 역량을 지식, 수행, 태도 관련 역량으로 구분하기도 하고, 또 다른 연구에서는 교사의 역량을 크게는 교수적 역량과 태도적 역량으로 나누거나, 지식, 기술, 신념으로 나눌 수 있다고 하였다. 김옥예(2006)는 교육환경의 변화와 교사의 역할변화를 고려하여 교사의 전문성을 신념기반 전문성, 지식기반 전문성, 기술기반 전문성의 세 가지 요소에 참된 전문성, 잠재된 전문성, 정체된 전문성을 첨가하여 여섯 가지로 분류하였다. 이와 같이 교사의 전문성에 대하여 다양한 관점에서 다르게 정의하고 있으나, 본 저자는 방문교육지도사가 지녀야 할 교사로서 역할을 위한 역량으로 지식적 측면에서 다양한 전문적 지식과 기술적 측면에서 지식전달 교수법, 태도적 측면에서 방문교사로서의 태도로 정의하였다.

둘째, 방문교육지도사들은 '멘토로서의 역할'을 하여야 한다. 멘토는 지원자, 역할모델, 상담가의 역할을 한다. 방문교육지도사는 다문화가정을 직접 방문하여, 대부분의 경우 다문화가족 중에서도 여성결혼이민자를 대상으로 1:1로 면대면 교육을 한다. 결혼이민여성은 낯선 나라에서 타문화에 적응을 해야 하는 상황에서 방문교육지도사에게 안내자이면서 지원자로서 멘토의 역할을 기대한다. 또한 여성결혼이민자들은 방문교육지도사에게 가족관계에서 발생하는 제반 문제 등에 대한 상담자의 역할은 요구한다. 한국어교육지도사들이 한국어교육 외에 자녀양육과 자녀교육, 상담, 정보제공 등 여성결혼이민자들에게 좋은 멘토가 되고 있다. 그러므로 한국어교육지도사는 한국어교사로서의 역할 외에 결혼이민여성에 대한 멘토 역할을 하게 되므로 교육이나 상담에 대한 지식과 함께 멘토링(mentoring)에 대한 지식을 갖추어야 한다. 방문교육지도사의 멘토로서의 역할은 다문화가족의 정서적 안정에 많은 영향을 미칠 것이다.

위에서 살펴본 바를 정리하면 방문교육지도사는 다문화가정을 방문하여 1:1 교육을 제공하는 과정에서 성실성과 친화성을 기반으로 결혼이민여성과 긴밀한 유대관계를 맺게 된다는 것이다. 다시 말하자면 교사로서 전문적 지식과 기술, 태도를 지닌 교사의 역할을 하며, 그와 동시에 그들에게 한국을 소개해 주는 안내자로서, 한국인의 역할모델로서, 그리고 그들의 생활 전반에서 '내 편'인 지원자로서 멘토의 역할도 해야 한다. 이러한 과정에서 방문교육지도사는 결혼이민자들을 한국사회에 동화시키는 것이 아닌, 다문화주의적인 관점에서 '우리'의 이웃으로 '더불어 살기'에 도움을 주는 역할을 해야 할 것이다.

3.2. 방문교육지도사의 교육

방문교육사의 교육경험에 대한 인식을 알아보기 전에 방문교육지도사들이 이수하여야 하는 교육에는 어떠한 체계로 시행되고 있으며, 어떤 내용으로 프로그램이 구성되어 있는지 알아보자.

방문교육지도사의 교육은 양성교육과 보수교육으로 구분되며, 온라인교육과 오프라인교육으로 진행되고 있다. 오프라인으로만 진행되어 왔던 교육 시스템에 2012년부터 온라인 교육이 도입되었다. 양성교육은 전문성 함양을 위한 기본 소양교육 및 업무 이해 도모와 전문 인력 배출이 목적이며, 보수교육은 방문교육지도사의 전문성향상과 역량강화를 통하여 효능감 증대를 목적으로 하고 있다. 다음의 〈표 7-2〉는 방문교육지도사의 교육체계를 교육대상, 교육목적, 교육방법으로 분류하여 정리한 것이다.

〈표 7-2〉 방문교육지도사 교육체계

구 분	양성교육	보수교육
교육 대상	신규 방문교육지도사	기존 방문교육지도사
교육 목적	전문성 함양을 위한 기본 소양교육 및 업무 이해 도모, 전문 인력 배출	전문성향상 및 역량강화를 통한 효능감 증대

교육
방법
	• 오프라인 교육 20시간
	  (공통영역 8시간, 전문영역 12시간)
	• 온라인 교육 30시간
	  (공통영역 2시간, 전문영역 28시간)
		• 오프라인 정기보수교육: 1회, 4시간, 직무능력평가 및 보수교육
		• 온라인교육: 연차별 차등교육
		  1년차 8시간, 2년차 12시간, 3년차 이상 10시간
		• 거점보수교육: 수시교육 12시간
		  전국 10개 거점 중심으로 연중 상시 진행, 방문교육지도사에게 과목선택권을 부여하여, 교육요구에 맞는 과목으로 구성

양성교육과 보수교육 모두 온라인교육과 오프라인교육을 병행하고 있으며, 연 1회 실시하는 정기보수교육은 직무능력 평가와 겸하여 진행되므로 회기 말에 시행될 수밖에 없다.

다음은 방무교육지도사의 교육의 내용에 관해 구체적으로 서술한 것이다. 방문교육지도사의 교육에서 전문영역은 방문교육지도사의 직무에 따를 전문적 지식 제공을 하고, 공통영역은 다문화사회 이해, 사업 및 방문교육지도사 역할 이해, 다문화 관련 정책 및 법률, 다문화가족 상담 등의 내용을 한국어교육지도사와 가족생활지도사에게 공통적으로 교육을 한다. 다음의 〈표 7-3〉은 2012년 방문교육지도사의 교육내용을 영역별로 정리한 것이다.

〈표 7-3〉 방문교육지도사의 교육내용

교육과정			양성교육	보수교육
공통영역			다문화사회 이해, 사업 및 방문교육지도사 역할 이해, 다문화가족 상담	–
전문 영역	한국어교육 지도사		읽기 · 쓰기 · 말하기 · 듣기 등	국가별 학습자를 위한 교육, 수업구성 및 강의안 작성실습 등
	가족 생활 교육 지도사	부모 교육	부모교육, 부모자녀관계증진, 육아 관련 정보 제공 등	부모성장, 부모자녀관계증진 등의 프로그램에 대한 활용, 슈퍼비전과 놀이지도 등
		자녀 생활교육	자녀학습지원 코칭의 이해, 아동발달의 이해 등	인지, 자아, 정서, 사회, 문화역량강화, 시민교육, 독서코칭 등

〈표 7-3〉에 의하면, 보수교육의 내용에는 공통영역이 포함되어 있지 않음을 알 수 있다. 보수교육은 양성교육을 이미 수료한 기존의 방문교육사들의 전문성 향

상과 역량 증대를 목적으로 하고 있는 교육이므로 공통영역이 제외된 것으로 이해할 수 있다. 그러나 상담영역에 대한 교육과 변화되는 관련 법규나 규칙 등의 보강이 요구된다.

4. 연구방법

이 글에서는 다문화가족 방문교육지도사들이 인식하고 있는 역할을 탐색하고, 그들의 역할 수행의 전문성 증대를 위해 시행하고 있는 교육에 대한 인식을 확인하여 교육내용의 방향성을 제시하였다. 이 글은 일반화된 연구결과를 도출하는 연구가 아닌, 개별적 경험과 사례를 기술하고 분석이다. 이글을 쓰기 위하여 방문교육지도사를 대상으로 심층면접을 실시하여 방문교육지도사의 역할과 교육에 대한 경험적 인식을 조사하고 분석하였다. 이러한 분석 결과를 바탕으로 그들의 전문성 증대를 위한 교육의 방향성을 제시함으로서 방문교육지도사의 역할만족도와 직무 효능감을 높일 수 있는 역량강화 방안에 기초로 활용될 수 있기를 기대해 본다.

본 저자는 2012년 8월부터 방문교육지도사업에 대한 문헌을 조사하여 방문교육지도사의 직무에 대하여 알아보았다. 또한 다문화가족지원센터의 중앙관리기관인 (재)한국건강가정진흥원(전국다문화가족지원단)에서 개발·보급한 다문화가족 방문교육사업의 운영에 필요한 업무 매뉴얼, 방문교육지도사의 양성교육교재와 보수교육교재 등과 다문화가족지원센터 사업결과 보고서, 다문화가족 지원사업 안내서를 확인하였다.

선행연구조사와 문헌조사에서 도출한 사항을 기초로 개방형 질문지를 작성하여 현장에서 활동 중인 방문교육지도사를 대상으로 집단면담과 1:1 심층면접을 실시하였다. 연구 참여자는 활동 기간에 따른 경험과 인식의 차이를 고려하여, 한국어교육지도사와 가족생활교육지도사들 중에서 1~2년차의 신임 방문교육지도사와 5~6년차의 경험이 많은 방문교육지도사를 고르게 선정하였으며, 2013년 2월 초부터 4월 중순까지 면담을 진행하였다. 같은 기간 다문화가족지원센터에서 시행하는 방문교육지도사의 수시교육을 참관하고 녹취를 진행하면서 라포(rapport)를 형성하기 위하여 노력하였다.

면담 과정은 사전에 연구의 목적에 대하여 설명하고 연구 참여자의 동의하에 녹취를 하였으며, 연구 참여자의 개인적인 정보는 노출하지 않을 것이며 녹취된 내용은 연구 목적 이외에는 사용되지 않을 것임을 약속하였다. 연구에 대한 참여는 연구 참여자의 자발적 의사에 의한 것이며, 만약 연구 참여 도중에 연구 참여자가 원하지 않는 경우는 언제라도 중지할 수 있고 당사자가 원한다면 녹취한 내용을 삭제할 것임을 약속하였다. 녹취 중에는 연구 참여자의 실명을 거론하는 등의 개인적인 정보가 노출되지 않도록 노력하였다. 녹취한 내용은 본 연구 이외에는 사용하지 않을 것임을 밝혀 두었다.

2013년 2월 20일부터 2013년 4월 10일까지 약 50일에 걸쳐 면담을 진행하였다. 집단면담의 경우는 1시간 30분~2시간 정도의 시간이 소요하였으며, 1:1 심층면접의 경우는 개인당 30분~45분 정도 진행하였다. 1차 집단면담 시 연구 참여자의 일반적 특성을 파악하고 큰 틀에서의 연구문제에 대한 인식조사와 방문교육지도사 업무 경험 등의 자료를 수집하였다. 1차 집단면담 결과를 기초하여 질문지를 재구성하여 1:1 심층면접을 실시하였으며, 그 후 전화와 문자로 추가적인 내용을 보충하였다. 심층면접 내용은 전사하여 분석하여 분류하였으며, 결과 도출에 활용하였다. 심층면접의 질문 내용은 〈표 7-4〉와 같다.

〈표 7-4〉 심층면접 질문 내용

분 류	개 념	내 용
참여자의 일반적 특성	사회적 특성	• 직책, 소속, 근무연한, 지원동기
	개인적 특성	• 나이, 학력, 전공, 다문화 인식
방문교육지도사의 역할	교사로서의 역할	• 당신은 교사가 갖추어야 할 역량은 무엇이라고 생각하십니까? • 교사의 전문성에는 무엇이 있다고 생각하십니까?
	멘토로서의 역할	• 당신은 멘토로서의 역할은 무엇이라고 생각하십니까? • 다문화 멘토로서의 효능감은 무엇이 필요하다고 생각하십니까?
방문교육지도사의 교육	형식적인 측면	• 교육프로그램의 운영에 대해서는 어떻게 생각하십니까?
	내용적인 측면	• 교육내용의 구성에 대해서 어떻게 생각하십니까? • 더 필요하다고 생각하시는 내용에는 어떠한 것이 있습니까?

〈표 7-4〉에서는 참여자의 일반적 특성과 함께 방문교육지도사의 역할과 방문교육지도사의 교육에 대한 질문내용을 확인할 수 있다. 이와 같은 질문지를 기초로 심층면담을 실시하였으며 이를 전사한 후, 분석하여 결론을 도출하였다.

이 글은 방문교육지도사의 역량강화 방안 제시를 목적으로 문헌연구와 함께 방문교육지도사들에 대한 심층면접을 실시, 경험적 인식을 조사·분석하였다. Edmund Husserl과 Max Ferdinand Scheler의 이론을 받아들인 Alfred Vierkandt는 근원적 현상들은 개별적 체험에 의해 모든 사람에게 체험되어 제시된다고 생각하였다(기다 겐 노이치; 이신철 역, 2011). 자료를 분석하고 결과를 도출하기 위하여 심층면접을 통한 개인의 경험에 의한 인식을 파악하는 Moustakas(1994)의 경험적 연구방법을 활용하였다. Moustakas의 경험적 연구방법은 경험적 자료에 입각하여 일정한 연구문제의 해답을 구하는 연구방법이다.

심층면접을 하는 동안 연구 참여자의 동의하에 녹취를 하였으며, 녹취한 자료는 여러 번 반복하여 들으면서 전사하였다. 질적 연구에서 연구자는 선입견을 배재하고 연구 참여자의 경험의 본질과 구조를 파악하여야 한다(신경림 외, 2004). 그러므로 전사 과정에서는 연구자의 의견을 배재하고 가능한 있는 그대로를 옮겨 적으려고 노력하였다. 전사한 자료의 내용을 분류하고 분석하여 의미를 도출하였으며 신뢰성 구축을 위하여 복수관점의 삼각기법을 활용하였다.

연구 참여자의 선정을 위하여 인천시 관내에 있는 '인천시 계양구 다문화가족지원센터'와 '인천시 남구 다문화가족지원센터'의 센터장의 도움으로 방문교육지도사를 소개받을 수 있었다. 면담장소는 해당 센터 내의 교육실을 주로 이용하였으며, 연구 참여자의 편의를 위해 연구 참여자의 연고가 있는 교회 등지에서 면담을 진행하기도 하였다. 한국어교육지도사와 가족생활교육지도사들 중에서 1~2년차의 신임 방문교육지도사 4명과 경험이 많은 5~6년차의 방문교육지도사 6명을 소개받아 1차로 집단면담을 실시하였다. 1차 집단면담 과정에서 호의적이고 적극적으로 면담에 응하는 9명의 연구 참여자를 대상으로 1~2회의 1:1 심층면접과 집단면담을 진행하였다.

인천시 관내의 다문화가족지원센터에서 연구 참여자를 선정한 이유는 연구자의 접근성의 편리도 있었지만, 그보다는 인천시가 6대 광역시 중 다문화가족의 수가 가장 많아 다문화가족 방문교육사업이 비교적 활성화되어 있기 때문이다. 그리고 본 연구자는 방문교육지도사의 활동 경력에 따라 역할에 대한 인식과 직무만족에서 차이가 있을 것으로 예상하여 연구 참여자의 경력을 안배하여 선정하였다. 연구 참여자들은 본 연구가 방문교육지도사들의 전문성 증대와 직무만족도 향상에 도움이 될 것으로 기대하며 매우 긍정적이고 적극적으로 면담에 임해 주었다. 연구 참여자의 일반적 특성을 다음의 〈표 7-5〉에 정리하였다.

〈표 7-5〉 연구 참여자의 일반적 특성

구 분	직 책	소 속	성 별	나 이	학 력	전 공	근무 기간
참여자 1	한국어교육 지도사	계양구	여	56	학사	수학교육	6년
참여자 2	한국어교육 지도사	계양구	여	56	학사	사회복지	5년
참여자 3	한국어교육 지도사	남구	여	53	석사	사회복지	신임
참여자 4	한국어교육 지도사	남구	여	48	학사	아동상담	신임
참여자 5	한국어교육 지도사	남구	여	49	학사	유아교육	신임
참여자 6	가족생활교 육지도사	계양구	여	63	학사	사회복지	5년
참여자 7	가족생활교 육지도사	계양구	여	54	학사	초등교육	6년
참여자 8	가족생활교 육지도사	남구	여	52	학사	유아교육	1년
참여자 9	가족생활교 육지도사	남구	여	56	학사	아동복지	1년

〈표 7-5〉에 의하면, 연구 참여자인 방문교육지도사들의 학력 수준은 전원이 학사학위 취득자로 상당히 높은 편이며, 연령대도 40~60대로 높게 나타났다. 그리고 두 다문화가족지원센터의 소속 방문교육지도사들의 성별은 모두 여성이었다. 그 이유는 업무의 성격상 가정을 방문해야 하고 교육대상이 주로 여성이라는 점에서 찾을 수 있겠다.

5. 방문교육지도사의 역할에 관한 인식

5.1. 교사로서의 역할

방문교육지도사들은 교사로서의 역할로 다문화가족을 방문지도하는 교사로서의 전문성이 필요하며 방문교사로서 예의를 지키는 것을 중요하게 생각하고 있다. 이러한 인식에서 방문교육지도사들은 교사로서의 역할 수행을 위하여 개인적으로도 다양한 지식과 정보를 습득하고자 하며, 교육의 효과를 높일 수 있는 교수법 개발을 위해 부단히 노력하고 있다.

5.1.1. 다양한 지식의 필요성

방문교육지도사는 직무의 특성상 다양한 영역의 지식과 기술을 지녀야 한다. 한국어교육지도사는 임신·출산, 아동양육, 자녀교육 등 가족생활교육지도사의 전문적 지식을 지닐 필요가 있으며, 가족생활교육지도사는 한국어교육의 기본지식이 있어야 한다.

"그래서 정말 전문적으로 숙지하고 종합적으로 이렇게 가는 게 그게 맞는다고 봐요. 우리 신입들은 전문교육 많이 했잖아요. 다방면으로 전문가가 되지 않으면 정말, 나가서 할 수가 없어요. 그래서 나도 모르게 자꾸 배우고 연구하고……"(연구 참여자 3, 2013.03.13.)

"(가족생활교육은) 한국어가 되어야지만 서비스가 가능하거든요. 아예 한국어가 안되는 사람들은 서비스를 할 수가 없어요."(연구 참여자 6, 2013.02.25.)

방문교육지도사는 교육현장인 다문화가족의 가정에서 다양한 역할을 요구받게 되며, 이러한 상황에서 역할갈등과 직무모호성을 느끼게 된다. 자신의 전문분야의 지식만으로는 대처가 어렵다. 따라서 앞의 방문교육지도사들은 다양한 영역에서의 지식의 필요성을 느끼고 개인적으로 시간과 비용을 들여서 필요한 지식을 습득한다고 하였다.

5.1.2. 지식 전달 교수법

면대면 교육의 특징은 대상의 차이에 따라 각기 다른 교수법을 사용할 수 있다는 것이다. 방문교육지도사들은 교육대상의 출신국, 학력, 나이, 한국거주기간, 한국어 능력 등에 따라 다른 나름대로의 지식전달 교수법을 활용하고 있었다.

"성인학습자들에게 동화책을 보여줘요. 우리 아이들이 유치원에서 볼 수 있는 동화책에서 어휘 찾는 방법 익히면서 접목해서 문장 만들어 보고 하면 지겨워하지 않아요."(연구 참여자 3, 2013.03.13.)

"발음이 정확하지 않은 남편, 시어머니의 도움…… 핵교, 학고, 김치를 당근다, 나중에 알고 보니 시어머니가 읽을 줄 모르세요. 노래를 활용해요. MP3를 많이 활용해요. 노래도 들려주고 내 수업을 녹취해서 나중에 혼자 들어보고……."(연구 참여자 5, 2013.04.10.)

방문교육지도사들은 개인적으로 경험에서 비롯된 다양한 교수법을 지니고 있다. 연구 참여자 3의 동화책과 동요를 이용하는 방법이나 연구 참여자 5의 MP3와 노래를 활용하는 방안 등을 그 예로 볼 수 있겠다. 언어권별 차이를 알고 대처하는 방안이나 앞의 연구 참여자가 활용하는 방법들을 다른 방문교육지도사들과 공유할 수 있으면 좋을 것이며, 이러한 정보를 공유할 수 있는 방안을 마련할 필요가 있겠다.

5.1.3. 방문교사로서의 태도

방문교육지도사들게 예의라는 것은 전문성이나 역량 이전의 기본적인 사항이다. 옆 집 언니나 아주머니가 아닌, 교육지도사로서의 품위를 유지해야 서로 간의 존중과 신뢰가 만들어질 것이다. 우선은 남의 집에 방문하여 교육을 제공한다는 직무에 맞는 태도를 지니고 예의를 지키며 행동하여야 한다.

"지도사가 연령적으로 비슷하면 비교를 해요. 외모적으로…… 위화감이 되게 많은 거 같아요. 예의를 갖춘다는 의미에서 화장도 해야 하고 옷도 그렇고, 머리에서 발 끝까지 우리는 지도사라는, 갖춰야 할 것은 갖춰야……."(연구 참여자 1, 2013.03.26.)

"일상적인 예의 바른 행동, 공손하게 인사하고, 친하다 보면 선은 있어야 될 것 같아요. 지켜지지 않으면…… 그렇게 해야……."(연구 참여자 2, 2013.03.26.)

연구 참여자 1은 방문교사로서의 품위를 지켜야 한다고 하였으며 연구 참여자 2의 경우는 태도로 교사로서의 예의가 필요하다고 하였다.

이상에서 나타나는 연구 참여자들의 의견을 종합해 보면, 교사로서의 역할에 필요한 역량인 지식, 기술, 태도를 방문교육지도사들은 다양한 지식, 교수법, 예의로 표현하고 있었다.

5.2. 멘토로서의 역할

방문교육지도사들은 멘토로서 안내자, 조력자, 상담가의 역할을 하고 있다고 한다. 방문교육지도사들은 결혼이민자들에게 정해진 교육 이외의 생활에 필요한 정보전달자로서 학습자들에게 희망을 주고, 불안감을 해소시키고 안정감을 찾게 하여 한국사회에의 적응에 도움을 주게 된다. 또한 방문교육지도사들의 신뢰와 존중은 여성결혼이민자들의 자존감을 높여주어 사회적응능력을 촉진시키게 된다.

5.2.1. 안내자의 역할

방문교육지도사는 여성결혼이민자에게 한국을 볼 수 있게 하는 창이며 한국의 안내자가 된다. 여성결혼이민자들은 방문교육지도사를 가족이 아닌 전문가로서 자신에게 한국생활에 필요한 정보를 전달해 주고, 한국사회와 가정에 적응을 도와주는 안내자로 의지하려고 한다.

> "많이 들어가지고 왔는데 와서 보니까, 그런 꿈이 하나 둘 깨지잖아요. 그러니까 처음에 오면 좀 굉장히 좀 이렇게 좀 주눅이 들어 있고, 어쨌거나 가난한 나라고 그 나라에서도 그래도 좀 생활력이 좀 낮은 분들이 많이 오기 때문에…… 그러다 보니까 이제 학습 중에 그러니까 뭐, 많이 자존감이 떨어졌을 때 자존감을 높여주는 그런 역할을 하면…… 여기 한국에 와서 아무것도 모르는데 어떤 그런 정보를 줘서 희망을 갖게 해 줘서 고맙다고 그런 말을 우리가 자주 들어요. 그런 부분은 큰 거 같아요."(연구 참여자 5, 2013.02.25.)

5.2.2. 조력자의 역할

방문교육지도사는 이국에서 낯선 가족들과 생소한 환경에 적응해야 하는 여성결혼이민자의 이야기를 들어주고 이해해주는 조력자 역할을 한다.

> "그리고도 인제 그 대개 보면은 자기편이 하나 생겼다는 그런 느낌 그러니까 왜냐면 가정에서 좀 이렇게 약간 아래 위치가 좀 아래 가면은 저희는 저 나이가 한 30살 정도 어려도 저기 존대를 해주고, 또 경어를 꼭 써주고, 그리고 자기를 인제

그 높여주는 거에 대한 그런 게 생기고 자기편이 하나 든든한 지지자가 생겼다 그런……."(연구 참여자 6, 2013.02.25.)

5.2.3. 상담가의 역할

방문교육지도사는 여성결혼이민자의 가정에서 발생하는 제반 문제에 대해 상담할 수 있는 상담가의 역할을 해야 한다.

> "지금 그쪽에서 오는 학습자들도 그런 불안감이라든가 그런 것을 가지고 오는 거 같더라고요. 상담사로의 역할을 하면서 안심시키고 또 교사가 친근감을 형성하고 그 사람들이 이 사회에서 적응하면서 안정감을 찾아가게 도와주는 게 중요한 것 (같아요)."(연구 참여자 4, 2013.03.13.)

여성결혼이민자에게는 방문교육지도사가 선생님이면서 어려움을 하소연하거나 상담을 할 수 있는 멘토가 된다. 방문교육지도사의 입장에서 여성결혼이민자가 한국어와 한국 생활을 가르쳐야 할 교육의 대상이다. 동시에 방문교육지도사들과 결혼이민여성들 간에는 친화성을 기반으로 관계가 유지되어야 한다. 방문교육지도사는 안내자, 조력자, 상담자로서 멘토의 역할을 하고 있으며, 이 역할에는 신뢰와 존중, 친밀감이 필요하며 그 사이에 갈등이 존재한다고 한다. 그러나 신뢰와 존중은 친밀과는 구분되어야 한다. 지나친 친밀감의 증가는 여성결혼이민자들의 방문교육지도사들에 대한 의존도가 높아지게 되어 결혼이민자의 자립에 걸림돌이 될 수도 있다.

방문교육지도사는 다문화적 효능감을 바탕으로 교사의 역할과 멘토의 역할을 동시에 수행하여야 한다. 또한 다문화가족을 동정이 아닌 인정으로 대해야 하며, 수용의 대상이 아닌 상생의 관계로 인식해야 한다. 그러므로 방문교육지도사는 다문화주의에 입각하여 다문화 수용성을 높이고, 한국문화에 대한 우월감이 아닌 자긍심을 지님과 동시에 타 문화를 존중하는 태도를 지녀야 할 것이다.

6. 방문교육지도사의 교육에 관한 인식

6.1. 현실성 없는 실무활용도 낮은 교육

방문교육지도사들은 그들을 위한 교육에 대하여 성의 없고 현실성 없는 이론에만 치중한 형식적인 교육으로 평가하고 있다. 그들은 전문 강사의 부재가 이러한 문제의 원인으로 여기고 있다. 방문교육지도사들은 문제점 개선과 직무모호성을 감소시키고 직무만족도를 높일 수 있는 보수교육이 이루어지기를 바라고 있다. 또한 실무에 활용도가 높은 정보의 제공이 많아지기를 원하고 있다.

6.1.1. 실성 없는 교육

방문교육지도사의 교육에서 경험이 없는 강사가 일반적이고 기초적인 내용으로 교육을 진행하여 소양교육이 되어 버리거나, 교수님 같은 고급 인력이 오셔서 지나치게 학술적인 내용의 교육으로 현실적으로 현장에서 활용성이 부족하다는 의견이 있었다.

> "보통 갖춰야 할 소양교육 위주로 많이 했다고 생각을 하거든요. 강사는 처음하시는 분들이 많아서, 어떻게 보면 누구나 다 알 수 있는 인증교육에 가까운 교육이 많았다고 생각해요."(연구 참여자 3, 2013.03.13.)

> "수학교육에 대학교수님이 오셔서…… 어떻게 너무 고급 인력이 오신 거예요, 작년에. 수학교육에 대해서 뭐, 무슨 이론, 무슨 이론 하는데…… 우리야……."(연구 참여자 7, 2013.02.25.)

> "오프라인교육에서 나는 정말 제일 조금 스트레스 받았던 게 근데 정책과인가 뭔가에서 나왔어요. 다문화 공무원 그분은 아~ 정말 거기 나와서…… 국적 취득을 위해서 이런 거, 이런 거, 정책적으로는 우리는 이렇게 지원을 하고 있으니 이런 방향으로(해야지), "그런 거는 아실 필요가 없고……" 이런 식으로 강의를 하는데, 나는 사실은 화가 났어요."(연구 참여자 8, 2013.03.20.)

연구 참여자 3과 연구 참여자 7의 현실성이 떨어지는 교육이었다는 주장과 함께 연구 참여자 8의 의견과 같이 지나치게 안이하고 성의 없는 교육에 화가 났다는 경우도 있었다. 연구 참여자들은 이러한 문제의 원인이 강사의 전문성이 부족한 데에 있다고 주장하였다. 다문화에 대한 전문적 교육을 받고 전문적 지식을 지닌 강사의 필요가 절실하다.

6.1.2. 실무 활용도 낮은 강의

연구 참여자들은 대체적으로 지나치게 전문적이며 이론적이어서 실무에 직접적인 활용도가 낮은 교육으로 인식하고 있다. 연구 참여자 9는 보편적으로 다문화 수용성을 함양시키는 내용이나 다문화 관련 법률과 상담 등 실무에 활용할 수 있도록 좀 더 체계적이고 구체적인 내용의 교육을 원하고 있다.

> "그, 교육에 있어서 정책방향에 있어서 좀 더 구체적으로 국적취득에 필요한 법률안에 대한 거 한 파트, 그 담에 그 다문화정책에 대해서 예산 이런 거…… 예산은 뭐 몇 십조가 왔든 어쨌건, 근데 그렇게 하는 거를 우리가 굳이 알 필요가 있어요? 그거 하지 말고 이론적으로 해서 이렇게 구체적인 것을 설명을 해 줘야 하지 그런 거를 듣고 싶은 거지."(연구 참여자 9, 2013.03.20.)

> "이 교육이 굉장히 좀 그니까, 딴 나라 교육을 해요. 그니까 거점센터에서 교육을 하는데 교육이 우리하고 맞지 않는 유아교육, 저 저기 그 뭐야…… 그 교수들이 나와서 강의를 하는 거예요."(연구 참여자 7, 2013.02.25.)

연구 참여자 7의 주장은 보편적으로 실무에 활용할 수 있는 구체적인 내용의 교육이 기획되어야 한다는 내용으로, 실무에 활용 가능한 내용으로 구성된 체계적인 교육프로그램 운영을 요구하고 있다.

다문화에 대한 전문적 지식을 갖추고 다문화가족에 대한 애정을 지닌, 방문교육지도사의 역량을 강화시키는 데 도움을 줄 수 있는 신념 있는 강사의 교육을 원하고 있다. 이러한 강사를 사전에 선정하고 다문화가족 방문교육사업의 시스템 내에 전문 강사 풀(pool)을 마련하고 유지하여야 할 필요가 있다.

6.2. 상담교육의 필요

다음의 방문교육지도사는 다문화가정 내에서 발생하는 다양한 가정문제에 직면하는 경우에 많은 어려움을 느낀다고 하였다. 다문화가족의 가정문제 발생 시, 방문교육지도사가 일차적인 상담을 한 후에 전문적인 상담사에게 인계하여야 하기 때문에 상담에 대한 지식을 필요로 하고 있었다.

> "여기는 전문지식을 가르치는 국어에 대한 자격증 이거만 필요한 게 아니더라고요. 전문지식 외에 따뜻한 마음…… 여러 가지 상담도 해줘야 하고……."(연구 참여자 1, 2013.03.11.)

> "남편 하나 보고 왔는데, 모르는 시댁 식구 속에서 자기 마음을 알아주고 이해해줄 사람이 필요한 거지요. 한국어 지도 이전에 상담사의 마인드가 있어야 해요."(연구 참여자 5, 2013.04.10.)

> "일단 아버지가 엄마를 무시하고, 아버지가 엄마를 무시하니까 애들도 무시하고, 자존감도 떨어지고…… 이런 문제가 뻥하고 나오면 굉장히 당황스러워요. 상담공부를 좀 더 하고 싶어요. 상담공부를 전문 과정이 아니고 물론 지금도 하지만 상담에 대한 그 체계적인 마인드를 갖고 싶어서……."(연구 참여자 6, 2013.02.25.)

한국어교육지도사(연구 참여자 1, 연구 참여자 5)와 가족생활교육지도사(연구 참여자 6)가 공통적으로 상담에 대한 필요성을 이야기하고 있다. 특히 다문화가정의 가족 간에 타 문화에 대한 이해 부족과 편견으로 인하여 가족 문제가 많이 발생한다. 연구 참여자 6에 의하면 여성결혼이민자들은 자신들이 외국인인 이유로 차별받고 있으며 가족들이 자신을 무시하고 있다고 생각하고 가족에 대해 불만을 갖는 경우도 있다고 한다. 방문교육지도사들은 이러한 가족문제에 개입하게 되는 경우가 많으며, 따라서 가족문제에 대한 상담교육을 절실히 필요로 하고 있다. 상담교육은 쉽게 접근하기 어려운 분야이므로 체계적이고 집중적인 상담교육이 계획되어야 하겠다.

6.3. 장기적인 안목의 보수교육체계 확립 필요

장기적 안목의 보수교육체계 확립이 필요하다. 신임 방문교육지도사에게는 꼭 필요한 기본적인 교육이지만, 오랜 기간 방문교육지도사 활동을 하고 있는 경우는 같은 내용의 교육을 여러 번 받는 문제가 생긴다. 특히 상담영역은 매우 전문적인 영역이기 때문에 장기적 안목으로 계획한 단계적인 교육이 필요하다. 방문교육지도사들이 교육의 필요성을 인식하고, 개인적으로 비용을 들여서 교육을 받는 등 지식습득을 위한 노력을 하는 경우가 있었다. 방문교육지도사를 위한 교육은 가능한 공식적인 체계 안에서 이루어지고 정보가 제공될 수 있도록 교육체계를 개선하여야 한다.

7. 요약 및 제언

이상에서 살펴본 다문화가족 방문교육지도사의 역할과 교육경험에 대한 당사자들의 인식을 정리하면 다음과 같다.

첫째, 방문교육지도사의 역할과 교육은 다문화 감수성, 다문화 수용성 등의 다문화적 효능감을 바탕으로 이해되어야 한다. 교육대상이 다문화가족인 방문교육지도사에게는 업무의 특성상 다문화적 환경에 대처할 수 있는 다문화적 역량이 요구된다. 다문화 감수성은 결혼이주여성에게는 자아정체성을 함양시키고 한국사회 적응에 도움을 주는 요소이며, 방문교육지도사의 정체성 확립과 직무환경적응을 통한 역량강화에 필요한 요소이다.

둘째, 방문교육지도사들은 다문화가족에 대한 지식전달의 주체로서 교사로서의 역할을 하여야 한다. 따라서 다문화적 효능감을 기초로, 그 위에 다양한 지식과 대상에 맞는 지식전달교수법, 방문교사로서의 태도와 같은 교사로서의 전문성을 지녀야 한다.

셋째, 방문교육지도사들은 멘토로서의 역할을 하여야 한다. 방문교육지도사는 여성결혼이민자에게 있어 한국을 보는 창이며 안내자가 된다. 또한 낯선 나라, 낯선 가족 속에서 생활하는 여성결혼이민자에게 의지할 수 있는 대상이며 어려운 일이 있을 때 도움을 주는 따뜻한 손길이다. 여성결혼이민자들이 방문교육지도사를 안내자, 조력자, 상담가로서 멘토로 여기고 있다.

넷째, 방문교육지도사를 위한 교육에 대해서는 현실성 없는 실무활용도 낮은 교육이라는 인식이다. 경험이 없거나 지나치게 고급 인력의 강사에 의하여 임의적이거나 성의 없는 교육이 되는 경우가 많다고 하였다. 이와 함께 보수교육에서 상담교육의 강화를 요구하고 있으며, 장기적인 안목의 체계적인 보수교육이 필요하다고 주장하고 있다.

방문교육지도사의 전문성 증대를 위하여 시행하고 있는 교육에 대하여, 방문교육지도사의 역할과 교육경험에 의한 당사자들의 인식을 조사한 본 연구의 결과를 토대로 다음과 같이 방향성을 제안한다.

첫째, 방문교육지도사의 교육에 있어 다문화적 효능감을 함양을 목적으로 하는 교육프로그램과 교재개발을 제안한다. 방문교육지도사의 역할과 교육은 다문화 감수성과 다문화 수용성과 등의 다문화적 효능감을 기초로 이해되어야 하기 때문이다.

둘째, 방문교육지도사의 교사로서의 전문성 증대를 위하여 전문영역의 교차교육을 제안한다. 직무의 전문성을 강조하기 어려운 상황에서 교육지도사들에게 다양한 지식을 요구하고 있다. 이를 해결하기 위해서 온라인상에서의 교육프로그램을 활용하여 일률적이 아닌 선택적 교차교육을 시행하는 방안을 제안한다.

셋째, 확장된 사례연구를 제안한다. 학습자 개인에 대한 사례가 아닌 교수법이나 수업 자료 활용과 가족상담사례 등의 확장된 사례연구가 방문교육지도사의 역량강화에 도움이 될 것이다. 문제를 해결한 성공 사례를 공유하는 경우보다, 현재 진행 중인 미해결 문제나 해결에 실패한 사례를 공유하고 해결방안에 대한 논의를 진행하는 것이 효과적일 것이다. 이는 방문교육지도사의 멘토로서의 효능감을 고취시킬 수 있을 것이다.

넷째, 방문교육지도사업 시스템 내에 전문 강사 풀을 마련이 필요하다. 방문교육지도사들은 교육경험에 대한 인식조사에서 전문성이 떨어지는 강사가 자신의 편의대로 임의적인 강의를 진행하여 정보 전달이 제대로 이루어지지 못하고 있다고 주장하였다. 이러한 문제점의 해결 방안으로 다문화에 대한 전문적 지식과 다문화가족에 대한 애정을 지닌, 신념 있는 전문 강사 풀의 마련을 제안한다. 전문 강사 풀의 마련을 위해서는 필요한 예산의 확충과 국가적 차원에서의 제도적 지원이 우선되어야 하겠다.

심층면접을 통한 질적 연구를 활용한 조사는 연구방법의 특성상 일반화하기가 어렵다는 한계점을 지니고 있으나, 이 연구는 현장에서 실무를 담당하는 당사자의 활동경험을 토대로 한 경험적인 연구라는 점에 의의가 있다고 생각한다. 이 연

구의 결과가 방문교육지도사의 역량강화 방안 마련에 기초로 활용되어 방문교육
지도사의 직무만족도와 다문화가족 방문교육서비스의 질을 향상시키고, 다문화
가족 방문교육사업의 효과를 높이는 데 일조할 수 있기를 기대한다.

8장

다문화가정 자녀들의 대학진학

8

다문화가정 자녀들의 대학진학*

김창아 · 오영훈 · 조영철 * 이 글은 2014년 성신여대 『인문과학 연구』 제32집에 게재된 논문 「진학목적의 다문화대안학교 교육과 정 개발에 대한 탐색적 연구」를 수정 · 보완한 것이다.

1. 다문화가정 자녀의 대학진학에 대한 요구와 현실

세계화가 가속화됨에 따라 한국도 다문화사회로 변화되고 있다. 이에 발맞추어 다문화가정을 위한 여러 정책들이 쏟아져 나오고 있다. 그러나 대부분의 정책들이 주로 다문화가정 자녀의 한국사회 적응 차원에서 이루어지고 있다. 교육 분야에서도 예외가 아니다. 다문화교육도 다문화가정 자녀를 위한 KSL교육과정, 교과 수업 보충, 인가형 다문화 대안학교의 확대 및 공립 다문화 대안학교의 설립, 대학의 다문화가정 자녀 특별전형 확대 등 아직은 동화주의 관점의 배려와 돌봄의 차원에서 이루어지고 있다. 학습지원과 사회적응 지원 등은 다문화가정 자녀에게 꼭 필요하다. 그러나 이들이 이중문화와 이중언어의 소양을 갖춘 훌륭한 미래자원이라는 전제가 배제된다면, 결국 한국사회에서의 주변인화를 초래할 수 있다.

뱅크스와 베넷은 소수집단 학생들이 그들의 문화적 다양성과 정당한 요구를 지지받는 가운데 학업 성취를 이루기 위해 전통적인 교육과정을 성찰하고 변화시키는 것이 필요함을 말한다(Banks, 2008). 다문화교육은 온정주의적 적응교육을 넘어야 한다. 이는 뱅크스의 논의에서 나타나듯이 교육과정이 기존의 기여적, 부가적 접근법에서 벗어나 변혁적이고 의사결정 및 사회적 행동접근법이 필요하다는 것을 의미한다(Banks, 2008). 이러한 입장에서 설립된 다문화 대안학교는 한국 사회 적응과 이중문화 및 이중언어 교육을 지향하여 다문화가정 자녀의 요구에 한

걸음 다가선 것이라 할 수 있다.

교육과정은 교육활동의 목적과 방향 그리고 내용을 제시함으로써 교육의 실행을 가능하게 한다. 그러나 다문화 대안학교의 교육과정과 관련된 학계의 노력은 이제 시작단계이다. 따라서 교수-학습의 문화적 유형에 대한 이론적 논의가 대부분이며, 실제적으로 교육과정을 개발하는 노력은 미비한 실정이다(장인실 · 차경희, 2012). 단지 학교 수준의 교육과정에 있어서 지침 역할을 하는 다문화 대안학교 교육과정 총론과 초등학교 및 중학교 수준의 다문화 대안학교에서의 교육과정 등과 관련한 노력이 있을 뿐이다.

오성배(2010)는 다문화 대안학교 설립과 관련된 설문 및 면담을 통해 다문화가정 자녀에 대한 체계적인 이중문화와 이중언어 교육의 필요성을 제시하였다. 또한 2010년 10월 14일자 광주일보는 최초의 다문화 대안학교인 새날학교와 관련한 보도를 통해 다문화가정 자녀들이 고등학교 졸업 후 진로를 다양하게 고려하고 있음을 나타낸다. 이들은 이중언어와 이중문화의 배경을 갖는 다문화가정 자녀의 가능성을 긍정적으로 평가하였다. 그러나 다문화 대안학교에서 제시된 고등학교 교육과정은 진로와 관련하여서는 학습자의 다양한 요구가 반영되지 못한 채 주로 직업목적을 중심으로 운영되고 있다(이승미 · 김상돈 · 홍후조, 2009).

현재 다문화가정 자녀의 대학진학은 각 대학에서 마련한 특별전형의 형식을 통하여 이루어지고 있는 실정이다. 이와 관련하여 신희정 · 박선아는 다문화가정 자녀의 특별전형을 통한 대학입학이 교육 공평성 측면에서 과연 바람직한지에 대한 의문을 갖게 한다(신희정 · 박선아, 2009). 고등학교 교육목표 중 하나는 다양한 지식과 기능을 익혀 진로를 개척하며 평생학습의 기본 역량을 함양하는 것이다. 진학을 고려하는 청소년들은 대학에서 이루어지는 학문 수행의 기본을 고등학교 교육과정을 통해 학습한다. 이러한 준비과정 없이 다문화가정 자녀라는 이유만으로 특별전형을 통해 대학진학을 허용하는 것은 이후의 결과를 고려하지 않은 무책임한 일임에 틀림없다. 대학진학을 원하는 다문화가정 자녀를 위해서 교육은 배려해야 하지만 그것이 전시(展示)적 차원의 것이어서는 안 될 것이다. 교육 수요자인 다문화가정 자녀가 대학진학을 원한다면 그들의 희망이 실현될 수 있도록 교육은 그들의 특성을 고려한 교육과정을 통하여 적극 지원해야 한다. 이는 듀이가 언급한 바와 같이 다문화가정 자녀라는 개인의 요구를 사회적으로 정당한 방법으로 실현하고자 하는, 즉 개인과 사회의 발전을 위한 것이다(Dewey, 1916: 113).

따라서 이 글은 다문화가정 자녀가 갖는 고유성을 하나의 특·장점으로 생각하여, 학습자 중심 교육(Grant & Sleeter, 2011: 55)을 지향하는 국가수준 교육과정의 정신이 다문화가정 자녀에게 이어질 수 있도록 대학진학 목적 교육과정 교과편성의 예시를 제시하고자 한다. 이를 위한 규준으로는 대학입학제도 중 입학사정관제도에 주목한다. 이것은 입학사정관제도가 학습자 중심성을 대입제도에 적극 반영한 것이라는 맥락에서 다문화가정 자녀의 진학목적 교육과정과 관련성이 높기 때문이다. 이 글의 순서는 다음과 같다.

첫째, 다문화교육과 교육과정 및 입학사정관제도에 대해 살펴본다. 둘째, 대안학교의 교육과정을 학교의 설립 목적에 따라 세 개의 유형으로 분류하고, 그 특징을 비교분석하여 진학목적 교육과정의 시사점을 정리한다. 셋째, 다문화 대안학교에서 진학목적 교육과정의 교과편성 방안을 예시로 제시한다. 이때 교육과정 편제의 구체성을 위해 입학사정관 제도 중 다문화가정 자녀의 역량이 잘 구현될 수 있다고 판단되는 국제역량 전형과 관련하여 편성한다. 서로 다른 특성을 갖는 나라 간의 이해관계에서 요구되는 국제역량은 다문화가정 자녀가 갖는 문화적 다양성과 관련성이 높다고 판단되기 때문이다.

이 글에서 제시하는 진학목적 교육과정 편성의 예시는 다문화교육과정에서의 변혁적 접근법, 사회적 행동 접근법과 관련 있다. 또한 다문화가정 자녀를 위한 중등 교육과정이 학습자의 직업목적 혹은 한국어 숙달 외에 다양한 요구가 반영될 수 있는 가능성을 모색한다는 의의를 갖는다.

2. 다문화교육과 교육과정

2.1. 다문화교육과 교육과정

듀이는 교육이 가르침을 받는 학생들의 활동과 요구에 협력하는 것으로 외부로부터 목적을 부과하여서는 안 된다고 했다(Dewey, 1916: 123~234). 또한 교육은 어떤 일을 성취했다는 것만이 아닌, 그 일이 개인과 사회에 가치 있는 일이라는 것이 보장되어야 한다. 이러한 점에서 대학진학이라는 다문화가정 자녀의 요구는 대학입학 자체에 초점을 두기보다는 소수자인 다문화가정 자녀라는 학습자 개인의 발전에 대한 요구가 다양함에 초점을 맞추어야 할 것이다. 또한 같은 맥락에서 교육과정은 다문화가정 자녀 역시 우리 사회의 구성원임을 인정하고 그들의 요구가 사회적으로 타당한 방법을 통하여 실현될 수 있도록 구성되어야 한다. 이를 위해서 교육과정은 다문화가정 자녀의 관점에서 가치 있는 것을 성취할 수 있도록 학교수준에서 보다 구체적으로 제시되어야 한다. 즉, 교육과정은 먼저 다문화가정 자녀의 요구와 특성을 알아야 하며, 사회적으로 타당한 입시제도가 어떤 것인지 고려해야 한다.

모경환·임정수(2011)는 다문화교육과 관련한 교육과정의 접근에 대해 문제가 있음을 말하였다. 이는 교육과정의 구조 변화 없이 내용, 개념을 첨가하는 부가적 접근법을 취하는 것에서 비롯한다. 다문화교육이 성공적으로 이루어지기 위해서는 뱅크스의 변혁적 접근법과 사회적 행동 접근법 개념을 통한 교육과정 접근이 필요하다. 변혁적 교육과정은 다문화학교 교육과정이 내용체계의 변화뿐만이 아니라, 보다 근본적으로 다문화가정 자녀에게 내재된 다원성을 바탕으로 지식과 현상을 이해하도록 접근하는 하나의 관점으로 파악하여야 함을 말한다(Banks, 2008: 71~72). 이와 관련하여 베넷은 교육과정 개혁이라는 표현을 사용한다(Bennett, 2007: 27). 다문화교육에서 추구하는 교육과정 개혁은 단지 기존의 교육과정에 다문화교육을 끼워 넣거나 각 교과 내에 다문화 관련 내용을 첨가하는 것이 아니라, 우리 사회의 주류집단의 관점에서만 기술되었던 기존의 교육내용을 다문화가정 자녀의 관점을 포함하여 확장하는 것을 말한다. 그렇다면 다문화가정 자녀에게 기대되는 '내재된 다원성'은 무엇이고 어떻게 발현될 것인가? 베넷은 교육과정의 핵심으로 다양한 역사적 관점의 발달, 문화적 의식 강화, 간문화적 역량 강화, 모든 차별이나 편견과의 투쟁, 지구의 현 상태와 전 세계적 역동성에 대한 이해 증진, 사회적 행동기술 형성을 제시하였다(Bennett, 2007: 62). 이는 곧 역사, 문화, 사상과 관점, 세계와 지구, 사회에 대한 내용과 관련되며 이에 대한 학습방법은 이해와 참여적 활동을 바탕으로 함을 알 수 있다. 뱅크스의 사회적 행동접근법은 베넷에서 유추되는 참여적 활동과 관련된다. 즉, 변혁적 교육 과정은 나와 사회를 형성하는 환경에 대한 지식과 다양한 이해를 현재 생활에서 실제 적용할 수 있도록 하는 과정과 실천을 말한다. 이는 다양한 문화의 근간이 되는 기본 학문이 미래 생활을 준비하는 데 교량적 역할을 할 수 있는 경험으로서의 교육이 될 수 있도록 교육과정에 반영되어야 함을 의미한다.

2.2. 입학사정관제도와 학습자 중심 교육과정

교육과정은 각급 학교에서 기본적인 설계도의 역할을 한다. 이때 학교급 간의 교육은 연계성을 갖는다. 초등교육과 중등교육 각 과정을 통하여 학습자는 발달 수준에 맞는 교육을 받고, 이를 바탕으로 상급 학교에 진학하게 된다. 따라서 교육과정은 학습자가 교육받는 기관에서 추구하는 교육목표의 달성과 상급학교에서 수학할 수 있는 능력이 보장되어야 한다.

학습자의 고등교육기관에서의 수학능력 여부는 크게 대학수학능력평가와 입학사정관제에 의해 판단된다. 그러나 기존의 대학수학능력평가의 경우, 일률적인 평가방식으로 인하여 개인의 특성이 고려되지 않는다는 맹점이 있다(주정, 2011). 더욱이 모든 문항이 한국어로 구성되어 다문화가정 자녀에게는 자신이 갖는 언어·문화적 다양성의 장점이 오히려 단점이라 인식될 수밖에 없다(박하나·조영달·박윤경·조영당, 2013). 이에 반해 입학사정관제도는 학습자의 관심과 특성 및 발전가능성이라는 능력을 중심으로 하는 입학제도이다. 2007년부터 도입되어 현재에 이르고 있는 입학사정관제도는 신입생 선발에 있어서 학생의 성적뿐만 아니라, 개인 환경, 잠재력 및 소질 등의 개인 역량을 종합적으로 판단하는 학습자 중심의 특성을 갖는다(박혜림, 2009). 이러한 평가 방식은 학습자의 다양성과 다원성을 강조하는 다문화교육과 관련성이 높다.

이주연(2012)은 입학사정관제 도입에 따라 각 학교 교육과정의 변화양상을 다음 네 가지로 유형화하였다. ① 기존과 다른 형태의 실험적 교육과정, ② 기존에 운영하던 프로그램을 수정·보완한 교육과정, ③ 기존에 유명무실하게 운영했던 동아리 활동, 봉사활동, 탐구활동 등을 내실화하여 운영하는 교육과정, ④ 학교 교육과정을 통해 경험한 활동내용 기록에 중점을 둔 교육과정. 이와 같은 입학사정관제도의 도입으로 인한 개별 고등학교의 학교교육과정 변화는 다양한 관점에서의 다양한 지식을 추구하는 다문화교육과정에서의 변혁적 교육과정과 매우 관련성이 높다고 볼 수 있다.

이장익(2012)은 대학입학전형제도 유형과 대학생 핵심역량에 대한 양적 연구를 진행하였다. 이 연구에 의하면, 신입생 집단(N=212)을 입학사정관집단과 수시전형집단으로 나누어 핵심역량의 판별효과를 분석한 결과, 글로벌 역량에 유의한 판별함수가 나타났다고 한다. 이러한 결과는 다문화가정 자녀에게서 더욱 기대될 수 있는데, 이장익의 연구대상의 경우 한국인으로서의 시각으로 세계를 바라볼 수 있지만, 다문화가정 자녀의 경우 적어도 2개의 에믹(emic)의 관점에서 세계를 바라볼 수 있는 소양을 갖기 때문이다.

이규혁(2011)은 입학사정관전형의 평가 내용을 평가요소별·절차별로 분류하여 제시하였다. 이규혁과 이장익에서 제시된 입학사정관전형의 평가 방식과 내용을 간단히 살펴보면 〈표 8-1〉과 같다. 비대면평가가 주로 교사에 의해 작성되는 것과 달리 대면평가는 학습자가 직접 면접관과 구술을 통하여 비대면평가에서 드러나는 요소에 대한 확인과 창의력, 문제 해결력 등을 평가받게 된다.

〈표 8-1〉 입학사정관 전형의 일반적 평가 내용

	입학사정관 전형의 평가 방식	
	비대면 평가	대면평가
평가 내용	학교생활기록부 서류 포트폴리오 과정	면접 면접을 통한 서류의 증명/각종 역량 평가/인성적 자질, 전공학문역량, 사회적 역량평가, 글로벌 역량/심층면접: 개인면접, 집단면접, 토론/창의력, 문제 해결력, 논리적 사고력/표현력과 리더십, 유창성, Communication

비대면평가의 경우 교사의 개입 여지가 높은 반면, 대면평가의 경우 전적으로 학습자 본인의 능력에 좌우된다. 대면평가를 통해 대학 입학 후 고등교육에서 요구하는 기본 자질과 수학 가능성을 갖고 있는지를 판단한다.

신희정·박선아(2009)는 새터민 대학생의 체험에 관한 질적 연구를 통해서 새터민 청소년의 상당수가 대학진학을 원하고, 특례입학을 통하여 좋은 대학에 진학하지만 이후 학습을 따라가지 못하여 휴학하는 사례가 많음이 나타나고 있다. 이들의 사례는 학습자가 준비되지 않은 상태에서 주류사회에서 제공하는 특례를 통해 입학하는 것이 학습자 스스로의 자존감을 오히려 저해할 수 있다는 점을 보여준다.

다문화가정학습자의 진학과 성공적인 학업활동이 이어지기 위해서는 뚜렷한 목표를 설정하고, 그에 따른 계획된 교육과정을 바탕으로 진학을 준비하는 과정이 필요하다.

3. 다문화 대안학교의 교육과정 분석

다문화가정을 배경으로 하는 학습자가 대학진학에 있어서 학습자의 역량을 살릴 수 있는 방안으로 입학사정관제도에 대해 살펴보았다. 이 장에서는 다문화가정 자녀가 다니는 다문화 대안학교를 유형화하여 교육과정의 특징을 살펴보고, 이를 바탕으로 진학목적 교육과정의 예시를 제시하고자 한다.

3.1. 유형별 다문화 대안학교

대안학교는 각종학교에 해당하며 학업을 중단하거나 개인적 특성에 맞는 교육을 받으려는 학생을 대상으로 현장실습 등 체험위주의 교육, 인성위주의 교육 또는 개인의 소질·적성개발 위주의 교육 등 다양한 교육을 하는 학교를 말한다.

다문화 대안학교는 대안학교의 한 종류이지만, 일반적인 대안학교가 전인교육을 교육목적으로 삼는 것과 달리 한국사회에 적응하는 것을 가장 큰 목적으로 한다는 점에서 다르다. 또한 특정한 단기 적응과정이 아니라는 점에서 다문화학생을 위한 예비학교와도 구별될 수 있다. 뿐만 아니라 다문화 대안학교에 입학할 수 있는 자격을 갖는 학생들이 가질 수밖에 없는 그들의 독특한 언어문화 능력과 환경을 감안한다면 특수목적 고등학교의 성격도 일부 갖는다고 보아야 할 것이다.

다문화 대안학교는 현재 그 설립목적에 따라 크게 다음과 같이 세 가지 유형으로 나눌 수 있다.

첫째, 인천 한누리학교형으로 가장 큰 목적과 특징은 한국학교로의 적응이다.

둘째, 국제다솜학교형으로 한국생활적응을 위한 한국어교육과 직업교육을 다루는 특성화고등학교의 성격을 갖는다.

셋째, 새날학교형으로 한국생활적응을 특징으로 한다. 이들 학교는 한국의 고등학교 유형에서 설립목적과 교육대상을 기준으로 할 때 〈그림 8-1〉과 같다.

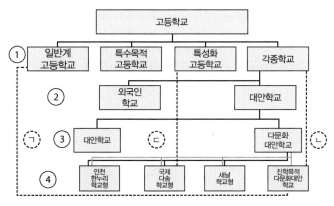

〈그림 8-1〉 다문화 대안학교의 위치와 특성

①은 학교의 설립목적에 따라 나타나는 학교의 특성에 따라 분류하였다. 각종학교는 ②와 같이 외국인학교와 대안학교로 구분하여 외국인학교의 경우 국내에 체류 중인 외국인의 자녀와 외국에서 일정 기간 거주하고 귀국한 내국인 중 대통령령이 정하는 사람을 교육하는 기관이다. 대안학교는 그 대상에 따라 ③과 같이 분류할 수 있다. ④의 분류는 다문화 대안학교에서의 설립 배경에 의해 교육의 목표를 어디에 두느냐에 따라 구분한 것이다. 다문화가정 학습자를 대상으로 하는 진학목적의 교육과정은 언어와 문화적 특성을 고려해야 한다는 점에서 ㉠의 일반계 고등학교의 특성과 ㉡의 이중언어 환경에 의한 전문교육을 특징으로 하는 특수목적 고등학교의 특성을 갖는다. ㉢의 점선은 국제다솜학교형이 특성화고등학교의 특징인 전문직업교육을 포함한다는 것을 의미한다.

〈표 8-2〉 다문화 대안학교의 유형과 특징

유 형	인천 한누리학교형	새날학교형	국제 다솜학교형
설립 배경	공립 지역교육청이 설립주체	인가형 학교	정부기관 혹은 유관부서를 기반으로 설립
특징	위탁교육	종교 단체와 관련	직업학교의 특징
교육목표	한국어 습득 및 학교 적응	한국사회 적응과 종교적 가치 실현	한국어교육과 직업교육
교육기간	1년, 원적교 복귀 후 1년 추가 가능	졸업 시까지	졸업 시까지
해당학교	인천 한누리학교	새날학교, 부산아시아공동체학교 등	국제다솜학교, 한국폴리텍학교
공통	다문화학교		

〈표 8-2〉와 같이 인천 한누리학교형은 교육과학기술부의 지원을 받은 인천교육청이 설립주체로 공립의 특성을 갖고 예비학교로서 기능한다. 국제다솜학교형은 정부기관 혹은 유관 부서를 기반으로 설립되고, 직업교육학교로서의 특징을 갖는다. 새날학교형은 사립 다문화 대안학교를 말하는 것으로, 특히 인지도가 높은 새날학교, 아시아공동체학교, 지구촌학교 등이 있다. 불과 몇 년 전만 하더라도 비인가학교로 운영되고 있으나, 2011년 6월 새날학교를 비롯하여 점차 인가형으로 전환되고 있는 추세이다. 이 학교들은 공동체적 삶과 인류에 기여하는 삶을 사는 것에 교육의 역점을 두고 있다.

이러한 차이점에도 불구하고 이들 대안학교의 공통점은 다문화 대안학교 교육과정을 근간으로 교수-학습이 이루어진다는 것과 다문화가정 자녀의 다양한 욕구의 반영이 교육과정 상에 나타나지 않고 있다는 것이다. 진학을 위한 교육과정은 이들 대안학교에서 운영하는 교육과정과 함께 이루어질 수도, 혹은 기존의 대안학교와는 별도의 교육목적을 갖는 학교를 설립함으로써 이루어질 수도 있다. 어느 상황이든 진학을 목적으로 할 경우 그것은 〈그림 8-1〉의 점선에서 나타나듯이, 다문화 대안학교의 주요 공통 교육인 한국어교육의 특징과 함께 일반계 고등학교의 진학 목적, 특수목적 고등학교의 특수 분야 전문교육이 모두 포함되는 복합적 형태의 교육과정이어야 할 것이다.

3.2. 유형별 교육과정 비교

다문화가정 자녀의 대학입학을 위해서는 기본적으로 고등학교 졸업 또는 이와 동등한 학력의 인정이 필요하다. 다문화가정 자녀에 대한 정부와 교육계의 관심으로 인하여 전술한 바와 같이 많은 다문화 대안학교들이 인가형으로 바뀌면서 학력인정을 받는 추세이다. 인가형 다문화 대안학교는 『대안학교의 설립·운영에 관한 규정 제9조(교육과정)』에 따른 교육과정을 운영해야 한다. 조문은 정규 교육과정 내용의 50% 감축을 주요 내용으로 한다. 이 규정을 바탕으로 장인실(2011)이 제시한 다문화 대안학교의 교육과정 총론의 특징은 다음과 같다. 첫째, 2009개정교육과정에서 제시한 필수 단위 시간의 50%가 각각 기본교육과정과 특성화과정에 배당되어 있어 총 204단위 시간을 기준으로 한다. 둘째, 각 과목의 일반적인 사항을 나타낸 것으로 세부 교과목을 특정하지 않는다. 셋째, 특성화과정에서 시간 배당을 진로과정, 디딤돌과정, 다문화과정 순으로 하여 다문화관련 과목 시수가 적다는 것을 알 수 있다.

교육과정을 학교현장에서 적용하기 위해서는 세부 교과의 제시가 필요하다. 학교의 특성과 학생의 대학진학이라는 목표를 고려하여 구체적인 교육과정을 제시하기 전에 세 가지 유형의 대안학교 교육과정을 입학사정관제와 관련하여 살펴보도록 한다. 교육과정의 비교와 관련한 기술은 다음 순서로 한다.

첫째, 학교의 설립 목적에 따른 교육과정상의 특성

둘째, '다문화가정 자녀 특성'과 관련된 특이점

셋째, 학생의 미래를 위한 교육과정상 진로 · 진학 탐색 시기

넷째, 진로 · 진학 교육의 실현성

이 과정을 통해 대학진학을 위한 교육과정 교과편성에의 시사점을 도출하도록 한다.

3.2.1. 한누리학교형 교육과정

〈표 8-3〉은 한누리학교형에 해당한다. 한누리학교형에서 나타나는 특성화과정은 크게 학력신장, 진로과정, 다문화과정으로 나누어진다.

〈표 8-3〉을 살펴보면, 학력신장 과정을 제외한 진로 및 다문화과정 속에서 한국어 중심의 특기/적성, 인성/생활 교육과 다문화교육이 이루어지고 있음을 알 수 있다(조영철 · 김창아, 2013). 한국어교육에 비해 다문화교육에 대해 보다 많은 시수를 배당하고 있어, 학습자의 언어 · 문화적 특성을 반영하고 있음을 알 수 있다. 그러나 1년이라는 짧은 교육기간으로 인하여 다문화가정 자녀들이 이 교육과정을 통하여 대학진학을 준비하기에는 현실적으로 무리가 있다.

<표 8-3> 한누리학교형 교육과정　(단위: 시수)

구분				고등학교			
				1학년	2학년		3학년
				1학기		2학기	
특성화 과정은 무학년 2개 반 운영				A		B	
특성화 과정	학력 신장	학력신장 과정	자연과학탐구		2	2	
			수학심화		2		
	진로 과정	특기/적성 과정	스포츠문화체험	2		2	
			합창	2			
			합주				2
			ICT활용		3		3
			기초바느질				2
		인성/생활 과정	상담	2	2	2	2
			미술치료	2		2	
	다문화 과정	한국어 습득 과정	한국어	2	2	2	2
			글쓰기		2		2
		다문화 교육 과정	문화의 이해	3		3	
			세계문화	2	2	2	2
			역사 탐구	2		2	
			지역 사회의 이해		2		2

3.2.2. 새날학교형 교육과정

〈표 8-4〉는 새날학교형이다. 다문화가정 자녀가 원하면 졸업까지 할 수 있는 정식 인가를 받은 학교이지만, 교육과정을 살펴보면 역시 한국사회 적응에 중점을 두고 있다는 것을 알 수 있다.

〈표 8-4〉 새날학교형 고등학교 교육과정의 예　(단위: 시수)

교과	교과 영역	교과(군)	과목	1학년	
				1학기	2학기
대안교과		국어	언어실습	6	6
			모국어	2	2
		체육	태권도	2	2
창의적 체험활동				4	4

〈표 8-4〉를 살펴보면, 대안교과 3과목 중 2개가 한국과 관련된 과목이고, 학습자의 이중언어·문화와 관련하여서는 1과목만이 편성되었음을 알 수 있다. 특히 2학년과 3학년 교육과정이 제시되지 않아 진로·직업 탐색뿐만 아니라, 전체적인 교육의 흐름을 파악하기 어렵다. 또한 학생이 선택할 수 있는 교과가 없어, 2009 개정교육과정의 학습자 중심성이 좀 더 고려되어야 함을 알 수 있다.

3.3.3. 국제다솜학교형 교육과정

　국제다솜학교형 교육과정은 '직업교육'이라는 특수성이 잘 반영되어 있다. 자신의 장래에 대하여 뚜렷한 목적을 갖고 입학하게 되는 국제다솜학교형의 경우 새날학교형과 달리 1학년에서 이미 세부전공을 선택하게 된다.

〈표 8-5〉 국제다솜학교형 전문교과 교육과정-호텔관광과　(단위: 시수)

교과영역	교과군	세부과목	기준단위	운영단위	1학년 1학기 이론	실습	1학년 2학기 이론	실습	2학년 1학기 이론	실습	2학년 2학기 이론	실습	3학년 1학기 이론	실습	3학년 2학기 이론	실습	단위 이론	실습	이수단위
전문교과	이론실습통합교과	인간발달	5	4	2		2										4	0	
		문화관광	5	10	2	3	2										4	6	
		컴퓨터일반	5	8	1	3	1	3									2	6	
		관광일반	5						2	3	2	3					4	6	
		관광경영실무	5						1	4	1	4					2	8	
		칵테일심화실무	5						1	4	1	4					2	8	
		호텔경영일반	5										2	4	2	4	4	8	
		카지노실무	5										2	3	2	3	4	6	
		관광외식조리	5										1	4	1	4	2	8	
		관광영어	5										1	3	1	3	2	6	
		항공사무일반	5										2	6	2	6			
전문교과소계			100		5	6	5	6	4	11	4	11	6	14	8	20	32	6	100
					11		11		15		15		20		28				
이수단위소계					28		28		28		28		28		28				168
창의적체험 활동		자율활동		24	2		2		2		2		1		1				10
		동아리활동			1		1		1		1		1		1				6
		봉사활동			1		1		1		1		1		1				6
		진로활동											1		1				2
		계			0	4	0	4	0	4	0	4	0	4	0	4			24
학기별 총 이수단위					32		32		32		32		32		32		24		192
학기당 과목 수					7		7		7		7		3		0				
학년별 총 이수단위					64				64				64						192

* 1학년 창의적 체험활동의 자율활동(경제-1학기, 보건-2학기)은 교과시간표에 1단위 운영
* 2학년 창의적 체험활동의 자율활동(태권도교육)은 교과시간표에 1단위 운영
* 3학년 창의적 체험활동의 진로활동(직업능력함양)은 교과시간표에 1단위 운영

〈표 8-5〉의 전문교과는 입학 이전부터 진로 · 진학에 대한 고민이 교육과정을 통하여 구체화된다고도 말할 수 있을 것이다.

국제다솜학교형 교육과정은 한누리학교형이나 새날학교형 교육과정과 다음과 같이 차이가 있다.

첫째, 특수상황, 즉 관광 문화와 관련한 직업 교육과정이다.

둘째, 일반적인 한국생활 적응과 관련한 한국어교육이나 한국문화와 관련된 교육이 전문 교과 교육과정상에 전혀 나타나지 않고 있다. 더욱이 다문화가정 자녀의 역량이라 할 수 있는 원문화와 관련된 언어나 문화교육 또한 이루어지고 있지 않음을 알 수 있다.

셋째, 진로 · 진학과 관련하여서는 학교를 선택하는 순간부터 교육이 이루어짐을 알 수 있다. 입학 후 세부 전공을 선택하여 해당 교육과정에 의해 교육이 이루어진다.

넷째, 입학 이전 세부 전공을 선택한 상황이므로 앞의 교육과정을 통하여 진로 · 진학 탐색과 지도는 가능하다. 그러나 세부 전공 내에서 선택과목 없이 모두 일괄적인 교육과정으로 운영이 되어 그 효과성에 대해서는 검증이 필요하다.

앞의 특징들을 살펴보면, 국제다솜학교형의 경우 고등학교에서 전문 직업인 양성을 목표하는 특성화 고등학교의 특징과 유사하다는 것을 알 수 있다. 따라서 국제다솜학교형의 교육과정을 통해서도 제한적으로 관련학과의 대학진학은 가능하지만, 인문계 대학을 희망하고자 하는 학생들에게는 일괄적으로 적용할 수 없는 단점이 있다.

4. 진학목적 교육과정의 실제

4.1. 진학목적 교육과정의 방향

앞서 살펴본 세 가지 유형의 다문화학교 교육과정을 입학사정관 전형에 초점을 두고 비교했을 때 나타나는 교육과정의 방향은 다음과 같다.

첫째, 교육의 중점을 명확히 해야 한다. 입학사정관전형을 위해서는 국제다솜학교형에서 나타나는 교육의 목표를 명확하게 제시하고, '진학목적'이 보다 잘 달성하기 위하여 교육과정을 계획해야 한다.

둘째, 국어교육과 원문화 언어 교육이 공평하게 이루어져야 한다. 한국어로 수업을 이해할 수 있을 뿐만 아니라, 원문화의 언어로 면접을 치를 수 있어야 한다. 대학이 원하는 것은 두 언어의 능숙함이다. 국어수업이 강조되는 만큼 원문화의 언어 역시 강조되어야 한다(이중 언어 가능 요구).

셋째, 진로·직업의 탐색이 빠른 시기부터 이루어져야 한다. 진로 또는 직업 탐색은 조금이라도 빠르게 이루어지는 것이 그에 맞는 포트폴리오 작성을 가능하게 한다. 새날학교형의 경우, 고등학교 2, 3학년에 해당하는 교육과정이 2013년 7월 현재 제시되지 않고 있다. 1학년부터 자신의 미래를 생각하는 진로·진학 탐색이 이루어져야 할 것이다. 다문화 대안학교에서 중도입국학생이 있는 경우에는 입학을 위한 상담 절차에 진로에 대한 진지한 상담을 병행하는 것도 좋을 것이다.

넷째, 시수 상의 진로·진학 탐색뿐만 아니라, 실질적인 진로·진학에 대한 지도가 가능하도록 교과 선택권이 필요하다. 진로·직업 탐색 시기를 당겨서 실질적으로 그에 대한 지도가 이루어질 수 있도록 한다. 여기에는 시기의 조정과 함께 시수의 확대도 필요하다.

일반 대안학교의 경우, 다문화 대안학교와 다르게 시수가 학년 간 탄력적으로 운영되고, 특히 대안교과를 살펴보면 교과군 별로 학생의 선택이 가능하도록 운영하고 있다. 이것은 학생의 진로계획에 따라 교과군 별로 수업과목을 선택할 수 있도록 하고, 또한 입학사정관전형이 요구하는 '자율적 학습 능력'을 방증한다.

4.2. 진학목적 교육과정의 예시

입학사정관제는 전형별로 입학 자격이 다르다. 이를 준비하기 위해서는 다문화가정 자녀 개인의 특성과 장래희망 등을 고려하고 이를 바탕으로 구체적인 전형을 고려하는 것이 필요하다. 〈표 8-6〉은 입학사정관전형 중에서 국제역량전형을 기준으로 제시하였다.

다문화 대안학교에서 진학 목적을 위한 교육과정의 경우, '다문화'라는 학생의 특징이 장점이 될 수 있도록 이끌어 주는 것이 중요하다. 다문화가정 자녀들은 한

〈표 8-6〉 입학사정관제 전형의 진학목적 고등학교 교육과정–국제역량전형 예시

구분	분류	교과군	세부교과목	기준단위 1	기준단위 2,3학년	운영단위	1학년 1학기	1학년 2학기	2학년 1학기	2학년 2학기	3학년 1학기	3학년 2학기	이수단위	필수단위
대안교과	자기역량강화교육	한국어	한국어 I			12	2	2	2	2	2	2	97	
			사회속의 한국어			12	1	2	2	3	2	2		
			Topik			12	1	1	3	3	2	2		
			토의 토론			6	2		2		2			
		모국어	모국어 I			12	4	4	2	2				
			모국어 II			5			1	1	1	2		
			모국어 글쓰기			12		3	3	2	2	2		
	국제역량강화교육	지구촌	양국의 주요 철학			10	택1	택1	택1	택1	택1			
			양국의 역사			10								
			양국의 경제			10		택1	택1	택1	택1	택1		
			양국의 문화			10								
	진로교육	진학탐색	대학탐방			2	1	1						
			봉사활동			4	1							
			포트폴리오 만들기			4	1	택1	택1	택1				
교과이수단위						91	16	16	12	12	18	17		
대안교과과정						95	15	16	19	20	13	14		
이수단위 소계						186	31	32	31	32	31	31	91	180
창의적 체험활동					24		8	4	4				24	24
특별 활동									4	4	4	4		
학기별 이수 과목수							35	35	35	35	34	34		
학기별 총 이수 단위							8	8	6	6	8	8		
학년별 총 이수 단위							71		71		70		212	

국어와 문화에 서툰 모습을 보이지만, 적어도 2개국의 문화에 대한 깊은 이해가 뛰어난 잠재력을 갖고 있는 학생들로 인식해야 한다. 이는 뱅크스가 주장하는 변혁적 교육과정의 핵심이기도 하다.

〈표 8-6〉에서 제시한 대안 교과는 크게 자기역량 강화교육, 국제역량 강화교육, 진로교육으로 편성된다. 이러한 교과편성은 그들의 자아정체감과 진로성숙

도와 관련된다. 다문화가정 자녀의 뿌리가 두 나라에 있는 것을 고려할 때, 그들의 역량 또한 두 나라의 관점을 포함해야 한다. 따라서 자기역량 강화교육에 있어 한국어와 모국어 관련 교과를 배분하지만, 모국어 관련 학습이 약한 학습자의 경우 제시된 한국어와 모국어의 시수와 세부과목 조정이 필요하다. 국제역량 강화교육의 경우 국제사회 감각을 키우기 위한 것으로 다문화가정에 대한 보다 넓은 사고를 가능하게 하는 기본 교육임과 동시에 고등교육에서의 기초소양에 해당한다. 이러한 교과의 편제는 앞서 제시한 베넷의 교육과정의 목적으로부터 비롯된다. 이 교육을 통하여 진학 후 교육에 대해 보다 적극적으로 수행할 수 있을 것으로 기대한다. 진로교육은 학습자 스스로가 구상한 미래와 직결된 것으로 자신이 꿈꾸는 미래를 계획하고, 실천하는 활동들이 이루어져야 한다. 따라서 창의적 체험활동과 연계하여 실시하도록 한다. 각 세부 과목의 주안점은 다음과 같다.

① 한국어 I: 한 부모의 모국어인 한국어의 단계별 학습이 이루어지도록 한다. 한국어 이해 능력이 좋은 경우, 국어 교과서 학습의 보충 시간으로 활용한다.

② 사회 속의 한국어: 심화학습 및 실생활에서의 사용에 주안점을 둔다. 교과서의 지식이 적용될 수 있도록 실제적인 상황에서 실습을 통하여 한국어의 5영역 실습이 이루어지도록 한다. 따라서 상황극, 도서를 통한 교내 체험활동으로서의 교육연극 활동과 최종적으로는 시장체험학습, 문화체험학습, 역사체험학습, 명사와의 대화, 봉사 체험학습 등 학교 밖 현장 학습이 가능하다.

③ Topik: 다문화가정 자녀가 자신의 한국어 실력을 가장 객관적으로 제시할 수 있는 방법 중 하나이다. Topik 관련 교재와 함께 미디어를 통한 듣기, 말하기, 쓰기를 통합하여 학습하는데 주안점을 둔다. 유적지 여행, 화폐의 변화, 이동·통신의 발달, 한국 위인들과 관련된 미디어를 학생이 선택하여 시청한 후 소감 물어보기, 관련 경험 쓰기, 직접 여행 계획 짜기 등의 활동을 통하여 Topik을 준비하고 진로·진학과 관련성이 높도록 구성한다.

④ 토의 및 토론: 1학년에서는 주로 토의 및 토론을 위한 방법을 익숙하게 하는데 교육의 중점을 둔다. 또한 교내 문제에 대한 인식, 대학진학을 위해서 어떤 공부가 필요한지에 대한 탐색을 주로 하고, 이와 관련하여 컴퓨터를 활용하여 자료 찾는 방법, 토의 토론을 위해 모은 자료를 분류하여 정리하기 등의 활동이 이루어져야 한다. 이후 국제역량 강화교육과 관련된 세계 철학,

역사, 경제, 문화에서의 주제를 학생들이 선정하여 모의 국제 재판 등의 형식으로 진행하도록 한다.

모국어 교육은 특히 다문화가정학생의 특·장점 중 하나이므로 한국어 교과군의 시수와 동일하게 책정한다. 관련 과목의 세부 교육 내용으로는 다음과 같다.

⑤ 모국어 I : 모국어의 일정 수준을 맞추기 위한 과정이다. 모국어가 같은 학생들이 그룹으로 같은 주제의 해당언어로 된 책을 함께 읽기, 그와 관련된 감상평을 쓰거나 그리기 다양한 형식으로 발표하기 등의 활동을 한다. 학생의 모국어 수준에 따라 책의 수준을 달리하고, 학년이 높아짐에 따라 계열성이 있도록 고려한다. 해당국가의 언어 교과서를 이용하는 것도 좋은 방법이 될 수 있다.

⑥ 모국어 II : 모국어와 관련된 나라의 정규방송, 영화, 노래, 신문 등의 매체를 이용하여 해당 국가에서의 이슈와 함께 현재 사용되는 언어를 익히도록 한다. 매체 이용 후 감상을 글로 써서 발표함으로써 말하기가 함께 이루어지도록 한다. 1학년 2학기와 2학년 1학기의 경우 감상 시간을 길게 하여 원어에 많이 노출될 수 있는 환경을 만들어주는 것이 중요하다.

⑦ 모국어 글쓰기 : 모국어 글쓰기는 자신의 일기 형식, 주장문 형식, 설명문 형식을 주로 이용하고, 주제로는 생활로부터 시작하여 취미, 관심 등의 특정 주제를 활용한 글쓰기를 하도록 한다. 특정 주제는 궁극적으로 진학과 관련된 사회 현상과 관련되어야 할 것이다.

다문화가정 자녀에게 각 대학에서 기대하는 특성 중 하나는 그들의 배경이 '국제적'이라는 것이다. 따라서 '국제적'인 특성이 다듬어질 수 있도록 일반 사회 현상에 대한 세계적인 추세를 이해하고 있으며 대학에서의 학업을 이어가는 데 기반을 갖추고 있음이 제시되어야 한다. 따라서 사회교육과의 기본이 되는 세계 철학과, 세계 역사 과목을 1학년부터 선택 과목으로 정하고, 2학년부터는 세계 경제와 문화 중에서 선택하도록 한다. 각 세부 교과의 교육내용은 다음과 같이 제시할 수 있다.

⑧ 양국의 철학/양국의 역사 : 1학년에서의 양국의 철학/양국의 역사는 이후 국

제역량 강화교육의 기초로서 작용하여야 한다. 초기의 중요학습 목표는 이 중언어와 이중문화에 노출된 학습자 자신의 자아정체성 확립과 관련된다. 따라서 '나'를 규정하는 것을 철학/역사를 시작으로 하여 점차 주변과 지금 여기, 이후 세계에 대한 인식으로 범위를 확장하여 학습이 이루어져야 한다. 학습자가 이해 가능한 배경국의 철학 및 역사와 관련되고 익숙한 언어로 된 내용을 학습하는 것도 고려할 수 있다. 2학년에서는 자신의 정체성을 바탕으로 자신과 나라, 부모의 나라들에 대한 의미와 역사를 방문 체험학습을 통하여 탐색하고 자신 또는 특정 철학이 규정하는 의미 혹은 역사적 증거를 바탕으로 어떠한 삶을 살아갈 것인가와 관련한 논의가 이루어져야 한다. 3 학년에서는 2학년에서 논의한 관점을 토대로 세계경제/문화현상에 대한 논의를 진행한다.

⑨ 양국의 경제/양국의 지리: 2학년부터 선택하도록 한다. 양국의 철학/양국의 역사 수업과 연계하여 방문 체험학습을 통하여 부모 출신국의 주요 철학/역사, 경제/지리를 체험하고 비교함으로써 각 나라에서 파악된 장점과 단점에 대한 해결 방안에는 무엇이 있을지에 대해 탐색한다. 3학년에서는 2학년에서 학습자가 제시한 잠정적 해결 방안에 대하여 실행하고 반성하는 시간을 갖도록 한다.

예를 들어, 동방예의지국이던 한국과 부모의 출신국을 비교하였을 때 현재 노인을 학대하는 모습을 인식하였다면 다문화가정학습자는 이에 대한 해결방안으로 거리 홍보(피켓 들고 거리 다니기), 거리공연, 미디어에 관련 글 작성하여 올리기 등의 활동을 할 수 있을 것이다. 이러한 개인의 해결방안으로서 행위들은 철학/역사, 경제/지리를 모두 아우르는 동시에 사회적 문제에 대한 민감성, 발전적 해결의지 등을 포함하는 것으로 학습자에게 보다 효과적인 포트폴리오를 작성할 수 있도록 할 것이다.

⑩ 진학탐색: 일반교과에서 진로와 직업과목과 함께 1학년 때부터 제시하여 대학에 따른 특별전형의 차이를 알고, 선택하도록 한다. 희망하는 대학을 직접 방문하여 입학관계자들과의 면담을 통하여 어떤 대학이 학생의 이상과 더욱 근접한지를 탐색하고, 각 대학에 입학하기 위한 조건을 조사한다. 이러한

조사와 탐색을 기본으로 하여 목표하는 대학을 설정하고, 관련 학과의 선배 혹은 교수와 연계하여 탐구활동을 수행하고 이를 하나의 결과물(예: 논문 작성)로 나타냄을 목표로 한다. 특히 봉사활동과 포트폴리오 만들기의 경우, 대학진학에 있어 직접 제시하는 자료의 생성과 관련이 높으므로 다른 대안 교과들과 연계하여 작성하도록 한다.

5. 다문화가정 자녀의 가능성에 대한 노력

이 글은 다문화가정 자녀의 다양한 요구 중에서 대학진학에 초점을 맞추었다. 이 글에서 사례화한 대안학교 유형별 교육과정 비교·분석을 통해 제시한 진학목적 교육과정의 특징은 다음과 같다.

첫째, 한국의 입시제도 중 입학사정관제를 규준으로 다문화가정 자녀의 문화적 렌즈인 언어·문화적 다양성을 반영하여 구성하는 것에 주안점을 두었다.

둘째, 학습자의 다문화적 특성을 고려하고, 요구가 반영된 교육과정이라 할 수 있다. 학습자의 대학진학의 요구로부터 비롯되고, 그 요구를 실현시키는 도구로서 그들만의 특징인 언어와 문화의 다양성이 더욱 발전될 수 있도록 구성하였다.

셋째, 교육과정의 대안교과를 유기적으로 구성하였다. 다문화가정학생의 특성 및 그들이 느끼고 생각하는 바가 행동으로 표현되고 기록될 수 있도록 각 세부교과의 내용과 주안점을 기술하였다. 이를 통하여 학생들은 다문화적 렌즈를 통하여 학습하게 된 지식을 직접 계획하고, 토론하며 경험하고 기록할 수 있도록 방향을 제시하였다. 이러한 교육과정 구성은 Banks의 변혁적이고 의사결정 및 사회적 행동 접근법의 교육과정이라 할 수 있을 것이다.

이와 같은 교육과정의 편성 및 운영을 위해서는 다음과 같은 사항이 고려되어야 할 것이다. 첫째, 다문화교육 그리고 다문화가정 자녀 교육에 대한 진정성이 요구된다. 한국사회는 비교적 급격하게 다문화사회로 진행되고 있다. 이러한 변화에 대한 위기의식으로 다문화교육이나 다문화가정 자녀 교육에 대한 새로운 방안이 많이 제시되고 있다. 그러나 다문화교육은 이해를 추구하는 교육이다. 이때 이해는 어느 일방향이 아닌 양방향, 즉 상호이해가 필요하다. 상호이해를 위해 가장 선행되어야 할 것은 제도나 정책이 아니라 상대에 대한 진정성이다.

둘째, 교육과정 편성에 있어서 교과 간 통합 교육이 이루어질 수 있도록 고려해야 한다. 특히 입학사정관제에서 요구되는 포트폴리오나 토의 · 토론은 교과의 내용이 통합적으로 다루어질 때 긍정적인 효과가 나타날 수 있다. 따라서 포트폴리오나 토의 · 토론에 대한 명시적 시수가 많지 않더라도 다른 교과 학습과 연계하여 활동이 이루어져야 할 것이다. 이는 보다 다양한 주제와 깊이 있는 토의 · 토론을 다룰 수 있다는 장점을 갖는다.

셋째, 다문화 대안학교 교육과정이 실현될 수 있도록 개인과 기관의 협력적 지원이 요구된다. 입학사정관제도는 다양한 학습자의 특성을 입학에 반영하고자 계획된 제도이다. 일반학교에 비해 다양성이 더욱 높은 다문화 대안학교 학습자가 입학사정관제도를 준비하기 위해서는 다양한 자료의 개발과 교육적 자원이 지원되어야 한다.

현재 다양한 형태의 다문화 대안학교가 설립되고 있음에도 불구하고, 대학진학을 위한 교육과정은 편성되어 운영되고 있지 않은 실정이다. 물론 다문화가정 자녀들이 한국어와 한국문화에 익숙하지 않기 때문이기도 하다. 그러나 다문화교육은 국가교육과정과 함께 학습자 중심성을 고려하여 이루어져야 한다. 그것은 또한 학습자가 자신과 타인에 대한 이해를 바탕으로 미래를 계획하고 실현할 수 있는 유의미한 교육이 되어야 함을 의미한다. 다문화가정 자녀의 대학진학을 위한 교육과정은 우리 사회가 다문화가정 자녀의 특성을 인정하여 그들의 가능성을 직시할 때 가능할 것이다. 이는 주류사회계층인 교육과정 개발자가 교육과정개발에 있어서 비주류 사회계층인 다문화가정 자녀의 정당한 요구를 반영해야 한다는 의미에서 변혁적 교육과정에 해당한다.

다문화교육은 이제 온정주의적 시선을 벗어나서, 다문화가정 자녀를 언어적 문화적 미래인재로 인식하고, 그들의 특성을 발전시킬 수 있도록 도울 수 있어야 한다. 이는 교육과정 총론이 추구하는 학습자 중심 교육의 정신이며, 다문화교육의 지향점이기도 하다.

학습자의 정당한 권리와 요구는 존중되고 수용되어야 한다. 그것이 함께 살아가는 사회에서의 도덕성이자 이 사회의 주류집단인 우리가 숙고하고 나아가야 할 방향일 것이다. 교육과정이 이와 같이 학습자 중심성이라는 목적에 맞게 개발되기 위해서는 무엇보다 상위의 교육과정뿐만 아니라 교육 현장의 목소리, 다문화 가정 자녀들의 목소리에 귀를 기울여야 할 것이다.

9장

비판적
다문화교육과
지리교육

9

비판적 다문화교육과
지리교육*

박선미

* 이 글은 2011년 『한국지리환경교육학회지』 19권 2호에 게재된 논문 「다문화교육의 비판적 관점이 지리교육에 주는 함의」 중 일부를 수정·보완한 것이다.

1. 미국 다문화교육과 문화 간 교육

Multicultural education as "a vision of schooling based on the democratic ideas of justice and equality." (Marshall, 2002, 21)

Banks(1993)에 의하면 미국의 다문화교육은 1960년대 민권운동(Civil Rights Movement)의 일환으로 시작되었다. 미국에서의 1960년대 민권운동은 Malcolm X와 Martin Luther King이 주도하였던 흑인민권운동이 주축이었다. 1961년 자유승차운동(freedom ride)과 인종평등회의(Congress of Racial Equality: CORE)가 조직되었고, 1962년 흑인의 투표권등록운동이 시작되었다. 1964년 여름에는 '미시시피의 여름'이라는 전국 프로젝트를 조직하여 투표권등록운동을 본격적으로 추진하였다. 이러한 가운데 1964년 공공시설 및 학교에서의 차별금지법이 제정되고, 1965년 흑인의 투표권등록에 관한 차별금지법이 제정되었다.

1965년 로스앤젤레스의 흑인거주지구에서 폭동이 일어났고, 해방론자들은 흑인해방은 투표권이나 식당의 격리 폐지 정도로 달성될 수 없다는 결론을 내렸다. 남부의 인종차별뿐만 아니라 북부 및 중서부 지역의 흑인빈곤문제와 차별을 해결하기 위해서는 전반적인 사회개혁이 이루어져야 한다는 인식이 확산되었다. '공민권이 아니라 인권'을 위하여 투쟁해야 한다는 블랙파워(black power) 슬로건은 흑인사회에 만연되어 있던 인종차별과 억압에 대한 분노, 저항적 분위기와 결합하여 미국사회에 급속도로 퍼졌다.

1960년대와 1970년대 흑인해방운동은 백인의 앵글로 색슨 중심의 학교교육과정에 가려지고 왜곡된 소수집단의 문화적 가치를 가르치고 그들의 자부심을 키워줄 것을 요구하였다. 아프리칸 아메리칸 연구(African American Studies)나 여성연구(Women's Studies) 프로그램들이 전국적으로 확산되고, 1970년에 샌디에이고 주립대학교의 여성연구프로그램, 1969년에 UCLA에 멕시코계 미국인인 치카노(Chicano)연구프로그램 등이 설립되는 등 교육기관에서 소수집단에 대하여 본격적으로 연구하기 시작하였다. 다문화교육은 이처럼 흑인해방운동에서 출발했기 때문에 일반적으로 주류집단 중심의 교육을 비판하고, 억압받고 차별받는 소수집단의 자존감을 키워주며, 차별을 야기하는 사회구조를 변화시키기 위한 비판적·실천적 교육이라는 인식이 일반인에게 강하게 각인되었다(Kahn, 2008, 528~529).

다문화교육은 문화 간 교육(intercultural education)과 혼용되어 사용된다. 문화 간 교육은 미국에서 20세기 초반 이민자들의 유입에 집단적 히스테리 증세를 나타낸 극우비밀결사체인 KKK단 등으로 대표되는 배외적 보호주의자(nativist)에 대한 대응 결과로 표면화되었다. 배외적 보호주의자는 1920년대 백인우월주의를 내세우면서 인종적·종교적·민족적 소수집단 모두를 적대시하였다. 이들은 소수 이민자문화가 미국문화를 손상시키고 미국을 위협한다고 간주하였다. R. DuBois은 문화 간 운동의 선구자 중 한 사람으로 1934년에 Service Bureau for Intercultural Education을 창설하고 이민자의 자긍심을 키워주기 위한 운동을 주도하였다(Lal, 2004).

문화 간 교육은 문화다원주의(cultural pluralism)에 기반하여 이루어졌다(C.A.M. Banks, 2004). 문화다원주의자들은 특정 사회에 속한 소수집단만의 독특한 문화적 정체성이나 가치관, 행동양식이 해당 사회에서 인정받아야 한다고 주장한다. 문화다원주의는 근대성과 보편주의에 대한 저항이라고 할 수 있다. 인간의 보편적 존엄성을 근거로 발전해온 근대의 보편주의는 전통적인 모든 차별-그러한 차별이 사회적 계급으로 야기되든 혹은 남자와 여자, 흑인과 백인 등 타고난 특징에 의해 야기되든지-을 거부한다는 점에서 해방적 힘으로 작용했다. 근대의 대표적인 정치 이념 중 하나인 평등은 보편주의가 지향하는 이상이고, 이는 민주주의 정치체제에서 누구나 동등하게 대우받을 수 있는 권리로 표현된다.

문화다원주의는 다양한 문화를 인정하고 그것들이 보편적 가치를 지닌다고 평가한다. 그러나 그것은 보편이라는 틀 안에는 특정 집단의 특성을 구겨 넣고, 집단 내의 순수성과 동질성을 강조함으로써 아이러니하게도 집단 내의 다양성을 무시하고, 특정 집단 안과 밖을 구분함으로써 다른 집단과 차별화하는 역할을 한다. 이러한 차이는 사회의 주축이 되는 주류집단과 소수집단이라는 이분법적 권력구조의 근본 틀을 유지하도록 하고 백인과 백인이 아닌 사람, 남성과 여성, 부자와 가난한 자 등의 이항적 대립 관계를 묵시적으로 인정하며, 이를 문화적 우위를 지닌 특권집단과 하위의 열등집단이라는 위계적 의미체계로 해석하도록 한다(하윤수, 2009).

다문화교육은 다문화주의(multiculturalism)에 기반하여 이루어졌다. 다문화주의는 동일집단에 대해서 동일성과 공통성을 기초로 한 문화다원주의와 달리 집단 내에 존재하는 다양성과 이질성을 존중하고 중심-주변이라는 이원적 대립 구조를 인정하지 않으며 중심과 주변에서 나오는 권력관계를 탈중심화된 횡적 구조로 간주한다(하윤수, 2009). 다문화주의는 대립 구조에 따른 불평등의 문제를 적극적으로 다루고 탈중심화를 성취하려는 노력이자, 집단 간 다양성뿐만 아니라 집단 내 다양성을 인정하고, 이질적인 사회집단들에 대한 차별과 불이익을 최소화하고자 하는 비판적 실천운동이다(Mitchell, 2004). 이처럼 다문화주의는 포섭과 배려의 정치, 차이에 대한 인식의 정치를 넘어 다양성의 달성을 추구한다. 그리고 보편적 연대보다는 특수성과 차이를 주요한 테마로 삼고, 시민의 범주를 재해석하며, 근대적 권력에 종속되어 부정적으로 인식되었던 하위집단의 문화가 다양성의 이름으로 축하받을 수 있는 사회를 지향한다(박경환, 2008, 306).

2. 다문화교육의 비판적 관점

학교에서 다문화교육과 문화 간 교육이라는 개념은 다양성에 대한 인식, 관용에 대한 교수, 비판적 교육, 문화다원주의 등 수많은 용어와 더불어 혼용되어 사용되고 있다. 그런데 이와 같은 개념의 불분명한 정의와 혼용가능성은 과소평가될 문제가 아니다. 문화다원주의에 기반한 문화 간 교육은 주류집단과 소수집단이 공존하는 상황에서 소수집단에 대한 이해와 긍정적 이미지를 형성하여 상호간의 의사소통 능력을 길러주는 데 목적을 둔다. 그러나 그러한 주류집단과 소수집단의 구분을 구조화하는 사회구조를 비판하지 않는다. 문화 간 교육은 다양한 문화가 지닌 고유한 가치를 인정하는 것을 강조하고 서로 다른 문화적 배경을 지닌 개인 간의 상호작용과 사회통합에 초점을 맞춘다. 따라서 문화 간 교육은 문화집단 간의 긴장을 완화시키는 데 주안점을 두었고, 학교교육을 넘어 YMCA와 같은 공동체 조직이나 다양한 이민자들이 거주하는 도시 전체의 교육 프로그램으로 확대되었다.

문화 간 교육이 개인 간 상호작용과 사회통합에 초점이 맞춰져 있다면, 다문화교육은 사회구조의 변화에 대한 비판적 관점과 실천적 함의를 내포하고 있다. 다문화교육은 인종, 민족, 종교, 계층, 성, 언어 등의 영향을 받아 형성된 개인들의 고유한 문화정체성을 강조한다(Bennett & Bennett, 2004). 문화정체성은 자신이 속한 문화집단과의 관계로 파악되는 개인의 주관적인 자아 개념 혹은 자아정체성을 의미한다(Banks, 2006, 132). Banks & Banks(2001, 1)는 다문화교육을 남·여학생, 인종, 민족, 언어, 문화 등 다양한 배경을 가진 소수 학생들이 학교에서 학문적 성취를 위한 동등한 기회를 제공하도록 교육제도의 구조를 변화시키고자 하는 목적을 지닌 아이디어이자 교육개혁이라고 정의하였다.

NAME(National Association for Multicultural Education)은 다문화교육을 상호의존적 세계에서 요구되는 책임감을 길러주기 위한 교육이자 사회 정의라는 민주 원리를 추동하기 위하여 문화적 차이와 다원주의에 가치 부여를 한 교육이라고 하면서 자유, 정의, 평등, 공정, 인간존엄성 등에 기반한 철학적 개념이라고 정의하였다. Vavrus(2002)는 다문화교육을 문화적·민족적·경제적 집단들 간의 교육적 평등 실현을 위해 고안된 학교개혁의 총체적 노력이라고 정의하였다. Nieto(2004, 307)은 다문화교육을 반인종주의교육(antiracist education), 기초교육(basic education), 사회 정의를 위한 교육, 비판적 교육이라는 용어를 사용하면서 정의하였다. 이처럼 다문화교육은 인도주의적 목표와 공정 교육의 필수 요소를 반영한다.

다문화교육은 문화다원주의를 전면적으로 배제하지 않는다. 다문화교육은 〈그림 9-1〉에서 볼 수 있듯이 문화다원주의에서 강조하는 '문화 간 차이 이해'와 다문화주의에서 강조하는 '문화 간 불평등에 대한 비판적 인식'이라는 두 가지 측면으로 구성된다. 문화 간 차이 이해는 자신과 다른 표상적 의사소통과 무의식적 신호들, 문화적 관습을 해석할 수 있는 능력, 즉 자신의 문화적 조건을 자각하면서도 상대방의 문화적 조건을 이해하려는 노력을 통해 문화적 다양성을 존중하는 능력을 강조한다(Bennett, 1999).

문화 간 불평등에 대한 비판적 인식은 한 사회에서 문화집단을 정상과 비정상으로 경계 짓고 구별하도록 하는 사회적 시각에 대한 비판적 인식을 강조한다. 문화적 정체성 인식은 단순히 자각의 문제가 아니라 자신을 둘러싼 외부 사회가 자신을 어떻게 규정하는가의 문제와 밀접하게 관련되기 때문에(Brodkin, 1998, 3), 차별을 야기하는 사회구조를 변혁하기 위한 전제로 작동한다. 문화 간 교육과 다문화교육의 가장 큰 차이점은 문화 간 교육의 기저에는 누구에게나 동등한 개인의 권리를 양보할 수 없는 배타적 영역으로 설정한 반면, 다문화교육의 경우 개인의 특수한 역사적·사회적·자연적 상황에서 야기된 차이를 차등적 대우의 기초로 삼는다는 점이다.

〈그림 9-1〉 다문화교육의 기본구성 요소

다문화교육 개념이 소수의 권리를 보호하고 불평등한 사회구조를 변혁하기 위한 운동으로서 발전하였지만 미국의 주류 교육제도나 교육현장에 적용된 결과는 1980년대까지도 음식, 의상, 축제 등 문화의 일차적 상징을 이해하는 수준에서 이루어졌다(하윤수, 2009). 즉, 학교에서 실제로 이루어지고 있는 다문화교육은 차별을 반대한다는 슬로건 수준의 목표를 제시하거나 의식주를 통해 다른 문화를 이해한다는 교육 내용 등으로 문화 간 교육과 거의 차이가 없었다. 문화 간 교육과 차별되는 다문화교육이 지향하는 철학을 학교교육에서 어떻게 실천할 수 있는가에 대해서 현재 활발하게 논의 중이다. 논의의 대부분은 비판적 교육학, 비판적 인종 이론, 포스트모던이즘 등에 근거하여 개념적 틀을 짠 후 실천 영역을 구체화하는 데 집중된다.

'비판적'이라는 말은 다문화교육의 새로운 실천적 틀을 짜는 핵심어다. 비판적 교육학은 Freire의 해방교육과 프랑크프르트학파의 비판이론에 기초한다. McLaren(1998, 193)에 의하면 비판이론은 인간을 기본적으로 자유롭지 못하고, 모순과 권력불균형이 만연한 세계에 살고 있는 존재로 본다. 비판적 교육학의 목적은 교육을 통해 이러한 불균형한 권력 구조와 억압 구조를 없애는 것, 즉 해방을 위한 교육이다. 다문화교육과 비판적 교육학이 접목되면서 다문화교육은 문화적 다양성의 이해와 존중 중심의 교육 내용에서 사회의 부정의와 불공정을 명확하게 보고 이를 해결하기 위한 사회 변화에 적극적으로 참여하도록 하는 교육 내용으로 변환되고 있다. Freire가 계급의 문제에 주목할 때, 포스트모던이즘적 관점을 지닌 학자들은 불공정한 권력 구조 내에서 인종, 성, 문화 정체성이 사회적으로 구성되는 과정에 관심을 두었다. 이처럼 다문화교육과 관련된 접근은 다양하지만 다문화교육은 정의를 지향하고 공정성이라는 기치 아래 교육적 실천 구조의 큰 틀을 조직하고자 한다는 것은 분명하다.

3. 비판적 다문화교육과 지리교육

국가 간 경계가 무너진 세계화시대는 더 이상 지리교육을 필요로 하지 않고 대신 다양한 사람들이 함께 공존하기 위한 다문화교육의 필요성이 증대될 것이라고 한다. 그러나 다층적 공간에서 살아가는 사람들의 복잡한 이야기를 지리만큼 잘 풀어내는 교과도 없고, 다문화교육의 관점을 지리만큼 잘 녹여낼 수 있는 교과도 없다. 지리는 다문화교육이라는 프리즘을 통해 세계화와 지역화의 역동성을 실감나게 담아낼 수 있다. 개인 혹은 집단을 동질화하고 표준화하는 세계화시대에 사람들은 다문화교육의 관점으로 지리를 배움으로써 자아정체성과 문화정체성의 뿌리를 탐색하고 문화적 다양성을 풍부하게 인식하며, 편견과 세계에 대한 무지를 감소시키고 사회를 변화시킬 수 있는 능력을 기를 수 있다.

Banks는 다문화교육 모형을 개발하여 베트남 지리교과서의 인구지리와 경제지리 내용 등에 적용하여 지리교육이 다문화교육을 담아내는 데 매우 적절한 교과임을 보여주었다(박선희, 2008). 지리교육은 다양한 규모에서 지역을 탐구하며, 인간 사회의 인종적 · 문화적 · 정치적 다양성에 대한 지리적 표현과 내용을 학습하는 교과이자 지표 위에 나타나는 공간적 상호작용을 기초로 공간적 통찰력을 길러주는 교과이기 때문에 다문화교육을 담당하는 데 매우 적절하다(박선희, 2008). 지리 수업에서 이루어지는 교육 내용, 교사의 질문 및 학생 답변에 대한 반응 등은 다문화교육이 자연스러운 일상적 교수 실행 맥락에서 이루어질 수 있는 가장 이상적인 장면이기도 하다. 그러나 많은 지리교사들은 그들이 학생들에게 제공하는 교육 내용이나 교실에서 던지는 질문 하나하나가 학생들의 다문화적 관점이나 태도에 영향을 줄 수 있다고 인식하고 있지 않다(Gallavan, 1999, 23).

다문화교육의 관점으로 볼 때 현재 우리나라 지리교육은 다문화교육의 한 축인 문화의 다양성의 이해, 즉 문화 간 차이를 체계적으로 이해하도록 하는 반면, 다른 한 축인 문화 간 불평등에 대한 비판적 인식에 대해서는 소홀한 편이다. 현재 지리교육은 다양한 지역에 대한 가치중립적이고 과학적인 태도로 최대한 객관적 정보를 제공하는 데 초점을 맞추고 있다. 그런데 공간에 대한 가치중립적 정보를 제공하는 것도 중요하지만, 탈맥락화되고 왜곡된 현실 공간을 극복하고 맥락적이고 비판적인 지리적 사고 능력을 통해 학습자들이 그들의 일상적 생활세계를 인식하고 해석할 수 있는 안목을 갖도록 하는 것도 중요하다. 정보의 제공은 세상을 투시하는 렌즈를 제공하지만 렌즈만으로는 이 세상을 이해할 수 없다. 우리는 이 렌즈를 통해 무엇을 보고 있고, 또한 왜 보아야 하는지도 알아야 한다.

지리학에서 다루는 공간은 객관적이거나 그 자체로서 공정하지 않다. 공간은 인간 집단의 생활과 그들 간의 관계를 투영한다. 우리가 생활하는 공간을 이해하기 위해서는 개인의 정체성에 영향을 미치는 사적 공간, 사회의 권력 관계의 재생산에 따른 차이를 만드는 사회적 공간, 세계 여러 지역 간 권력 관계에 따른 전 지구적 공간 구조 등을 다층적으로 다룰 필요가 있다. 지리적 안목과 통찰력은 자아 정체성을 형성하는 뿌리이자 생활 터전으로서 지역을 이해하고 세계 여러 지역에서 일어나고 있는 변화와 그 안에 내재되어 있는 권력 구조라는 두 지층을 동시에 볼 수 있도록 한다.

이러한 맥락에서 조철기(2007)는 지리교육이 분포의 정치학(politics of distribution)에서 차이에 대한 관심에 초점을 두는 새로운 인식의 정치학(politics of recognition)으로 전환함으로써 학생들에게 삶을 영위하고 있는 장소에 대한 실존적 의미뿐만 아니라 사회비판적 인식을 길러주어야 한다고 하였다. 그리고 최정숙·조철기(2009)는 지리교육이 글로벌화되고 있는 세계에 대한 맥락, 즉 세계가 어떻게 작동하고 있는가를 이해하는 데 기여할 수 있도록 교육 내용을 재구성해야 한다고 주장하였다. 노혜정(2008)은 지리교육이 지역 간 상호의존성을 강조하고, 무시되거나 소홀하게 다루어진 사람들과 지역에 대한 지식과 경험, 다양한 관점으로 복잡한 논쟁 문제를 학습할 기회를 제공할 필요가 있다고 하였다. 이러한 관점에서 지리교육은 자아정체성이나 지역정체성을 인식하도록 하는 한편 사회·시대적 조건과 공간 사이의 상호 관련성을 고려하여 공간 현상을 이해하고 세계시민으로서 세계 여러 지역에서 일어나는 여러 현상 이면에 존재하는 지역 간 권력 구조를 통찰하는 눈을 길러주는 방식으로 전환될 필요가 있다.

문화 간 차이에 대한 인식을 넘어 문화 간 불평등에 대한 비판이라는 다문화교육의 비판적 관점은 지리교육에서 성취하기를 바라는 다층적 공간 구조를 지닌 세계에 대한 안목과 통찰력을 기르는 데 유용한 프레임을 제공한다. 박경환(2008)은 다문화주의가 포함과 배려의 정치, 차이에 대한 인식 수준을 넘어 다양성의 달성을 추구하고, 보편적 연대보다는 특수성과 차이가 주요한 테마로 부상하며, 시민이라고 범주화되는 것들이 재해석될 수 있도록 지리교육에서 소수자의 공간을 보편적으로 간주되는 다수자적 공간에 대한 효과적 저항의 공간으로 다루어야 하고, 소수자의 공간을 단일의 표상이 아닌 소수자 내부 정치로 인해 표출되는 다양성의 공간으로 다루어야 한다고 주장하였다.

지리교육의 5대 주제인 위치(location), 장소(place), 이동(movement), 지역(region), 인간과 환경(human-environment interaction)의 상호작용은 오랜 시간 공간에 축적된 인간의 경험을 확인하고, 문제를 제기하며, 이해의 틀을 조직하는 데 필요한 정보와 방법을 제공해 주었다(Gallavan, 1999, 24). 지리교육의 내용은 위치, 장소, 이동, 지역이라는 주제를 통해 "무엇이 어디에 있는가?"라는 질문에 답할 수 있도록 조직되고, 인간과 환경의 상호작용이라는 주제를 통해 "어떻게 그곳에 있는가?", "어떻게 그와 같은 장소성과 지역성이 형성되었는가?", "어떻게 그곳까지 이동하였는가?"라는 질문에 답할 수 있도록 구조화되었다.

비판적 다문화교육의 프레임으로 이와 같은 지리교육의 5대 주제를 탐구해 나간다면 다양한 문화를 확인하고, 개인 혹은 집단 간 문화 차이에 대한 스스로의 관점을 인식하며, 다문화교육에서 지향하는 문화 간 불평등에 대한 비판적 관점까지도 학습할 수 있을 것이다. 그러한 학습 경험은 우리가 살아가는 사회 혹은 방문하였거나 혹은 책이나 잡지를 통해 읽었던, 혹은 상상 속에서 만났던 사람들과 장소를 이해하고 평가할 수 있는 능력을 형성하는 데 긍정적인 영향을 줄 수 있을 것이다.

4. 비판적 다문화교육 관점으로 지리교과서 읽기

가치중립적인 정보 중심의 교과서 내용은 학습자의 인지적 갈등을 유도하기 어렵고, 다양한 집단 간의 이해와 갈등이 얽혀 있는 현실 공간을 제대로 인식하지 못하도록 한다. '왜'라는 질문 제기 자체가 필요 없을 정도로 명쾌한 설명은 교과서 밖으로 한 발짝만 나가도 그 설명력이 급속하게 상실되고 만다. 현실 공간에서 일어나는 문제는 명쾌하게 정의되지 못하고 복잡하게 뒤엉킨 문제다. 특히 현대 사회의 문제는 생태계의 문제와 정치적·경제적·사회적 문제들이 엄청나게 복잡하게 얽혀 있다. 이들 문제는 여러 단면으로 분할하여 한 단면씩 조각내 고찰한 후 단순 합계할 수 있는 성질이 아니다. 비선형적이고 복잡한 문제를 고려할 때는 각 단면에 대한 탐구와 더불어 복잡하게 얽히고설킨 세계 속에서 두드러진 상호작용을 탐지해내고 그것을 통해 전체를 보도록 해야 한다. 이때 다문화교육의 비판적 관점과 비판적 사고 능력은 유용하다.

〈그림 9-2〉에 제시된 고등학교 세계지리 교과서는 카카오, 커피, 사탕수수, 천연고무 등 열대 지역이 주산지인 기호작물과 원료작물에 관한 내용이다. 본문 내용은 이들 작물의 생산 지역과 해당 지역에서 생산되는 이유를 "커피는 건기와 우기가 구분되는 사바나 지역이 재배에 유리하며…… 주요 생산지역은 브라질, 콜롬비아 등 라틴아메리카와 동남아시아, 중남부 아프리카다"라는 방식으로 생산 지역을 열거하고 그곳에서 생산하는 이유를 자연환경과 관련하여 설명하고 있다. 그리고 기니 만 연안의 카카오 농장에서 카카오를 수확하며 활짝 웃는 여성, 넓게 펼쳐진 말레이시아의 기름야자농원, 인도네시아의 고무액 채취 모습, 데칸 고원의 푸른 목화 농원을 찍은 사진 4장이 제시되어 있다.

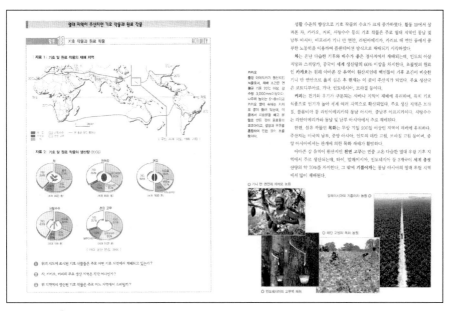

출처: 조화룡 외, 『세계지리』, 2009, 금성출판사

〈그림 9-2〉 열대지역이 주산지인 기호작물에 관한 교과서 내용 예시

　또한 〈그림 9-2〉에 제시된 탐구활동은 "카카오, 커피, 사탕수수 등의 기호작물들은 주로 어떤 기후지역에서 재배되고 있는가?", "카카오, 커피의 주요 생산 지역은 각각 어디인가?", "이러한 기호작물은 주로 어느 지역에서 소비될까?"라는 질문을 제시하고 있는데 이들 질문은 모두 교과서에 제시된 지도와 그림을 읽으면 해결할 수 있는 수준이다. 자료를 읽을 수 있다는 것은 세계를 읽을 수 있는 도구가 풍부해졌음을 의미한다. 그러나 그러한 도구를 가졌다고 세계가 저절로 읽혀지지 않는다. 우리나라 지리교과서에는 작물 재배 지역에 대한 정보만을 알려줄 뿐, 현지인들의 실제적인 생활 모습이나 세계 수준에서 네트워크된 생산지와 소비지의 역동적 관계를 다루지 않고, 우리의 소비 결정이 그들의 삶에 어떻게 영향을 미칠 수 있는지도 파악하지 못하게 조직되었다.

　커피나 카카오는 불평등한 세계교역 구조를 잘 보여주는 작물이다. 예를 들어 커피의 경우 〈그림 9-3〉에서 볼 수 있듯이 우리가 마시기까지 여러 단계를 거친다. 소규모 커피 농가의 경우 가족 노동력을 이용하여 대규모 커피농장의 경우 고용 노동력을 이용하여 수확한 후 커피과육을 제거하는 1차 가공 과정과 커피콩을 감싸고 있는 내피를 제거하는 2차 가공 과정을 거쳐 교역상품이 된다. 대부분의 커피열매는 로스팅 이전 단계에서 수출된다. 무역상에게 판매된 후 로스팅과 분쇄 단계를 거쳐 소매상에게 판매되고 우리가 커피숍 등에서 마시게 된다. 각 단계마다 상이한 비중의 부가가치가 파생되는데 수출 이후 과정에서 더 많은 부가가치가 파생된다. 거대 다국적 기업이 참여하면서 유통과 로스팅 과정의 부가가치는 점차 증가한 반면 생산지에 파생되던 부가가치 비중은 점점 감소되어 왔다. 아라비카 커피의 경우 수확 후 가공소에서 1차 가공을 거친 단계에서 파생되는 부가가치 비중은 최종 소매가격의 10%에 불과하고 로부스타 커피의 경우는 수확된 커피열매에서 파생되는 부가가치 비중이 최종 소매가격의 0.53%에 불과하다.

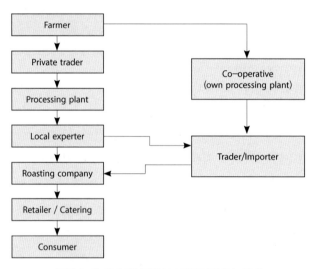

〈그림 9-3〉 커피 생산자에서 소비자까지 오는 단계

커피는 또한 인권 문제와도 밀접하게 관련된다. 커피는 노동집약도가 높은 작물로써 저임금노동력에 의존하여 생산된다. 특히 기계화가 불가능한 커피 수확 작업은 더욱 높은 노동집약도를 요구한다. 일반적으로 수확기에 고용된 일당 노동자 1인이 하루 수확할 수 있는 커피 양은 80~100kg 정도이고 수확이 가장 왕성할 때는 150kg 정도까지 수확한다. 수확기의 첫 무렵과 끝 무렵에는 40~50kg으로 감소한다. 커피 열매 수확기인 11월부터 다음해 2월까지 에티오피아 사람들은 대부분 커피 열매를 수확하는 일에 매달린다. 종일 커피를 수확하고 받은 일당은 보통 여자와 아이는 1,200원 정도이고, 건장한 남자는 1,800원 정도를 받는

다. 여자나 아이들은 하루도 쉬지 않고 일해도 4달 동안 14만 원 정도 벌고, 남자는 20만 원 정도 번다. 에티오피아인들이 주식으로 먹는 인제라의 원료가 되는 떼프는 1kg에 약 810원인데, 1kg이면 6인 가족이 한두 끼를 해결한다. 다섯 살 먹은 어린아이까지 동원해 4개월 내내 커피열매를 따도 그야말로 입에 풀칠하기도 어렵다.

교과서 내용 어느 곳에서도 커피농장에서 일하는 저임금 노동자들이나 '불공정한 커피교역' 구조를 다루지 않는다. 우리나라 지리 교과서에서는 팀 버튼(T. Burton)의 영화 〈찰리와 초콜릿 공장〉에 적나라하게 드러난 아프리카에서 카리브 연안과 중앙아메리카 대륙으로 노예로 끌려와 카카오 농장에서 일하는 아프리카인을 보는 유럽인의 시각을 비판적으로 볼 수 있도록 가르치지 않는다.

〈그림 9-4〉 영화 〈찰리와 초콜릿 공장〉 포스터

영화 〈찰리와 초콜릿 공장〉에서는 윌리웡카의 초콜릿 공장에 거주하며, 노동자로 일하고 있는 소인족 움파룸파족이 나온다. 로알드 달(R. Dahl)의 원작에 따르면, 초콜릿 공장의 공장주 윌리웡카는 공장 노동자를 가장한 산업스파이 문제로 열대림 지역에 사는 움파룸파족을 노동자로 고용한다. 밀림의 야수들에 위협당하고, 벌레를 먹고 살아야 했던 움파룸파족은 그들이 좋아하는 카카오 열매를 평생 마음껏 먹게 해주겠다는 제안에 고향을 떠나 초콜릿 공장에서 일하게 된다. 영화에서 초콜릿 생산과 판매 과정에서 백인의 흑인에 대한 착취라는 불편한 사실을 피하기 위해서인지 움파룸파족을 오렌지색 피부로 그리고 있다. 원작에서 움파룸파가 원래 살았던 룸파랜드를 '끔찍한 나라, 폐허와 야수만 있는 곳'이라고 하였고, 영화에서는 윙카가 초코향을 찾다 열대밀림의 오지에서 열악하게 살고 있는 움파룸파족을 발견했다는 사실을 볼 때 오렌지 피부의 움파룸파족이 아프리카인을 상징하고 있음을 알 수 있다.

아프리카인에 대한 백인의 제국주의적 관점은 공장 실험실 장면에서 적나라하게 드러난다. 윙카의 공장에서 신제품을 실험하는 과정 중에 움파룸파족들은 하늘로 날아가 버리기도 하고, 블루베리처럼 온몸이 보라색으로 변하기도 하고, 수염과 머리가 끝도 없이 자라는 등 생명의 위협을 받지만 윙카는 "실험실에서 스무 명의 움파룸파 사람들한테 스무 번이나 실험해 보았지만 한 사람도 예외가 없이 블루베리 열매 모양으로 변해 버리더군요. 너무 속상해요. 뭐가 잘못된 건지 이해할 수가 없어요"라며 그들의 생명보다는 신제품이 성공하지 못한 것을 더 걱정하는 이기적이고 인종차별주의적인 자본가의 모습을 보여준다.

우리는 영화를 보거나 TV를 보지만 '왜'라는 질문을 하도록 가르치지는 않는다. 다양한 환경, 차이, 정의, 억압구조, 질서, 체제 등이 얽혀 있는 세계를 읽기 위한 코드로 질문은 매우 중요하다. 지리교육에서 불평등한 문화 간 차이에 대한 비판적 인식 능력을 길러주기 위한 질문은 실제 삶의 세계와 적실성을 지니고 있어야 하고 학생의 경험과 관련되어야 한다.

예를 들어 "코트디부아르는 카카오 최대 생산국이면서 왜 빈곤에 시달리는가?", "코트디부아르는 카카오 농장에서 왜 어린 아이가 일해야만 하는가?", "커피콩의 가격 하락이 케냐의 커피재배농가에 미친 영향은 무엇일까?", "커피 생산량의 급증으로 국제 커피콩 가격이 하락하였음에도 우리는 왜 여전히 비싼 값을 지불하며 커피를 마셔야 하는가?", "우리가 지불하는 한 잔의 커피 값은 어떻게 배분되는가?", "다국적 기업의 커피농장에서 일하는 노동자와 소규모 커피 자영농의 삶은 어떻게 다른가?" 등의 질문을 해결하는 과정에서 학생들은 커피나 카카오 등의 생산지와 소비지에 대한 지리 정보의 획득 수준을 넘어 세계의 여러 지역에서 일어나는 문제에 대한 민감성과 공감 능력뿐만 아니라 자아정체성과 세계 시민으로서 책임감을 기를 수 있다.

5. 문화 간 차이와 관용을 넘어서

　다문화사회에서 살아가는 시민을 기르기 위해서는 문화 간 차이, 다양성, 관용이라는 이름만으로 포장된 다문화교육의 시선을 검토하고, 불평등한 세계, 특정 지역의 빈곤이나 갈등, 그리고 사람들의 이주 원인과 구조에 대한 진지한 탐구 기회를 제공해야 할 것이다. '왜'라는 문제 제기와 비판적 사고 없는 다문화교육은 소모적이거나 피상적 수준에서 머무르기 쉽다. 다문화교육은 세계에 대한 비판적 인식이 전제될 때 실재를 마주하고 사회 변화를 추동하는 실천적 힘으로 작동될 수 있다. 다문화교육은 학습자가 빈곤한 국가에서 빈곤이 악순환되는 이유가 무엇인지, 사람들은 왜 이주하는지, 특정 지역의 빈곤과 자신이 어떻게 연결되어 있는지, 우리 모두가 그들의 빈곤에 왜 책임감을 가져야 하는지, 지역 간 빈부의 격차를 줄이는 데 참여와 연대가 주는 효과가 무엇인지에 관하여 배울 기회를 제공해 주어야 할 것이다.

10장

미술과 교육과정 분석을 통한 다문화미술교육 방향

미술과 교육과정분석을 통한 다문화미술교육 방향*

박순덕 · 김영순

* 이 글은 2012년 「미술교육논총」 26권 2호에 게재된 논문 '미술과 교육과정분석을 통한 다문화미술교육 방향 연구'를 수정 보완한 것이다.

1. 2009개정교육과정과 다문화미술교육

출입국 정책본부 통계(2013)에 따르면 최근 국내체류 외국인이 143만 명 이상으로 전체 인구의 2.6% 이상이 외국인이다. 2020년에는 254만 명으로 총인구의 5%를 넘어설 전망이다. OECD 기준으로 전체 인구의 5% 이상이 외국인이면, 국제적으로 다인종 · 다문화국가로 분류된다. 이렇게 한국이 다문화사회로 빠르게 진입함에 따라 한국 사회에 다양한 인구 분포가 나타나고 이에 따라 문화적 다양성이 증가하였다. 이런 맥락에서 2009개정교육과정에 다문화교육이 반영되었다. 이에 2009개정교육과정에 따른 미술과 교육과정은 다문화미술교육의 개념을 어떻게 반영하였는지 살펴보고자 한다.

다문화교육은 다문화가정 자녀뿐 아니라 모든 학생을 대상으로 하고 교육과정 안에서 체계적으로 다루어져야 한다. 체계적인 다문화교육은 타 문화에 대한 오해와 편견, 차별을 줄일 수 있고 다양성이 공존하는 현실을 긍정적으로 수용하고 미래 사회를 살아가는 역량을 키울 수 있다. 우리는 다문화미술교육을 통해서 자연스럽게 다른 나라, 계층, 인종, 민족 등의 다양한 문화를 배울 수 있다.

이 글에서는 다문화미술교육의 목표를 여러 학자들이 제시하는 다문화교육의 이론을 바탕으로 분석 틀을 만들고 이에 근거하여 2009개정 미술과 교육과정에서 어떻게 다문화미술교육이 연계되고 있는지 교육과정의 목표, 내용, 교수 · 학습, 평가를 중심으로 분석하였다. 이에 따라 초등학교 다문화미술교육의 방향과 시사점을 제시하고자 한다.

먼저 한국에서 발표된 연구들을 통해 다문화미술교육에 대해 살펴보고자 한다. 다문화미술교육 연구 방향은 대체로 미술교사 교육의 중요성, 다문화미술교육 활성화 및 다문화미술 수업 연구, 다문화미술교육 프로그램 개발로 나눌 수 있다.

첫째, 미술과 교사교육의 중요성을 다룬 논문으로, 도화영(2008)은 다문화미술교육에 초점을 두고 다문화미술교육이 왜 필요한지에 대해 논의한다. 특히 다문화주의와 다문화미술교육에서 다문화미술교육은 자국 문화에 대한 이해와 세계를 보는 시각을 넓혀 주는 미술교육의 다문화적 의의에 대해 논하였다. 이를 위해 미술 교사의 역할을 제시하고 다문화교육의 실천적 방향을 제시하였다. 김선아(2011)는 다문화미술교육을 위해서는 먼저 교사 교육이 우선 되어야 한다고 주장했다. 다문화교육의 정착과 확산에 있어 미술 교사의 역량이 핵심적인 요소로 작용함에 주목하여 미술 교사의 다문화적 역량을 개발하기 위한 교사 교육의 방향에 대해 논의하였다.

둘째, 다문화교육 활성화 방안 및 다문화미술수업 연구를 다룬 논문으로 백령(2006)은 다문화교육 맥락에서 전통문화를 주제로 한 미술교육의 접근 방법에서 다문화시대에서 미술교육을 통해 스스로의 지역과 전통 문화를 새롭게 해석하고 우리 문화 이해를 전통미술에서 찾고자 시도하였다.

셋째, 다문화미술 수업에 관한 연구로는 박은덕, 허태연(2009)의 '다문화에 기초한 초등 미술 감상 수업 연구'가 있다. 이 연구는 감상수업에 적합한 주제를 선택하여 감상단원을 개발하고 수업에 적용한 결과, 다문화미술 감상수업을 통하여 외국 문화에 대한 편견을 없애고 다른 나라 미술을 바라보는 긍정적인 태도를 함양하는 데 유효한 것으로 나타났다.

넷째, 다문화미술 프로그램 개발 연구는 이주연과 이수경(1996)의 DBAE와 다문화미술교육에 기초한 창의적 미술 프로그램 적용 연구가 있다. DBAE에 기초한 다문화미술교육을 미술사, 미학, 미술비평, 미술제작 네 개의 영역으로 나누고 각 영역별로 미술 프로그램을 개발·적용하였다. 송선희와 이화식(2011)은 다문화교육을 위한 초등학교 미술과 교육과정 개발 연구에서 2007년 개정 초등학교 미술과 교육과정을 대략적으로 분석하고 다문화교육과정이 초등 미술과 교육과정에 반영되어야 한다고 주장하였다. 그런데 이 논문은 다문화미술교육의 수준과 범위를 충분히 제시하지는 못하였다.

이와 같이 다문화미술교육에 관한 논문들을 종합하여 볼 때 다문화미술교육의 활성화 및 다문화교육의 중요성은 공감하지만 미술과 교육과정에 다문화미술교육이 어떻게 반영되어야 하는지 수준과 범위를 구체적으로 제시한 연구는 찾아보기 힘들다. 이에 이 연구는 다문화미술교육이 2009개정에 따른 미술과 교육과정에 어떻게 반영되고 있는지 분석하고, 다문화미술교육의 수준과 범위에 대한 방향을 제시하고자 한다.

2. 다문화미술교육

다문화교육은 1960년대 시민권운동으로 시작되었고 다양한 인종 집단들의 경험과 문화, 관점을 반영하고자 교육제도와 교육과정을 개혁하도록 요구함으로써 교육제도에 상당한 영향을 미쳤다. 이에 다문화 교육을 하기에 가장 적합한 교과 중의 하나로 미술교육이 주목받기 시작하였다. 다문화미술교육은 이런 다문화교육의 방향과 목적을 같이 하면서 포스터모더니즘에 부응하고 미국의 다문화 다민족 문제를 해결하기위해 대두된 새로운 미술교육의 방향이다. 미국의 1987년 국립미술지원기구(National Endowment for the Arts)가 설립한 국립미술교육연구의 프로젝트로 시작된 다문화미술교육은 타 문화 간의 상호 이해와 상호 포용력을 기르는 데 가장 효과적인 분야가 미술분야임을 공감하고 전국의 학교 미술수업에 이를 반영하였다. 이렇게 시작된 다문화미술교육은 포스터모더니즘의 철학과 사회재건주의 교육철학, 예술 사회학적, 인류학적 배경을 바탕으로 하고 있다.

1980년대에 정착된 학문중심 미술교육(DBAE: Discipline-Based Art Education)은 미술을 미술사, 미술비평, 미술제작, 미학의 4개영역으로 나누고 미술을 영어나 수학과목처럼 하나의 교과목으로서 확고한 위치를 정립시키고자 하였다. 그러나 DBAE의 미술교육은 미술 자체 내용을 표현하는 데 있어서 한계가 있다는 반성이 제기되고 이런 엘리트적 미술교육을 비판하며 다문화미술교육이 확산되었다.

2.1. 다문화미술교육의 개념과 목적

다문화미술교육은 궁극적으로 미술교육을 통해 다문화교육을 실천하고자 하는 것이므로 먼저 다문화교육의 정의를 알아볼 필요가 있다. 다문화교육의 대표적 학자인 뱅크스(Banks, 2008)는 다문화교육이란 다양한 사회 계층, 인종 및 민족 집단과 성 집단의 학생들이 평등한 교유기회를 경험하도록 하기 위하여 교육과정과 교육제도를 재구조화할 것을 목표로 하는 교육개혁운동이라고 했다. 베넷(Bennett, 2010)은 다문화교육에 대해 다음과 같이 말하였다.

> "다문화교육은 가르치고 배우는 것의 복합적인 접근 방법이다. 그것은 교육과정의
> 개혁과 교실 · 학교에서 평등을 지향하는 운동을 포함하고 다문화적으로 유능한
> 사람이 되기 위한 과정이고 부당함에 맞서는 것이다."(Bennett, 2010, p.3)

미국다문화교육연합(National Association for Multicultural Education, 2007)에서는 다문화교육이란 학교 교육과정에서 인종차별(racism), 성차별(sexism), 계층차별(classism), 장애인 차별(ableism), 외국 혐오(xenophobia)와 관련된 주제를 직접적으로 다루는 것이다.

스튜어(Stuhr, 1994)는 다문화미술교육과 사회재건이라는 논제를 통해 다문화미술교육에 대해 다음과 같이 기술하였다. 스튜어는 슬리터와 그랜트(Sleeter & Grant)의 보편적인 교육의 토대 위에서 다섯 가지 다문화미술교육의 접근방법을 분석하고 설명하였다. 사회재건주의적 다문화미술교육을 통하여 보다 민주적이고 평등한 사회변화에 미술교육이 기여할 수 있다고 주장하였다. 또한 다문화미술교육은 사회 문화적 배경 속에서 학문영역과 연결되어 통합적으로 가르쳐야 한다고 하였다. 학습자들은 미술을 통하여 사회적 이슈를 찾아내고 이에 관한 자료를 수집하고 분석하는 가운데 자신과 동료들이 가지고 있는 편견을 비판적으로 볼 수 있게 되는 것이다. 다양한 사회 문화적 집단이 만든 예술 작품을 탐구하고 이해하는 가운데 학생들은 비판적 사고 능력을 개발하고 민주사회 구성을 위한 행동 기술을 배우게 된다.

초등학교 미술 교사용 지도서에는 문화적 다양성을 반영한 다문화미술교육은 학생들에게 다양한 미술문화에 대한 지식, 다른 문화적 사람들에 대한 이해, 미술

문화 비교체험은 물론 위기에 처해 있는 비주류 학생들에게 자신의 문화에 대한 깊이 있는 이해를 가능하게 한다. 이는 어떤 민족이나 문화가 다른 민족이나 문화보다 우월하거나 열등하지 않음을 깨닫게 하기 때문이다(이우종 외, 2011).

다문화교육의 관점에서 비롯된 다문화미술교육은 많은 예술작품들이 백인중심의 주류문화에 기반을 둔 것에 대 의문을 제기하고 비주류 소수민족의 문화적 다양성을 존중하고 모든 민족 문화가 공평하게 다루어져야 한다는 것에서 시작하였다. 미국의 예술학회(National Art Education Association)의 학술 논문이나 최근의 미술교육과 상호 문화 이슈에서도 다문화미술교육에 대해 많이 다루고 있는데 미술교육의 대표적인 학자가 미술교육의 어머니라고 불리는 맥피이다. 그 외 다문화미술교육은 찰머스(Chalmers), 골닉과 친(Gollnick & Chin), 침머만과 클락(Zimmerman & Clark) 등 여러 다문화 학자들의 논의를 통해 구체화되었다.

맥피는 다문화미술교육을 자민족중심주의와 반대되는 개념으로 설명하였다. 미술교육자들은 다문화미술교육을 통하여 다문화사회를 살아갈 학생들에게 자신의 문화와 다른 사람들의 다양한 문화를 존중하도록 가르쳐야 한다고 주장하였다. 또한 생각은 언어를 통해서 뿐만 아니라 미술을 통해서도 전달되는 것으로 미술작품은 문화를 이해하고 사회적인 의사소통의 매개체로 미술교육은 사회 변화의 핵심적인 수단이라고 주장하였다(McFee & Degge, 1977). 미술교육을 다문화교육을 하기에 가장 적합한 교과 중의 하나라고 강조한 맥피는 미국예술학회(NAEA) 논문에서 다문화미술교육을 다음과 같이 설명하였다. 다문화미술교육은 다문화미술에 대한 학생들의 이해도를 높이고, 미술에서 그들 고유의 자산을 인식하고 존중하도록 가르치는 것이다. 미술은 다양한 문화에 대한 가치와 태도, 현실에 대한 느낌을 표현하는 방법이다. 이런 다문화미술교육은 문화 간의 소통과 다문화 국가 내에서 사람들에 대한 존중을 강화할 수 있다. 미술의 이미지와 시각적 디자인을 통해 상호-문화 간의 이해도를 높이는 우리의 연구는 이러한 욕구를 충족시켜 줄 것이며 미술교육을 더 중요한 것으로, 교육의 핵심으로 만들 것이다. 또한 맥피(1991)는 미술현장에서는 많은 훌륭한 교사들이 있지만 대부분의 교사들은 하나의 표준 문화를 가르치고 있으며 세계 여러 지역에서 온 어린이들이 그들 자신의 문화와 다른 미술을 배우고 있다고 지적하고 있다. 학교는 주류 문화의 중산층과 백인주의 사회 조직을 이끌어 가는 집단으로서 학생들의 문화적 배경을 고려하지 않는다고 비판하고 있다.

맥피는 전반적인 미술수업에서 다문화 환경에서 온 학생들의 배경을 고려하여 학생들 개개인의 경험과 삶의 맥락에 맞게 미술수업을 해야 한다는 것을 강조하였다. 예를 들면 같은 주제를 가지고 그리기를 할 때도 불교 미술권에서 온 학생은 동양의 부처를 그리는 반면에 아랍권에서 온 학생은 전혀 다른 부처를 그리고 있는 것이다. 다문화적 역량을 가진 교사는 이런 개개인의 미술작품을 존중하고 이해해야 한다. 다문화미술교육은 인종, 문화, 성 등 다양한 사회적 배경을 가진 학생들이 소외되지 않고 미술수업에 있어서 평등하고 공평하게 교육받을 기회를 부여하는 것이다.

위에서 살펴본 다문화미술교육을 요약하면 다문화미술교육은 다양한 배경에서 온 학생들이 개인적인 경험과 삶을 맥락을 중요시하고 한 명의 학생도 미술수업에서 소외되지 않게 배려하는 교육이다. 다양한 민족, 인종, 계층의 미술작품을 통해 자신의 문화와 다른 문화를 비교함으로써 다양한 문화와 미술에 대한 이해를 확장시킬 수 있다. 다문화미술교육은 비주류 학생들에게 자신에 대한 깊이 있는 이해가 가능하게 하고 어떤 민족이나 문화가 다른 민족이나 문화보다 열등하거나 우월하지 않음을 깨닫게 한다. 따라서 다문화미술교육은 미술을 통해 우리 고유문화의 문화적 정체성을 찾을 수 있고 다문화사회로 가고 있는 우리 사회의 문제점을 해결할 수 있는 방안도 모색할 수 있다. 다문화미술교육은 미술이 사회문화적인 구성물이므로 미술품이 만들어진 사회의 맥락에서 이해되어야 하며 다양한 관점의 예술작품을 통해 비판적으로 사고하는 능력, 반성적 사고 능력, 다문화 적인 관점을 가질 수 있게 해야 한다.

2.2. 다문화미술교육의 내용

다문화미술교육도 궁극적인 지향점은 다문화 교육과 같으므로 뱅크스나 베넷의 일반적인 다문화교육의 내용을 알아볼 필요가 있다. 뱅크스는 다문화교육의 목적을 다음과 같이 제시하였다(Banks, 2008). 첫째, 개인들로 하여금 다른 문화의 관점을 통해 자신의 문화를 바라보게 함으로써 자기 이해를 증진시키는 것이다. 즉, 다문화교육은 이해와 지식을 통해 각 문화에 대한 존중을 추구한다. 둘째, 학생들에게 문화적, 민족적, 언어적 대안들을 가르치는 것이다. 셋째, 모든 학생이 자문화, 주류문화 , 타문화가 공존하는 다문화사회에서 요구되는 지식과 기능 태도를 습득하도록 하는 데 있다. 넷째, 소수인종 소수민족 집단이 그들의 인종적, 신체적, 문화적, 특성 때문에 겪는 고통과 차별을 감소시키는 데 있다. 다섯째, 전지구적이고 균일한 테크놀러지 세계에서 살아가는 데 필요한 읽기, 쓰기, 수리적 능력을 습득하도록 돕는 것이다. 베넷은 다문화교육을 다음과 같이 여섯 가지 관점에서 제시하였다.

> "첫째, 다양한 역사적 관점의 이해 및 발달을 강조한다. 과거와 현재의 사건들은 다양한 나라의 관점에서 이해되어야 한다. 지역적 사건이나 국가적 사건들을 이해할 때에도 다수 집단과 소수 집단의 관점이 동시에 고려되어야 한다. 둘째, 문화적 의식 함양이다. 자신의 세계관이 보편적이지 않으며, 다른 나라나 민족 집단의 구성원들이 갖고 있는 세계관과 심각하게 다르다는 점을 인정하고 이해하는 것이다. 셋째, 상호 문화 역량 강화이다. 자신과 다른 국제적 의사소통 능력(언어, 기호, 몸짓), 신호들(신체언어), 문화적 관습들을 해석할 수 있는 능력이다. 넷째, 인종차별이나 성차별 등 모든 형태의 편견과 차별에 대해 투쟁하기이다. 다섯째, 지구의 현 상태와 전 세계적 역동성에 대한 이해 증진이다. 여섯째, 사회적 행동 기술 개발이다. 즉, 지구의 미래와 인류의 행복을 위협하는 문제들을 해결하는 데 필요한 지식과 태도 행동 기술을 개발하는 것을 말한다."(Bennett, 2010, p.30)

맥피는 미술교육도 사회 문화적 다양성을 반영하여 사회 맥락적 관점에서 다루어져야 하고 다양한 집단에서 온 학생들의 배경과 문화가 동등하고 공평하게 다루어져야 함을 강조하였는데 이는 뱅크스의 주도하에 다문화교육 프로그램의 큰 틀을 제시하는 다문화교육지침서(1991, 미국국가사회과학위원회 채택)의 내용과 맥을 같이한다 이 지침서는 모두 23개 항목으로 이루어졌는데 그중 19번째 항목인 다문화프로그램은 학생들에게 여러 민족 및 문화 집단의 심미적 경험에 공감할 수 있는 기회를 제공해야 한다는 것과 22번째 항목인 학생을 평가하는 방법에 그의 민족 및 문화적 경험을 반영해야 한다(Pretceill, 2012) 등은 다문화미술교육에서도 똑같이 강조하는 바이다.

학생들의 각각의 배경과 문화를 중요시하는 맥피가 주장하는 다문화미술교육의 내용을 구체적으로 살펴보면 다음과 같다(이옥선, 1999 재인용). 첫째, 미술교육

내용으로 다양한 계층의 문화와 미술작품이 선정되어야 한다. 예를 들면 다른 나라와 민족의 미술, 여성 미술, 원시 미술, 순수 미술 같은 내용이 미술교육내용에 포함되어야 한다. 사회에 존재하는 다양한 문화를 이해하기 위해서는 먼저 자기 문화에 대한 정체성을 확립하는 것이 중요하다. 둘째, 1960년대 이후 환경에 대한 문제가 제기되면서 여러 가지 사회적 문제를 해결하기 위한 수단으로 디자인을 미술교육내용에 포함시켜야 한다고 했다. 맥피는 환경문제를 해결하기 위해 환경 디자인 교육이 미술교육내용에 필수적인 내용으로 구성되어야 한다고 강조하면서 다음과 같은 내용이 미술교육에 포함되어야 한다고 했다. 수공예품에서부터 대량으로 생산된 모든 제품디자인과 관련된 내용, 건축, 인테리어, 도시 건축물 등의 환경 디자인, 의상 디자인, 포장 디자인 등이다. 셋째, 현대 사회에서는 컴퓨터 등 대중 매체가 사회변화의 중요한 요인으로 자리 잡게 되면서 시각 리터러시가 중요하게 되었다. 그러므로 컴퓨터 그래픽, 인터넷을 통한 다양한 문화에 대한 내용, 텔레비전, 영화, 만화, 광고 같은 대중미술이 미술교육내용에 포함되어야 한다고 했다. 맥피는 다양성이 공존하고 있는 현실에서 학습자들에게 시각적인 해독력(visual literacy)을 길러주어 사회 문제를 해결하는 핵심적인 수단으로 미술 수업이 진행되어야 함을 강조하였다.

미술작품에 내포되어 있는 가치와 신념을 이해함으로써 그 사회와 문화를 이해하게 된다. 맥피는 다문화미술교육을 다음 세 가지 차원에서 강조하였다. 첫째 미술교육을 다원주의에 기반을 두고 미술을 통한 환경디자인 교육을 강조하였다. 전통적인 디자인 학습에서는 디자인요소들을 강조하지만 다문화적 환경의 디자인교육은 디자인에서 사회적·문화적 가치의 관계를 고려하여 분석할 줄 알아야 한다고 하였다. 둘째, 다양한 계층, 인종, 민족의 미술작품을 통해서 사회적인 기능과 문화적인 기능을 인식하고 미술품을 사회문화의 의사소통기능으로서 이해하고 자신의 문화와 다른 사람의 문화를 이해할 수 있게 한다. 셋째, 미술감상과 미술사 학습은 문화 상대주의에 기반하여 객관적 입장에서 자민족중심주의에 빠져들지 않게 경계하고 다른 문화에 대한 이해를 확장시켜야 한다고 하였다. 미술수업 시간에 학생들은 미술시간에 인종, 민족, 성, 불평등, 사회적 이슈들에 대해 토론하고 미술작품에 그 시대의 문화가 어떻게 반영되었는지 배운다(Mcfee & Degge, 1977).

3. 다문화미술교육 내용 분석의 기저

위에서 다문화미술교육의 개념, 목적, 내용 등을 살펴보았다. 다문화미술교육도 다문화교육의 큰 틀 안에 있으므로 다문화교육과 다문화미술교육이 지향하는 궁극적인 목적은 같다. 다문화미술교육을 통하여 미술교육의 최종 목표인 다른 사람과 소통하는 능력, 미술문화를 계승 발전시킬 수 있는 다문화적 역량을 갖춘 전인적 인간을 기르고자 하는 것이다. 그러므로 일반적인 다문화교육에서 강조하는 개념들은 뱅크스, 베넷, 스튜어의 다문화교육의 개념들을 통해서 추출해 보았다. 이들의 다문화교육 개념들은 〈표 10-1〉과 같다.

〈표 10-1〉 다문화교육의 개념들

뱅크스(Banks)	베넷(Bennett)	스튜어(Stuhr)
성	성	민주사회
인종	인종	평등사회
평등	평등	다양한 문화
계층	소수민족	편견감소
민족	다수민족	비판적 사고능력
자문화	상호문화역량강화	소통
주류문화	다양한 관점	
타문화	다양한 문화	
차별감소	편견에 투쟁하기	
	차별에 투쟁하기	
	소통	

〈표 10-1〉을 살펴보면 앞의 학자들이 공통적으로 제시하는 다문화교육의 개념들이 있다. 두 사람 이상이 공통적으로 제시하는 다문화교육의 개념들을 뽑아보면 성, 인종, 민족, 평등, 문화, 차별감소, 편견감소, 소통이 공통으로 제시되어 있다. 이 개념들을 일반적인 다문화미술교육의 관점으로 제시하고 다문화미술교육 분석틀을 만들면 〈표 10-2〉와 같다.

〈표 10-2〉 일반적인 다문화교육 관점에서 본 다문화미술교육 분석

영 역	개념(주제)	분석 관점
일반적인 다문화 교육 관점	성	성에 대한 고정관념을 보이지 않는가?
	인종	다양한 인종이 고루 다루어졌는가? 인종 차별적인 면은 없는가?
	민족	다양한 민족의 작품이나 내용이 고르게 다루어졌는가? 민족의 다양성을 인정하고 수용하는가?
	평등	모든 다문화 예술 작품이 평등하게 다루어졌는가?
	문화	다양한 문화가 편견 없이 고르게 반영되었는가? 예술 작품에 문화가 어떻게 반영되었는가?
	차별감소	미술 작품은 차별감소에 어떻게 기여하고 있는가?
	편견감소	미술 작품은 편견 감소에 어떻게 기여하고 있는가?
	소통	시각문화는 사회에서 어떤 방식으로 소통이 이루어지고 있는가?

다문화미술교육 내용 영역은 맥피(1977)의 다문화미술교육내용에 근거하여 다양한 계층의 문화와 미술 작품, 환경 디자인, 대중미술, 미술사와 감상으로 영역을 구분하였다. 맥피의 다문화미술교육 내용분석틀은 〈표 10-3〉과 같다.

〈표 10-2〉, 〈표 10-3〉에서 보듯이 다문화미술 영역을 크게 다섯 영역으로 나누었다. 첫째, 일반적인 다문화학자들의 공통 개념인 성, 인종, 민족, 평등, 문화, 차별감소, 편견감소, 소통의 8가지를 선정하고 분석관점을 제시하였다. 둘째, 맥피의 다문화미술교육 내용에 근거하여 4가지 영역으로 나누고 분석관점을 제시하였다. 다양한 계층의 문화와 미술 작품에서는 순수미술, 민속미술, 여성미술, 원시미술 영역으로 나누고 분석 관점을 제안하였다. 셋째, 환경 디자인영역으로 새로운 관점의 환경디자인 영역을 포함하여 5가지 주제로 나누어 분석관점을 제안하였다. 넷째, 대중미술영역이다. 대중미술은 컴퓨터미술에서 광고까지 7가지 주제로 나누고 분석관점을 제시하였다. 다섯째, 미술사영역이다. 미술사는 4개의 영역으로 나누고 분석 관점을 제안하였다. 여섯째, 감상영역이다. 문화상대주의에 입각한 감상 관점을 포함하여 5개 주제로 나누고 다문화분석 관점을 내놓았다.

이런 다문화미술교육 분석틀을 바탕으로 하여 2009개정교육과정에 따른 미술과 교육과정이 다문화미술교육과 어떻게 연계되고 반영되어 있는지는 다음에서 살펴보기로 한다.

〈표 10-3〉 맥피의 다문화미술교육 내용분석틀

영 역	개념(주제)	분석 관점
다양한 계층의 문화와 미술 작품	전통적인 순수미술	전통적으로 순수미술이라고 불렀던 모든 미술 분야들이 고루 다루어졌는가?
	민속미술	다양한 민속미술이 골고루 다루어졌는가?
	여성미술	다양한 여성미술 작품이 다루어졌는가?
	원시미술	원시미술 작품이 다루어졌는가?
환경 디자인	환경디자인	디자인에서 사회적 문화적 가치의 관계를 고려하였는가?
	수공예품 제품디자인	수공예품부터 대량으로 생산된 모든 제품 디자인들이 고루 다루어졌는가?
	건축 인테리어 도시 건축물	건축, 도시 건축물, 인테리어 디자인이 고루 다루었는가?
	의상 디자인	의상 디자인이 미술 내용으로 다루어졌는가?
	포장 디자인	포장 디자인이 미술 내용으로 다루어졌는가?
대중 미술	컴퓨터 미술	컴퓨터미술이 미술 내용으로 다루어졌는가?
	텔레비전	텔레비전이 미술 내용으로 다루어졌는가?
	출판물	모든 출판물이 미술 내용으로 다루어졌는가?
	영화	영화가 미술 내용으로 다루어졌는가?
	만화	만화가 미술 내용으로 다루어졌는가?
	사진	사진이 미술 내용으로 다루어졌는가?
	광고	광고가 미술 내용으로 다루어졌는가?
미술사	미술사	시대별로 미술사를 고르게 다루었는가?
	양식(시대)	미술 시대별로 작품이 고르게 다루어졌는가?
	작품의 배경	작품이 제작된 사회 문화적 배경을 다루었는가?
	미술가 역할	그 문화권에서 미술가는 어떤 역할을 하는가?
감상	관점	문화 상대주의 관점에 입각하여 감상 관점을 설정하였는가?
	존중	다른 사람의 의견을 존중하고 배려하는가?
	다양성	작품의 비슷한 점과 차이점을 비교해서 다루었는가?
	다른 문화	우리문화와 다른 나라 문화를 평등하게 다루었는가?
	미술품의 의사소통기능	작품의 사회적인 기능과 문화적인 의사소통기능을 다루었는가?

4. 2009개정 미술과 교육과정 다문화미술교육 분석

2009개정교육과정에 따른 미술과 교육과정 체계는 목표, 내용, 교수·학습, 평가로 구성되어 있다. 2009개정교육과정의 특징은 2007개정교육과정을 부분적으로 개정하였고 시대적 흐름에 맞게 다문화교육에 대한 내용도 추가되었다.

4.1. 미술과목 목표

2009개정교육과정에 따른 미술과 교육과정에 미술과목 목표는 다음과 같이 서술되어 있다(교육과학기술부, 2011).

미술은 느낌과 생각을 시각적으로 표현하고, 시각이미지를 통해 다른 사람과 소통하여, 자신과 세계를 이해하는 예술의 한 영역이다. 또 미술은 그 시대의 문화를 기록하고 반영하기 때문에 우리는 미술 문화를 통해서 과거와 현재를 이해하고, 나아가 문화의 창조와 발전에 공헌할 수 있다. 따라서 미술 교과의 목표는 미적 감수성과 직관으로 대상을 이해하고, 삶을 창의적으로 향유하며 미술 문화를 계승, 발전시킬 수 있는 전인적 인간을 육성하는 데 있다.

2009개정교육과정에 따른 미술과 교육과정에 나타난 미술과목 목표를 다문화미술교육 분석틀에 의하여 분석해 보면 다음과 같다. 다문화미술교육과 연관 있는 영역은 다문화관점의 지역, 가치, 소통과 관계가 있고 감상영역에서 존중과 미술품의 의사소통 기능에 다문화미술교육 관점이 부합하였다. 자세한 내용은 다음 〈표 10-4〉와 같다.

〈표 10-4〉 다문화미술교육 관점과 관련된 미술과목 목표 분석

영 역	개 념	분석 관점	미술과목 목표에 다루어진 다문화미술교육 내용
일반적인 다문화 미술교육 관점	소통	시각문화는 어떤 방식으로 소통이 이루어지고 있는가?	· 시각이미지를 통해 다른 사람과 소통하여, 자신과 세계를 이해하는 예술 · 느낌과 생각을 창의적으로 표현하고 소통할 수 있는 능력을 기름
감상	존중	다른 사람의 의견을 존중하고 배려하는가?	미술을 생활화하여 미술 문화를 애호하고 존중하는 태도를 기름
	미술품의 의사소통 기능	작품의 사회적인 기능과 문화적인 기능을 다루었는가?	미술은 그 시대의 문화를 기록하고 반영하기 때문에 우리는 미술 문화를 통해서 과거와 현재를 이해

〈표 10-4〉에서처럼 미술과 목표에서 다문화미술교육과 부합하는 내용은 '자신과 주변 세계에 대한 미적 감수성', '미술의 가치를 이해하고 판단할 수 있는 능력', '시각 이미지를 통해 다른 사람과 소통할 수 있는 능력', '미술 문화 애호 존중', '미술 문화를 통해서 과거와 현재를 이해' 등을 들 수 있다. 이는 다문화미술교육의 지향점인 타 문화에 대한 존중과 의사소통 능력을 잘 포함하고 있다.

4.2. 내용의 영역과 기준

2009개정에 따른 미술과 교육과정 내용의 특징은 체험, 표현, 감상 세 영역으로 나누고 3, 4학년 5, 6학년 군으로 묶어 학습내용을 제시하였는데 내용체계는 다음 〈표 10-5〉와 같다(교육과학기술부, 2011).

〈표 10-5〉 2009개정에 따른 미술과 교육과정 내용체계

영 역	3~4학년	5~6학년
체험	지각 주변 대상을 탐색하여 느낌과 생각을 다양한 방법으로 나타내기	지각 주변 대상이나 현상, 자신의 특징을 발견하고 다양한 방법으로 나타내기
	소통 생활 속에서 시각 문화를 찾아보고 탐색하기	소통 시각 문화의 소통 방식을 이해하고 활용하기
표현	주제 표현 다양한 주제를 탐색하여 자유롭게 표현하기	주제 표현 체계적인 발상을 통하여 주제의 특징과 느낌을 효과적으로 표현하기
	표현 방법 기본적인 재료와 용구, 표현 방법을 탐색하여 표현하기	표현 방법 다양한 표현 방법의 특징을 이해하고 효과적으로 표현하기
	조형 요소와 원리 조형 요소와 원리를 탐색하여 표현하기	조형 요소와 원리 조형 요소와 원리의 특징을 이해하고 효과적으로 표현하기
감상	미술사 미술의 시대적, 지역적 배경에 흥미와 관심 갖기	미술사 미술의 시대적, 지역적 특징을 알아보고 문화적 전통을 이해하기
	미술 비평 미술 작품에 흥미와 관심 갖기	미술 비평 미술 비평 활동의 과정과 방법을 익히기

〈표 10-5〉에서 보면 체험영역에서 지각과 소통으로 주제를 나누어 제시하였다. 표현영역에서는 주제표현, 표현방법, 조형요소와 원리로 주제를 나누어 제시하였다. 감상영역에서는 미술사와 미술 비평을 감상영역으로 나누어 제시하였다.

특히 감상영역의 내용을 미술사와 미술 비평으로 나누고 미술의 시대적 지역적 특징을 알아보고 미술 작품과 미술 문화에 있어서 우리나라뿐만 아니라 다른 나라 작가 작품들과 함께 다루었다. 이는 미술 문화의 다양성에 대해 충분하고 깊이 있게 인식하고 타 문화에 대한 긍정적인 수용과 비평 능력을 높이는 다문화미술교육의 목적과 부합된다고 볼 수 있다.

이 연구에서 제시한 다문화미술교육 분석틀은 미술사와 감상을 분리해서 다루었는데 이는 미술사는 미술의 역사와 미술작품이 만들어진 사회문화적 배경을 다룬다는 점에서 감상(미술 비평)과 분리되어야 한다고 생각해서이다. 2009개정 미술과 교육과정 내용체계에서 다문화미술교육에 근거하여 내용을 분석해 보면 〈표 10-6〉과 같다.

〈표 10-6〉 다문화미술교육 관점과 관련된 미술과 내용 분석

영 역	개념 (주제)	분석 관점	미술과목 목표에 다루어진 다문화미술교육 내용
일반적인 다문화 미술교육 관점	성	성에 대한 고정 관념을 보이지 않는가?	자신의 특징을 발견하고 다양한 방법으로 나타내기
	문화	다양한 문화가 편견 없이 고르게 반영되었는가?	미술의 시대적, 지역적 배경에 흥미와 관심 갖기
다양한 계층의 문화와 예술작품	전통적인 순수미술	전통적으로 순수미술이라고 불렸던 모든 미술 분야들이 고루 다루어졌는가?	다양한 표현 방법의 특징을 이해하고 효과적으로 표현하기
미술사	미술사	시대별로 미술사를 고르게 다루었는가?	미술의 시대적, 지역적 특징을 알아보고 문화적 전통을 이해하기
	양식별	미술 양식별로 작품이 고르게 다루어졌는가?	미술의 시대적, 지역적 특징을 알아보고 문화적 전통을 이해하기
감상	관점	문화 상대주의 관점에 입각하여 감상 관점을 설정하였는가?	미술 비평 활동의 과정과 방법을 익히기

〈표 10-6〉에서 보듯이 다문화미술교육에 부합하는 내용은 다음과 같다. 다문화관점에서 보았을 때 성과 문화에 해당하는 주제를 찾을 수 있다. 성에 대한 내용으로는 '자신의 특징을 발견하고 다양한 방법으로 나타내기'가 있고 문화에 관한 내용으로는 '미술의 시대적 지역적 배경에 관심 갖기'가 있다. 순수미술 영역에서는 '다양한 표현 방법의 특징을 이해하고 효과적으로 표현하기'가 있다. 미술사 영역에서는 '미술의 시대적 지역적 특징을 알아보고 문화적 전통을 이해하기'가 있고, 감상에서는 문화상대주의 감상 관점과 연관이 있는 '미술 비평 활동의

과정과 방법을 익히기'가 있다. 교육과정 내용체계에서는 환경 디자인과 대중미술에 대해 제시하지 않았지만 표현이라는 큰 틀 안에 들어 있는 것이므로 교사의 재구성이 요구되는 부분이다.

2009개정 미술과 교육과정의 성취 기준의 특징은 학교급별(초등학교와 중학교) 성취기준과 영역별 성취기준(3, 4학년, 5, 6학년, 중학교)으로 나누어 제시한 것이다. 초등학교 성취기준은 다음과 같다(교육과학기술부, 2011).

· 자신과 주변 환경의 미적 특징을 발견하고 시각 문화를 이해한다.
· 다양한 표현의 특징과 방법을 이해하고 효과적으로 표현한다.
· 미술 작품의 특징과 배경을 이해하고 감상한다.

영역별 성취기준은 체험, 표현, 감상 영역으로 나누어 제시하였는데 모든 내용을 다 제시하기는 지면 관계상 어렵고 여기서는 2009개정에 따른 미술과 교육과정에서 다문화미술교육과 연계된 성취기준을 찾아보면 다음 〈표 10-7〉과 같다.

〈표 10-7〉 다문화미술교육 관점과 관련된 미술과 성취기준 분석

영역	개념 (주제)	분석 관점	미술과 성취기준에 다루어진 다문화미술교육 내용
일반적인 다문화 미술교육 관점	민족	다양한 민족의 작품이나 내용이 고르게 다루어졌는가? 민족의 다양성을 인정하고 수용하는가?	· 우리나라와 다른 나라의 미술 작품을 찾아서 특징을 비교해 본다. · 우리나라의 시대별 대표적인 작품을 찾아보고 문화적 전통의 흐름을 이해한다. · 우리나라의 문화적 전통이 계승된 사례를 조사하고 전통의 의미에 대해 토론한다.
	평등	모든 다문화 예술 작품이 평등하게 다루어졌는가?	· 미술의 시대적, 지역적 특징을 알아보고 문화적 전통을 이해한다. · 다양한 시대와 지역의 미술이 지닌 특징을 알아보기
	문화	다양한 문화가 편견 없이 고르게 반영되었는가? 예술 작품에 문화가 어떻게 반영되었는가?	· 미술 작품의 시대적, 지역적 배경을 조사하고 미술 작품의 주제와 형식에서 이러한 환경적 요인이 어떻게 나타나는지 알아본다. · 지역의 미술관, 박물관, 유적지 등에서 전통 미술 문화를 찾아본다. · 지역 박물관에서 전통 미술품을 찾아보고 그 특징을 그림이나 말, 글로 나타낸다. · 미술 작품에 대한 자신의 느낌과 생각을 글로 써 본다.
일반적인 다문화 미술교육 관점	소통	시각문화는 사회에서 어떤 방식으로 소통이 이루어지고 있는가?	· 간단한 기호, 상징 등으로 자신의 느낌과 생각을 나타내고 서로 이야기한다. · 대상이나 현상을 주의 깊게 관찰하고 시각적 특징을 찾아본다. · 자신의 기억 감정, 생각을 나타내는 시각 이미지를 찾아보고 이야기를 나눈다. · 시각문화의 소통 방식을 이해하고 활용한다. · 주변 환경에서 다양한 시각 문화의 예를 찾아서 제작목적, 의도 등을 알아본다. · 다양한 시각 이미지의 의미 전달 방식을 알아본다.

다양한 계층의 문화와 미술작품	전통적인 순수 미술	전통적으로 순수미술 이라고 불렀던 모든 미 술 분야들이 고루 다루 어졌는가?	· 미술 작품의 내용과 형식을 분석하고 미술 용어를 활용하여 설명 한다. · 미술 작품을 통해 미술 용어를 이해한다. · 미술의 기본적인 용어를 이해한다. · 다양한 미술 작품의 주제를 알고 자신이 표현해 보고 싶은 주제를 탐색한다. · 관찰, 경험, 상상 등의 방법으로 주제를 자유롭게 표현한다.
디자인	환경 디자인	디자인에서 사회적 문 화적 가치의 관계를 고 려하였는가?	· 주변 환경에서 다양한 조형 요소와 원리를 탐색한다. · 주변 환경에서 발견한 조형 요소와 원리를 활용하여 표현한다.
	의상 디자인	의상 디자인이 미술 내 용으로 다루어졌는가?	· 조형 요소와 원리를 활용하여 효과적으로 표현하기
	포장 디자인	포장 디자인이 미술 내 용으로 다루어졌는가?	· 조형 요소와 원리를 활용하여 효과적으로 표현하기 (예: 조형 요소의 종류와 느낌을 알아봄)
대중미술	영화	영화가 미술 내용으로 다루어졌는가?	· 조형 요소와 원리를 활용하여 효과적으로 표현하기 (예: 영상 표현에 적합한 조형요소와 원리로 표현)
	광고	광고가 미술 내용으로 다루어졌는가?	· 생활 속에서 시각 문화를 찾아보고 탐색한다.
미술사	미술사	시대별로 미술사를 고 르게 다루었는가?	· 미술의 시대적, 지역적 특징을 알아보고 문화적 전통을 이해한다.
	양식별	미술 양식별로 작품이 고르게 다루어졌는가?	· 미술 작품의 내용과 형식을 분석하고 미술 용어를 활용하여 설명 한다.
	작품의 배경	작품이 제작된 사회 문 화적 배경을 다루었는 가?	· 미술 작품의 시대적, 지역적 배경을 조사하고 미술 작품의 주제와 형식에서 이러한 환경적 요인이 어떻게 나타나는지 알아본다.
	미술가 역할	그 문화권에서 미술가 는 어떤 역할을 하는 가?	· 미술가에 대한 구체적인 사례를 통해서 작가의 배경을 알아본다. · 작가의 표현 의도와 작품의 특징을 알아보고 감상문을 작성한다. · 미술가와 작품에 관하여 토론한다.
감상	관점	문화 상대주의 관점에 입각하여 감상 관점을 설정하였는가?	· 미술 작품 감상에 활용되는 다양한 관점과 방법을 이해한다 (예: 주제, 표현 방법, 조형 요소와 원리, 사회 문화적 배경 등 다양 한 감상 관점을 알아본다). · 미술 비평 활동의 과정과 방법을 익힌다.
	존중	다른 사람의 다양한 의 견을 존중하고 배려하 는가?	· 미술 작품에 대한 서로의 느낌과 생각을 존중한다. · 다양한 의견을 존중하고 미술 작품을 소중히 여기는 태도를 기 른다.
	다양성	작품의 비슷한 점과 차 이점을 비교해서 다루 었는가?	· 다양한 시대와 지경의 미술이 지닌 특징을 알아보기
	다른문화	우리 문화와 다른 나라 문화를 평등하게 다루 었는가?	· 우리나라의 시대별 대표적인 작품을 찾아보고 문화적 전통의 흐름 을 이해한다.
	미술품의 의사소통 기능	작품의 사회적인 기능 과 문화적인 기능을 다 루었는가?	· 미술이 활용된 지역의 축제, 공연, 행사 등에 참여한다. · 느낌과 생각을 전달할 수 있는 형과 색, 기호, 상징 등을 그림이나 사진에서 찾아본다. · 의미를 전달하기 위한 여러 가지 기호 상징 등을 만들어 본다. · 전시회를 관람하고 작품의 특징에 관하여 감상문을 작성한다 (예: 작가의 표현 의도와 작품의 특징을 알아보고 감상문을 작성 한다).

〈표 10-7〉에서 보면 다문화관점 영역에서는 민족, 평등, 문화, 소통 등의 주제와 관련된 다문화미술 내용들이 보이지만, 성, 인종, 차별감소, 편견감소 등에 관련하여서는 다문화미술 내용들이 언급되지 않고 있다. 이는 여성미술작품이나 인종, 계층 등을 고려하지 않은 것을 알 수 있고 또한 미술 작품을 통하여 차별 감소나 편견 감소 교육 등은 다루지 않은 것으로 보인다.

순수미술 영역에서는 순수미술과 관련된 다문화미술교육 내용은 많지만 다양한 민속미술 작품에 대해서는 언급이 없다. 이로 보아 다양한 민속 미술작품은 아직 충분히 다루어지지 않은 것을 알 수 있다. 현행 교과서에도 다양한 소수 민족 작품은 아직 거의 다루어지지 않고 있는 실정이다.

디자인 영역에서는 전통 디자인 영역의 조형 요소와 원리에 관련된 내용들은 많이 보이지만 맥피가 지적한 여러 가지 사회 문제를 해결하기 위한 환경 디자인 교육은 전혀 고려하지 않았음을 알 수 있다. 즉, 디자인에 대한 비판적인 능력과 디자인을 사용하는 능력은 미술교육내용에 포함되어 있지 않음을 알 수 있다.

미술사와 감상영역에서는 다문화미술교육 내용과 관련된 활동들이 많이 보인다. 여기서 중요한 점은 교사가 미술사와 작품감상 비평에 있어 문화상대적인 관점에서 작품을 고르게 공평하게 다루어야 한다는 점이다.

앞의 예에서 보듯이 예술 작품은 지역, 사회, 역사, 배경을 반영하는 시대적 맥락과 닿아 있으므로 다문화교육을 하기에 매우 적합한 교과 중의 하나이다. 예를 들면 '생활 속에서 활용되는 미술을 찾아보고 미술이 활용된 지역의 축제, 공연, 행사 등에 참여하는 활동'은 다문화시대에서 요구되는 다양성의 수용, 의사소통 능력을 키울 수 있다. '미술 작품의 시대적, 지역적 배경에 흥미와 관심을 가지고 미술 작품의 배경에 관하여 알아보기' 같은 활동을 통해 다양한 문화가 차별 없이 골고루 반영되었는지 예술 작품에 문화가 어떻게 반영되었는지를 알 수 있다. '미술 작품과 미술가에 대한 구체적인 사례를 통해 미술 작품의 시대적 지역적 배경을 알아보기'는 미술가가 그 문화권에서 어떤 역할을 했는지 알 수 있다. 또한 '우리나라와 다른 나라의 미술 작품을 비교하여 작품의 주제와 형식에서 이러한 환경적 요인이 어떻게 나타나는지 알아본다', '우리나라의 문화적 전통이 계승된 사례를 조사하고 전통의 의미에 대해 토론한다' 등의 활동을 통해 다른 문화에 대한 수용과 인식의 폭이 넓어지고 타 문화에 대한 편견과 차별이 사라지는 다문화교육을 할 수 있다. 다문화 관점의 소통과 관련된 '시각 문화가 우리 생활에서 어떤 방식으로 소통되고 있는가?' 알아보는 활동은 다른 영역에 비해서 많은데 이는 현대 사회에서 시각 문화의 소통이 중요함을 알 수 있다. 시각문화 소통 방법을 이해하고 활용하는 활동은 글이나 말보다 시각적으로 더 많은 의미를 전달하고 있는 오늘의 일상에서 매우 중요한 부분이다.

4.3. 교수–학습 방법

2009개정 미술과 교육과정의 교수-학습 방법의 특징은 교수 · 학습 계획, 교수 · 학습 방법, 내용 영역별 지도 세 영역으로 나누어져 있다. 교수 · 학습 계획은 4개의 활동이 제시되어 있으며, 방법은 6개의 활동, 내용 영역별 지도는 체험, 표현, 감상으로 제시되어, 체험에서 4개, 표현에서 7개, 감상에서 5개가 제시되어 있다(교육과학기술부, 2011). 교수-학습 방법에서 다문화미술교육에 근거하여 내용을 분석해 보면 다음 〈표 10-8〉과 같다.

〈표 10-8〉에서 보면 일반적인 다문화관점 영역에서는 성, 인종, 민족, 평등, 문화, 소통에서 다문화미술 내용과 관련된 활동들이 보이고 있다. 다양한 계층의 문화와 미술작품 영역에서는 순수미술에서만 관련 내용이 보이고 민속미술이나 원시미술, 여성미술에 관련된 내용은 보이지 않는다. 대중미술영역과 관련된 다문화미술교육 내용은 찾아볼 수 없어 아직까지 우리나라 초등미술교육에서는 대중미술이 미술의 한 분야로 자리 잡지 못한 것으로 보인다. 미술사와 감상영역별 지도에서 다음은 다문화미술교육의 목표와 직접 부합된다. '작품은 성, 인종, 민족, 지역, 시대, 양식별로 비교 감상하고, 문화적 다양성과 차이를 이해하도록 지도한다.' 이것을 풀이하면 미술은 다양한 문화를 이해하는 방식으로서 문화에 들어 있는 의미를 읽어 낼 수 있는 생생하고 민감한 수단이며 미술사를 이해하는 것은 곧 그 문화를 이해하는 것이라고 할 수 있다. 다양한 시각은 다양한 생각을 허용한다. 과거의 서구 중심, 남성 중심, 특정 시대, 특정 지역, 특정 작가나 유파의 편향된 미술작품이 아니라 다양한 성, 인종, 인종, 민족, 지역, 시대, 양식에 따라 달리 나타나는 문화를 비교 감상하도록 해야 한다. 또한 문화적 다양성에 대한 이해를 토대로 생활 속에 나타나는 문화적 편견과 차별에 대하여 토론하고 이를 다양한

〈표 10-8〉 다문화미술교육 관점과 관련된 미술과 교수-학습 방법분석

영역	주제	분석 관점	미술과 교수-학습 방법에 다루어진 다문화미술교육 내용
일반적인 다문화 미술교육 관점	성	성에 대한 고정 관념을 보이지 않는가?	작품은 성, 인종, 민족, 지역, 시대, 양식별로 비교 감상하고, 문화적 다양성과 차이를 이해하도록 지도한다.
	인종	다양한 인종이 고루 다루어졌는가? 인종 차별적인 면은 없는가?	
	민족	다양한 민족의 작품이나 내용이 고르게 다루어졌는가? 민족의 다양성을 인정하고 수용하는가?	
	평등	모든 예술 작품이 평등하게 다루어졌는가?	
	문화	다양한 문화가 편견 없이 고르게 반영되었는가? 예술 작품에 문화가 어떻게 반영되었는가?	학습 내용과 방법 및 수업의 시기는 학교와 지역 사회의 특수성을 고려하여 탄력적으로 운영한다. 지역의 미술 자료와 문화 공간을 적극적으로 활용한다.
	소통	시각문화는 사회에서 어떤 방식으로 소통이 이루어지고 있는가?	생활 속에서 미술의 소통 방식을 이해하고 활용할 수 있도록 한다.
다양한 계층의 문화와 미술작품	전통적인 순수미술	전통적으로 순수미술이라고 불렀던 모든 미술 분야들이 고루 다루어졌는가?	주제표현, 표현 방법, 조형 요소와 원리가 표현 과정에서 유기적으로 통합되도록 한다. 교과 간 통합적 접근을 통하여 표현을 확장할 수 있게 한다.
환경 디자인	환경 디자인	디자인에서 사회적 문화적 가치의 관계를 고려하였는가?	표현 활동을 계획할 때에는 환경 문제를 고려한다.
미술사	양식별	미술 양식별로 작품이 고르게 다루어졌는가?	작품은 성, 인종, 민족, 지역, 시대, 양식별로 비교 감상하고, 문화적 다양성과 차이를 이해하도록 지도한다.
감상	관점	문화 상대주의 관점에 입각하여 감상 관점을 설정하였는가?	교과 간 통합적 접근을 통하여 감상을 확장할 수 있게 한다. 주제, 표현 방법, 조형 요소와 원리, 사회 문화적 배경 등 다양한 감상 관점을 활용하여 종합적인 안목을 가지게 한다.
	존중	다른 사람의 다양한 의견을 존중하고 배려하는가?	미술 작품의 수준과 범위는 학습자의 수준을 고려하여 선정한다.
	다양성	성, 인종, 민족, 지역, 시대, 양식별 작품을 고루 다루었는가?	작품은 성, 인종, 민족, 지역, 시대, 양식별로 비교 감상하고, 문화적 다양성과 차이를 이해하도록 지도한다.
	미술품의 의사소통 기능	작품의 사회적인 기능과 문화적인 기능을 다루었는가?	생활 속에서 미술의 소통 방식을 이해하고 활용할 수 있도록 한다.

미술활동으로 연계함으로써 문화적 차이를 인정하고 폭넓게 수용하려는 태도를 가지도록 지도해야 할 것이다. 그 외 '미술용어와 비평방법을 이해하고, 글쓰기, 발표 및 토론'활동을 통해 나와 다른 생각을 상대방을 존중하고 다양한 미술문화에 대해 이해하고 수용하게 된다. 이처럼 다문화미술교육이 2009개정 미술과 교육과정에 반영되고 있음을 알 수 있다.

4.4. 평 가

2009개정에 따른 미술과 교육과정 평가영역의 특징은 평가 계획, 평가 방법, 내용 영역별 평가, 평가 결과 활용의 4영역으로 나누고, 평가 계획은 3개의 하부 활동, 평가 방법은 5개의 하부 활동, 내용 영역별 평가는 3개의 하부 활동, 평가 결과 활용은 3개의 하부 활동으로 구성되어 있다. 모든 교육활동에서 그렇듯이 평가를 통해 피드백이 이루어지고 학생 개개인의 역량을 강화시킬 수 있는 점에서 평가는 특히 중요시된다. 평가 영역에서는 본인이 개발한 다문화관점에 근거한 분석을 하는 것은 별 의미가 없어 보이므로 분석틀을 적용하지 않고 다문화미술교육과 관련된 내용을 살펴보면 다음과 같다.

평가 계획에서는 특별히 다문화미술 평가와 관련하여 언급한 부분은 보이지 않는다. 다문화학생을 고려한 미술 평가 계획이 고려되어 있지 않음을 알 수 있다. 그러나 교사는 평가 계획을 세울 때 학생의 다양한 배경을 고려하여 다른 문화권에서 온 학생이 소외되지 않도록 해야 한다. 예를 들면 베트남 어머니를 가진 학생을 위한 계획은 그 학생이 가진 배경에 맞게 따로 계획을 세워야 한다.

평가 방법에서는 다섯 번째 활동에서 평가의 내용, 과제, 매체 등은 학생과 학교의 상황을 고려하여 다양하게 제시되도록 선택의 기회를 부여할 수 있도록 한다. 여기에서 선택의 기회는 매우 중요하고 교사는 학생 개개인의 지식과 배경, 상황을 고려하여 개인별 성장참조형 수행평가 계획을 세우는 것이 바람직하다. 성장참조형 수행평가는 학생 개개인이 초기 능력수준에 비하여 교수 학습 과정을 통하여 얼마나 성장하였는가에 초점을 두는 평가로서 사전능력수준과 관찰 시점에 측정된 능력수준 간의 차이에 관심을 두는 평가이다. 즉, 학생 개개인의 서로 다른 출발점과 배경을 고려하여 평가 시점에 얼마나 성장하였는가에 관심을 두고 평가를 하는 것이 바람직하다. 이 평가 방법에서는 학생의 배경과 경험에 맞는 다양한 평가를 제시하여 학생 개개인의 장점을 살릴 수 있는 내용과 방법을 선택하도록 격려하는 것이 중요하다.

내용 영역별 평가 에서는 표현 영역에서 '발상과 구상력, 재료와 용구의 선택과 활용력, 매체와 방법의 활용력, 조형요소와 원리의 적용력, 창의성, 표현력, 심미성, 태도 등을 평가한다'로 되어 있는데 재료와 용구의 선택에 있어서 소수민족,

다문화 학생들이 각자에게 맞는 다양한 재료와 용구를 활용할 수 있도록 준비해야 한다. 예를 들어 외국인 국적을 가진 부모를 둔 학생이 그 나라에서 즐겨 쓰는 재료를 가져와서 미술 작업에 임할 수 있도록 배려해야 한다.

평가 결과 활용에서는 특별히 다문화가정 자녀들을 위한 활용 계획은 따로 언급하지 않았지만 교사는 모든 학생이 평가 결과를 통해 자신의 성취 수준을 판단하고, 교수 학습 내용 및 학습 방법개선을 위한 자료로 활용하고 특히 다문화가정 학생들은 자신들의 문화 정체성에 대한 자부심을 가질 수 있도록 배려해야 한다.

5. 다문화미술교육의 체계적인 반영

이 글에서는 뱅크스, 베넷, 스튜어, 맥피 등 여러 학자들의 이론에 근거하여 다문화미술교육 분석틀을 제시하였다. 나아가 이 틀에 의거하여 2009개정교육과정에 따른 초등 미술과 교육과정에 반영된 다문화미술교육 내용을 분석하였다. 이 분석 결과를 종합적으로 살펴보면, 다문화미술교육이 2009개정교육과정에 따른 미술과 교육과정의 내용, 목표, 교수 · 학습 방법, 평가 영역에 부분적으로 반영되기는 하였지만 체계적으로 반영되지 못하고 미흡한 실정이라고 판단할 수 있다. 이에 좀 더 체계적인 다문화미술교육이 반영되어 한국에서 비주류 학생, 다문화가정 학생들이 소외되지 않도록 해야 함은 물론이고 미래 민주사회를 살아갈 다수의 한국 학생들에게도 다문화미술교육은 필수가 되어야 한다고 본다. 기초적인 기본 생활 습관과 가치관이 형성되는 초등학교 학생들에게 다문화교육은 아무리 강조해도 지나치지 않다. 초등학생들이 살아갈 미래 사회는 다양성이 공존하는 다인종, 다문화사회로 다문화적 역량이 중요한 핵심 역량 중의 하나가 될 것이기 때문이다. 미술 교과는 다문화교육을 하기 위한 가장 효과적인 교과 중 하나로 다문화교육에 유용한 핵심 역할을 할 수 있을 것이다.

다문화미술교육은 동시대의 문화를 적극 수용하고 시각적 문해력을 길러 자신의 생활 속에서 예술 문화를 향유할 수 있는 격조 높은 삶을 살 수 있게 하고, 다른 문화에 대한 폭넓은 이해와 우리 문화 정체성에 대한 자긍심을 가지고 다른 사람을 배려하고 더불어 행복하게 살아가는 역량을 키울 수 있다. 궁극적으로 사회

정의를 지향하는 다문화미술교육은 민주 사회 건설에 이바지할 것이다.

2009개정교육과정에 따른 미술과 교육과정의 분석 결과는 2009개정 미술과 교육과정에 다문화미술교육의 내용이 들어 있긴 하지만 교육과정의 목표, 내용, 교수-학습, 평가에 다문화미술교육이 체계적으로 반영되지 않았다는 점이다. 따라서 다문화미술교육은 학교 현장에서 지도되고 적절한 평가 방법에 의해 평가되어야 한다. 그러기 위해 몇 가지 제언을 하고자 한다.

첫째, 후속되는 연구는 현행 2009개정교육과정에 따른 미술과 교육과정의 목표, 내용, 교수 · 학습, 평가에 다문화교육의 수준과 내용을 어떻게 적용할 것인지 연구되고 체계적으로 반영되어야 한다.

둘째, 교육현장에서 다문화수업을 위한 실제적인 다문화미술 교수-학습 프로그램 개발이 체계적으로 이루어져야 한다.

셋째, 효과적인 다문화미술 수업을 위해서 다양한 교수-학습 방법뿐 아니라 다양한 다문화미술 수업 자료가 보급되어야 한다. 이와 병행하여 현장에서 교사 학생에게 활용도 높은 참신하고 창의적인 교과서 개발이 이루어져야 한다.

넷째, 마지막으로 다문화미술 수업을 위한 교사 연수의 중요성을 인식하고 다문화미술 교사 교육이 이루어져야 한다. 다문화에 폭넓은 지식과 역량을 가진 미술교사의 수업은 결과적으로 학생의 다문화 역량을 키울 수 있을 것이기 때문이다.

끝으로, 다문화미술교육은 다문화미술에 대한 학생들의 이해도를 높이고, 가치와 태도, 현실에 대한 느낌을 표현할 수 있어야 하므로 언제 어디서나 미술을 느끼고 즐길 수 있는 미술의 생활화를 위한 학교 환경 조성이 필요하다.

11장

중도입국학생을 위한 한국어교육 교재 분석

11 중도입국학생을 위한 한국어교육 교재 분석*

오영훈 · 허숙

* 이 글은 2012년 「텍스트언어학」 33권에 게재된 논문 '중도입국학생을 위한 한국어교육 교재 분석 연구'을 수정 보완한 것이다.

1. 한국어교육 교재분석의 필요성

최근 외국에서 출생하여 성장하다 부모를 따라 동반 입국하는 국제결혼 재혼가정 및 외국인근로자 가정이 증가하고 있는 추세이다. 이들은 한국에서 출생한 다문화가정 자녀와는 달리 새롭게 구성된 가족 문화와 이미 본국에서 형성된 가치관과 달라 이중문화를 접하면서 사회적 편견, 정체성 혼돈, 가치관 혼란 등으로 많은 갈등을 겪고 있다. 본국의 성장환경 및 교육시스템과 현저한 차이가 있는 한국에서 이들을 정착시키기 위해서는 먼저 한국문화이해와 한국어교육이 시급한 실정이다. 하지만 급증하고 있는 한국 내 중도입국학생을 위한 한국어교재는 찾기가 쉽지 않다.

상당수 다문화 대안학교들은 자체교재를 제작하여 학생들을 교육하고 있지만, 중도입국학생의 현실을 고려하지 않은 어휘와 주제 및 문화로 구성되어 있다. 또한 대안학교의 한국어교재들은 대학에서 만든 교재가 대부분을 사용하고 있는 실정이다. 이것은 학습자 대상이 맞지 않는 중도입국자녀의 상황에서 이해와 적용이 쉽지 않은 편이다.

한국사회의 문화적 다양성을 이해하고, 다문화사회 구성원으로 상호존중하면서 공존하기 위해서는 한국어교육을 위한 교재 또한 다문화현실에 맞게 구성되어야 한다. 다시 말하면, 한국어교육의 목적 자체에만 중점을 둔 것이 아니라, 학습자가 주류사회에서 평등하게 생활할 수 있는 기회를 가지면서 학습자의 모국어와 문화를 지켜나갈 수 있도록 방향이 확장되어야 한다는 것이다.

이 글에서는 다문화 대안학교 중 아시아공동체학교와 새날학교에서 사용하고 있는 교재를 한국어교재의 어휘와 주제 및 문화 영역이 중도입국자녀에 맞게 구성되어 있는지 분석하고 난 후, 중도입국학생을 위한 한국어교재 개발방향을 제안하고자 한다.

2. 중도입국학생의 현황 및 대안학교의 교재 현황

2.1. 중도입국학생의 현황

성상환(2010)은 '다문화가정 동반·중도입국 자녀 교육 수요 및 지원방안 연구'에서 중도입국학생이란 한국에서 태어나지 않고 중간에 부모를 따라 입국하거나, 한국에 살고 있는 부모의 부름으로 입국한 자녀를 말한다고 하였다.

교육부(2014)에 의하면, 2013년 기준 전국 초·중·고교에 재학 중인 다문화학생의 수는 55,780명으로 이는 2012년 46,954명보다 8,826명이 급증했다. 이것은 정부가 다문화학생 현황을 처음 파악한 2006년 9,389명에서 7년 만에 5.9배로 늘어났으며, 증가속도는 더욱 빨라지고 있다. 이런 속도로 증가하게 되면 2014년도에는 전체학생의 1%를 상회할 것으로 예상된다.

외국에서 출생하여 성장하다가 부모와 함께 입국한 중도입국학생의 경우, 10대 중반 전후인 경우가 많아 학교 적응에 어려움을 보이고 있다. 2011년도 중도입국학생의 재학률은 초·중학교 91.0%이고, 특히 고등학교 재학률이 15.8%에 불과하다(교육과학기술부, 2012년 7월 12일 보도자료).

다음 표는 교육부(2014)에서 발표한 다문화학생 수의 현황이다. 2013년에 초등학교에 다니고 있는 중도입국학생이 3,065명으로 고등학교에 재학하고 있는 713명보다 훨씬 많다.

이들은 대부분 결혼이민자가 한국인 배우자와 재혼하여 본국의 자녀를 초청하거나 한국인 배우자의 자녀로 입양하여 데려오는 경우이다. 또한 이들은 국제결

<표 11-1> 다문화학생 수 현황(학교급별) (단위: 명)

구 분	2012년도				2013년도			
	초	중	고	계	초	중	고	계
한국 출생	29,303	8,196	2,541	40,040	32,831	9,174	3,809	45,814
중도 입국	2,676	986	626	4,288	3,065	1,144	713	4,922
외국인 자녀	1,813	465	348	2,626	3,534	976	534	5,044
계	33,792	9,647	3,515	46,954	39,430	11,294	5,056	55,780
비율	74.1%	19.7%	6.2%		70.7%	20.3%	9.0%	

출처: 교육부(2014년 3월 17일 보도자료)

혼가정 자녀 중 외국인 부모의 본국에서 성장하다 청소년기에 재입국한 청소년 등으로 새롭게 구성된 가족과 관계 형성의 부담이 있을 뿐만 아니라, 가정의 해체와 재결합, 오랜 이별 등으로 친모와 소통의 단절을 경험하기도 한다. 중도입국학생의 상당수는 정규학교에 다니고 있지 않거나, 부적응으로 중도탈락하고 있어서 정확하게 추정하기는 어려운 부분이다. 정규학교에 편입하기 전이나 부적응 학생은 전국에 있는 다문화 대안학교에 다니고 있거나, 각 지역 다문화센터에서 한국어를 배우고 있는 실정이다.

2.2. 대안학교의 교재 현황

교육과학기술부(2012)에 의하면, 전국에 있는 대안학교는 14개 학교이고, 다문화 대안학교는 지구촌학교, 서울다솜학교, 한국폴리텍 다솜학교의 3개 학교 정도이고, 대안교육 특성화중학교는 10개 학교 중에 북한이탈청소년이 다니고 있는 한겨레중학교 정도이다. 대안교육 특성화고등학교는 24개 학교이고, 다문화관련 학교는 지구촌고등학교, 한겨레고등학교 정도이다. 이처럼 다문화 대안학교의 수가 소수이며, 정부 부처나 기관에서 다문화가정 자녀의 한국어능력향상이나 한국문화의 이해를 위해 편찬하여 배포한 교재들이 실제로 각 교육기관에서는 거의 사용되지 않는 실정이다.

그 이유는 이들 교재들이 대부분 국어교과서의 형태로 국어교육에 중심을 두고 있거나 한국어교육의 외국인 성인 학습자를 대상으로 한 내용과 교육 방법을 채택하고 있기 때문에 다문화가정 자녀들의 사회문화적 특성을 제대로 반영하지 못하고 그들의 요구를 충족하기에 부족하기 때문이다. 다문화가정 자녀들은 학습에 필요한 한국어 구사 능력이 부족하여 학업 성취도가 낮으며, 한국문화에 대한 이해가 부족하여 학교생활에 어려움을 겪는 특성이 있다.

최권진·채윤미(2012)에 의하면, 정동다문화어울림학교에서는 연세대·서울대 한국어 교재를 사용하고 있다. 아시아공동체학교는 서울대 한국어 교재와 자체 제작한 교재, 그리고 기타 학습 유인물을 사용하고 있고, 새날학교, 지구촌학교, 다솜학교도 자체 제작한 교재와 학습보조 유인물을 사용하고 있다. 이처럼 대안학교들은 대학교 교재를 사용하고 있거나, 자제 제작한 교재 및 학습보조 유인물을 사용하여 한국어교육을 하고 있는 실정이다.

3. 대안학교 교재 구성과 분석

3.1. 대안학교 교재 구성

문화는 교재에서 부분으로 별도로 구성되어 있는지를 기준으로 분석하였다. 그리고 아시아공동체학교 교재 1권은 한글 자·모음 연습 활동지로 구성되어 있기 때문에 분석에서 제외하였다.

3.1.1. 새날학교

교재는 『기초 국어(상권)』, 『기초 국어(하권)』 두 권으로 2010년에 자체 제작하여 사용되고 있다. 교재구성은 다음 〈표 11-2〉와 〈표 11-3〉과 같다.

전체 6개 단원이며, 각 단원은 자·모음을 익히고, 자음과 모음으로 시작하는 단어를 익히도록 구성되어 있다. 1과부터 6과까지 주제는 한글의 원리로 구성되어 있고, 어휘는 각 과별로 다루고 있지만, 어휘가 있는 경우와 없는 경우도 있다. 3과는 동물 이름 어휘, 5과는 신체, 숫자, 위치 어휘, 6과는 가족 호칭, 과일 이름, 동물 이름, 색깔, 요일, 기분 어휘로 구성되어 있다. 부록에 있는 어휘는 1,651개로 인사, 교실, 신체인사, 교실, 신체, 가족, 나라, 운동, 색깔, 위치, 모양과 크기, 은행, 우체국, 식사, 시간, 날짜, 병원, 옷, 교통, 동물원, 기후, 정원, 관용어, 속담, 종

〈표 11-2〉 교재 구성(상권)

	단 원	주 제	어 휘	문 화
	기초 국어(상권)			
	한글의 발음 규칙 → 연음법칙, 중화규칙, 겹받침 단순화, 비음화, 경음화, 격음화, 구개음화, 'ㅎ' 탈락	한글		
1	낱자모양 익히기 → 자모음 익히기	한글		
2	글자의 짜임알기 → 기본음절표 익히고, 단어 소리 내어 읽기	한글		
3	자음자 익히기 → 자음으로 시작하는 단어, 받침이 있는 어휘 익히고, 숨은 그림 찾기	한글	동물이름, 가전제품, 운동, 음식 이름, 나라 이름, 교통	
4	모음자 익히기 → 모음 익히고, 그림과 어휘 연결하기	한글		
5	낱말 익히기 → 신체, 숫자, 시간, 위치 어휘 익히기	한글	신체, 숫자, 위치	
6	낱말 익히기 → 가족, 과일, 동물, 색깔, 요일, 기분 어휘 익히기	한글	가족 호칭, 과일 이름, 동물 이름, 색깔, 요일, 기분	
부록	1) 한국어 어휘: 1,651개(ㄱ: 203개, ㄴ: 71개, ㄷ: 130개, ㄹ: 7개, ㅁ: 106개, ㅂ: 134개, ㅅ: 222개, ㅇ: 300개, ㅈ: 168개, ㅊ: 76개, ㅋ: 36개, ㅌ: 36개, ㅍ: 58개, ㅎ: 104개), 인사말, 교실용어, 분야별 어휘, 관용어, 속담(100개) 2) '선생님! 꿈이 나를 움직이게 키워주세요'에서는 '꿈을 현실로 이룬 사람들' 등은 다수의 특정 종교 어휘로 구성	한글	인사, 교실, 신체, 가족, 나라, 운동, 색깔, 위치, 모양과 크기, 은행, 우체국, 식사, 시간, 날짜, 병원, 옷, 교통, 동물원, 기후, 정원, 관용어, 속담, 종교, 꿈, 소원, 목표, 사명, 목표, 비전, 전략, 목적	

교, 꿈, 소원, 목표, 사명, 목표, 비전, 전략, 목적으로 구성되어 있고, 초급 교재임에도 불구하고 고급 어휘도 많이 포함되어 있다. 문화는 별도로 다루지 않고 있다.

〈표 11-3〉 교재 구성(하권)

	단 원	주 제	어 휘	문 화
	기초 국어(하권)			
	한글의 발음 규칙 → 연음법칙, 중화규칙, 겹받침 단순화, 비음화, 경음화, 격음화, 구개음화, 'ㅎ'탈락			
1	안녕하세요?	인사·소개	인사, 나라	
2	우리 가족을 소개합니다	가족소개	가족, 직업	
3	한국은 어떤 나라예요	한글한국	한글, 한국, 조선시대, 태극기, 애국가	
4	이것은 뭐예요?	소개	지시대명사(이, 그, 저), 어느, 과일 이름, 교통	

5	아이스크림은 얼마예요?	물건 사기	식품, 숫자, 직업, 운동
6	며칠이에요?	날짜	날짜, 숫자
7	몇 시예요?	시간	시간
8	따끈따끈한 밥이에요	음식	음식, 의성어, 의태어
9	운동을 좋아해요?	운동	운동, 동사 어휘
10	학교에 어떻게 와요?	학교	학교, 교통
부록	1) 한국어 어휘: 1651개(ㄱ: 203개, ㄴ: 71개, ㄷ: 130개, ㄹ: 7개, ㅁ: 106개, ㅂ: 134개, ㅅ: 222개, ㅇ: 300개, ㅈ: 168개, ㅊ: 76개, ㅋ: 36개, ㅌ: 36개, ㅍ: 58개, ㅎ: 104개), 인사말, 교실용어, 분야별 어휘, 관용어, 속담(100개) 2) '선생님! 꿈이 나를 움직이게 키워주세요'에서는 '꿈을 현실로 이룬 사람들' 등은 다수의 특정 종교 어휘로 구성	한글	인사, 교실, 신체, 가족, 나라, 운동, 색깔, 위치, 모양과 크기, 은행, 우체국, 식사, 시간, 날짜, 병원, 옷, 교통, 동물원, 기후, 정원, 관용어, 속담, 종교, 꿈, 소원, 목표, 사명, 목표, 비전, 전략, 목적

교재는 전체 10과로 구성되어 있으며, 한글의 발음 규칙과 부록은 상권과 동일하게 구성되어 있다.

각 단원의 구성 체계는 규칙적이지 않다. 다시 말하면, 기본적인 대화문으로 구성된 경우도 있고, 대화문이 아닌 단순한 본문으로 구성된 경우도 있으며, 3과처럼 본문이 구성되어 있지 않은 단원도 있다. 그리고 각 단원마다 등장인물이 다르고, 등장인물이 없는 단원도 있다. 각 단원은 최소 7쪽에서 16쪽으로 구성의 양이 불규칙하고, 과제 활동은 적게는 1쪽에서 7쪽에 이르기까지 큰 차이를 보인다. 부록의 어휘들은 고급 어휘도 많이 포함되어 있고, '하나님이 주시는 기회를 만납니다, 사역, 바울, 테레사' 등 특정 종교 어휘로 구성되어 있어서 종교적 편견을 학생들에게 줄 수 있다. 부록의 어휘는 중국어로 번역되어 있다. 문화 부분은 상권처럼 별도로 다루고 있지 않다.

3.1.2. 아시아공동체학교

교재는 『즐거운 한국어 배우기 2』, 『즐거운 한국어 배우기 3』, 두 권이다. 학교에서 자체 제작하여 사용하고 있고, 각 권 모두 러시아어와 중국어 버전으로 구성되어 있다. 교재구성은 다음 〈표 11-4〉와 〈표 11-5〉와 같다.

⟨표 11-4⟩ 교재 구성(2)

장	과	단 원	주 제	어 휘	문 화
		이주아동을 위한 한국어 교재 2 즐거운 한국어 배우기			
1	1	자음과 모음	한글		
	2	단어연습	한글	학교, 교실, 주방, 학용품, 청소, 집, 탈 것, 과일, 채소, 동물, 직업, 교과목, 장소, 색깔, 시간, 운동	
	3	학교에서 많이 쓰는 말	학교	학교	
	4	생활에서 많이 쓰는 표현	인사	지시대명사(이), 음식, 물건, 학교, 교통, 생일, 나이, 요일, 나라, 날씨, 인사, 숫자, 신체	
	5	뜻이 큰 말과 작은 말		방향, 자연, 계절, 날씨, 신발, 맛, 물고기, 곤충, 동물, 새, 옷, 나무, 도시, 학교, 동사, 형용사	
2	1	가족	가족 소개	가족, 계절, 과일 이름,	중국(러시아): 호칭
	2	학용품	학교	지시대명사(이, 그, 저)	중국: 한자 비교 러시아: 크리스마스는 1월7일이에요
	3	동물	동물	동물	중국(러시아): 긴급 전화번호
	4	학교	학교	도시, 학교	중국: 교통비 할인제도 러시아: 고3이 11학년이라고요?
	5	음식	음식	음식, 운동	중국(러시아): 의식주
	6	과일과 채소	과일	과일, 채소	중국: 발효음식 러시아: 한국은 장, 러시아는 유제품
	7	수업시간	수업	수업, 방학	중국(러시아): 식사예절
	8	직업	직업	직업	중국: 행운의 숫자 러시아: 지금 그곳은 몇 시입니까?
	9	운동	운동	운동, 음식, 여행	중국(러시아): 한국과 중국(러시아)의 명절
	10	탈 것	교통	교통	한국의 대중교통을 이용하려면
	11	청소	청소	물건	중국(러시아): 유료화장실
3	1	동요배우기	동요	동물, 놀이터, 안부	

　　교재는 전체 3장으로 구성되어 있다. 1장은 5과, 2장은 11과, 3장은 동요로 구성되어 있다. 각 단원의 구성 체계는 규칙적이지 않다. 1장에서 1과는 자음과 모음을 익히고, 발음 연습을 하게 되어 있다. 2과는 단어연습으로 어휘와 함께 그림이 제시되어 있어 이해를 돕고 있지만, 삽화가 흑백으로 구성되어 있어서 초등 학습자들이 흥미를 높이기에는 부족할 수 있다. 직업 어휘에는 경찰관, 미용사, 간호사가 모두 여성, 운동 종목은 모두 남학생 삽화로 구성되어 있어 성별의 편견을 심어줄 수 있다.

2장 각 과는 본문 대화문의 등장인물이 각기 다르고, 등장인물이 없이 구성되어 있는 과도 있다. 각 과는 4쪽에서 5쪽으로 구성되어 있다. 한국과 중국(러시아)의 문화를 비교한 부분은 '한국과 중국(러시아)은 문화가 달라요'라고 구성되어 학습자가 다양한 문화를 경험할 수 있다. 그리고 매 과의 문화 다음에는 '놀이터'라는 구성이 있으며, 숨은그림찾기나 그림을 숫자로 이을 수 있는 활동, 청소 구역 정하기 의논할 때, 친구와 싸웠을 때와 같은 역할극 등이 다양하게 구성되어 있다.

〈표 11-5〉 교재 구성(3)

장	과		단 원	주 제	어 휘	문 화
1 문법	1		소리규칙	한글		
	2		속담 및 사자성어		속담	
	3		띄어쓰기		한글	
	4		원고지 사용법		원고지	
	5		품사의 종류와 특성	품사	명사, 대명사, 수사, 동사, 형용사, 관형사, 부사, 조사, 감탄사	
	6		문장의 성분		주어, 서술어, 목적어, 보어, 관형어, 부사어, 독립어	
	7		한국의 관용표현		관용어	
2 본문	이야기글	1	농부와 세 아들	깨달음	우화 어휘, 명사, 동사, 형용사	
		2	여우와 포도밭	욕심	우화 어휘	
		3	보들이야기	겸손	우화 어휘	
		4	손가락 오형제	화합	우화 어휘, 수사, 신체 어휘	
		5	삼년고개	지혜	우화 어휘	
		6	아낌없이 주는 나무	희생	우화 어휘	
	생활문	1	동준이의 일기	우애	운동, 편지	
		2	사랑하는 딸에게	사랑	생활 어휘	
		3	찬호에게	우정	계절, 편지	
	극본	1	토끼의 재판	지혜	극본 어휘	
		2	탈놀이	배려	극본 어휘	
	시	1	추운 날	기다림	시 어휘	
		2	전학	전학	시 어휘	
		3	떡볶이	떡볶이	시 어휘, 의성어, 의태어	
		4	섬집 아기	엄마와 아기	시 어휘	
		5	은영 세탁소	아버지	시 어휘	

2 본문	설명하는 글	1	무지개	무지개	무지개
		2	우리나라 명절	명절	명절
		3	한과	한과	한과, 과자 이름
		4	개	개	동사
		5	태권도	태권도	무술
		6	윷놀이	윷놀이	놀이
		7	우리의 질그릇	질그릇	질그릇
		8	우리학교 도서실	도서실	도서실, 사전
		9	소금	소금	소금
		10	성장통	성장통	성장통
	주장하는 글	1	쓰레기통을 놓아야 할까요?	놀이터	놀이터
		2	독서의 필요성	독서	독서
		3	교통안전	교통안전	교통
		4	전통문화를 지키자	전통문화 계승	전통문화
		5	친절한 사람	친절	사람
		6	소중한 물	절약	절약
부록		1	교과서 사전 찾기		
		2	많이 쓰이는 속담		
		3	관용표현 익히기		

교재는 전체 2장으로 구성되어 있다. 1장은 문법으로 7과로 구성되어 있고, 2장은 본문으로 첫째 마당부터 여섯째 마당으로, '이야기 글, 생활문, 극본, 시, 설명하는 글, 주장하는 글'로 구성되어 있다.

각 단원의 구성 체계는 규칙적이지 않다. 2장 본문은 우화로 구성되었고, 내용을 습득하도록 내용파악, 단어의 품사와 뜻을 익히는 단어학습, 표현학습으로 구성되었다. 그리고 심화학습에서 1과는 말하기 활동, 2과는 독후감을 쓰는 활동으로 구성되었다. 그러나 3과부터는 문법학습이 추가되어 구성되어 있다. 본문은 우화, 편지, 일기, 극본, 시, 설명문, 논설문으로 구성되어서 다양한 주제와 어휘가 학습자의 어휘 발달에 기여할 것으로 보인다. 아쉬운 점은 문화를 별도로 다루고 있지 않다는 것이다.

3.2. 대안학교 교재 분석

3.2.1. 새날학교

1) 어 휘

각 단원에서 제시하는 어휘들은 해당 단원의 주제나 기능과 연관되며, 등급별로도 체계적인 연관 관계를 가지는 것이 바람직하다. 즉 빈도수를 고려하여 어휘 항목을 배분하지만 각 과의 주제에 필수적인 어휘를 최소화하여 제시하려면 새롭게 도입된 필수 어휘는 전체 체계를 고려해서 배열되어야 할 것이다. 그러나 각 단원별 어휘의 단계별 연계나 체계를 고려한 배열이 발견되지 않는다. 상권 3과에서는 각 자음에 해당하는 어휘에 곰, 다람쥐, 하마처럼 동물이름과 가전제품, 운동, 음식이름, 나라이름, 교통 어휘가 사진과 같이 제시되어 있어서 어휘 학습에 도움을 주고 있다.

그러나 연습활동인 '숨은그림찾기'에서는 본문에서 학습하지 않은 어휘로 구성되어 있는 부분이 아쉽다. 5과에서 바나나 한 송이를 '한 손'으로 잘못 표기한 부분은 학습자에게 혼란을 줄 수 있다. 그리고 6과에서 색깔과 과일을 보고 단어를 쓰는 활동이 있는데, 흑백 교재라서 색깔을 구분할 수 없으며, 3쪽에 해당되는 활동이라서 애매한 면이 없지 않다.

가족 어휘는 상권 6과에서 제시되었으며, 하권 2과에서 같은 가족관계 호칭과 연습 활동이 반복되고 있다. 3과에서는 '조선시대와 측우기, 혼천의, 음양' 등의 고급 어휘가 제시되어 있다. 또한 5과에서 거북선을 설명할 때는 '이순신 장군이 만든 세계 최초의 돌격용 배'로 제시되어서 표현이 어색하다. 8과 본문에서도 초급 단계의 초등학생이 잘 사용하지 않은 어휘로 구성되어 있다. 예를 들어,

> 지영: 따끈따끈한 밥과 아삭아삭한 오이김치가 있는데 식사하실래요? 지금 된장찌
> 개가 보글보글 끓고 있어요.
> 지영: 후식으로 말랑말랑한 홍시가 준비되어 있어요.

부록의 어휘 수는 1,651개로서, 자음별 구성 어휘는 〈표 11-2〉와 〈표 11-3〉에 제시되어 있다. 그러나 초급 교재임에도 불구하고 '느슨하다, 대접하다, 조화, 즐

기다' 등 중·고급 어휘가 많이 포함되어 있고, '루즈, 진토닉, 꼬냑'처럼 잘못된 어휘도 포함되어 있다.

2) 주제

강현화(2004)에 따르면, 주제는 학습자의 흥미를 유도해야 하며, 주제가 다양하여 학습자료와 활동의 개별화에 도움을 주어야 하며, 학습 내용과 학습자의 언어 수준, 연령, 지적 능력에 적합해야 한다. 또한 제공된 주제가 실제의 사회·문화적 맥락과 연결되어 현장 적용성이 있어야 한다.

그러나 학습자의 흥미 유도측면에서 보면, 상권은 교재 대부분이 한글 익히기, 하권은 1과에서 인사와 소개에 대한 주제로 구성되었다. 2과에서 가족소개에 대한 주제로 연계되지만, 같은 주제의 반복으로 인해 흥미를 잃을 수 있다. 3과에 제시된 한국과 한글에 대한 주제는 흥미롭지만, 내용의 구성이 조선시대와 훈민정음, 세종대왕 등 어려운 어휘로 구성되어 있어서 오히려 학습동기를 저해할 수 있다.

이 교재는 초급단계에서 알아야 할 주제를 중심으로 등장인물의 일상생활을 본문의 대화내용으로 구성되었다. 하지만 등장인물이 등장하는 과가 있기도 하고, 등장인물이 없는 본문으로 구성된 과가 있어서 제한적이라고 할 수 있다. 학습내용은 학습자의 수준인 초·중등 중도입국학생을 고려하였다고 하지만, 한쪽에 활동이 3문제 정도로 구성되어 너무 평이한 면이 없지 않고, 현장 적용성은 사회·문화적 맥락과 연결이 비교적 잘 되었다고 판단된다.

3) 문화

이해영(2001)은 문화 학습은 언어와의 통합 교수를 지향하며, 목표 문화에 대한 자율적인 해석과 이해, 평가가 가능한 학습자를 기르는 것을 목표로 한다고 주장했고, 일상 문화 관련 내용을 포함하고 있어 현장 적용성을 높이고 있는지, 그리고 목표 문화에 거부감을 최소화하는 데 기여하고 있는지를 살펴보아야 한다고 주장했다. 이해영(2001)의 문화학습 주장처럼 상권과 하권에서 학습자가 한국 문화에 대한 이해를 높이고, 일상 문화의 현장 적용성과 한국 문화 이해에 대한 기여 등의 부분은 관찰되지 않았고, 우인혜(2004)는 한국어 교재 내용 속에는 쌍방향의 비교 대조적 관점에 따른 문화항목들을 싣는 것이 학습에 효과적임을 강조하였다. 결국 이러한 비교 대조적인 문화 연구는 두 나라의 언어를 목표 언어로 삼고 있는 외국인 학습자의 순조로운 항해를 도와주는 등대 역할을 할 수 있을 것이다. 우인혜(2004)의 주장처럼 비교 대조적 관점에 따른 문화항목들도 별도로 관찰되지 않았다.

3.2.2. 아시아공동체학교

1) 어 휘

학습자의 어휘력 향상과 학습 개발에 도움을 주기에는 양이 매우 적고, 초·중·고급 어휘의 순차적 배열과 일관성이 없다. 예를 들어, 2권 2장 1과 속담 '가는 정이 있어야 오는 정이 있다'에서 '정'은 중·고급 어휘로 초급 학습자가 이해하기에 어려운 부분이다. 2권 2장 5과 본문 대화에서 '요리를 할 수 있다'는 다소 현실성이 떨어지는 초등 학습자의 대화가 등장한다.

　나: 불고기를 좋아해요.
　가: 불고기를 요리할 수 있어요?
　나: 예, 요리할 수 있어요.
　가: 누가 가르쳐 줬어요?
　나: 한국친구가 가르쳐 줬어요?

그러나 3권을 보면 우화, 생활문, 극본, 시, 설명문, 주장하는 글에서 다양하고 많은 양의 어휘를 관찰할 수 있다. 특히 설명문의 경우, 한국문화를 소개하는 내용이 제시되고, 어휘는 명절, 한과, 과자 이름, 동사, 무술, 질그릇 등의 어휘 등이 제시되었다.

2) 주 제

학습자의 흥미 유도 기준에서 보면 초급단계에서 알아야 할 주제를 중심으로 일상생활이 본문의 문답식 대화로 구성되었다는 것을 확인할 수 있다. 본문은 각 단원마다 등장인물로 구성되어 있거나, 단순 문답식으로 구성되어 있기도 하다.

교재가 흑백으로 구성되어 있어서 초등학교 학습자들의 흥미를 저하시킬 수 있다.

1장은 자음과 모음, 단어 연습, 학교에서 많이 쓰이는 말, 생활에서 많이 쓰이는 표현, 뜻이 큰 말과 작은 말로 구성되어 있다. 2장은 가족, 학용품, 동물, 학교, 음식, 과일과 채소, 수업시간, 직업, 운동, 탈 것, 청소, 동요로 구성되어 있고, 3장은 동요 배우기, 문장 읽고 대답하기 등으로 학생 중심으로 편성된 주제라는 것을 알 수 있다.

학습내용과 학습자의 고려는 초등학교 대상이고, 현장 적용성은 책의 발행연도가 확인되지 않고, 언어는 나라(중국어, 러시아어) 별로 구분되어 있어서 중도입국 학생의 사회 · 문화적 맥락을 이해하도록 도울 수 있다.

사회적 편견 부분에서 직업을 소개하는 등장인물은 여성만 등장하고, 운동선수는 남학생만 등장하여 남성과 여성의 성비가 균형 있게 제시되어야 할 것이고, 인종의 구별은 없으며, 인종에 대해서 설명하는 어휘나 대화는 없다.

직업은 선생님, 요리사, 학생, 의사, 간호사, 경찰관, 소방관, 농부, 과학자, 미용사, 마술사, 어부로 구성되었다.

3) 문화

2권에서는 각 과의 뒷부분에 한국과 중국(러시아)의 문화와 호칭에 대해 비교 설명하였다. 2과에서는 중국과는 한자 비교를, 러시아와는 크리스마스 날짜를 비교하였다. 2장 5과 속담 '남의 떡이 커 보인다', '다른 사람의 손에 있는 빵조각이 크다'처럼 각 과에 중국과 러시아와 한국의 문화를 비교 설명하는 것은 상호문화에 대한 다양성의 존중 차원에서 좋은 구성이라고 볼 수 있다. 3권 1장 7과에서는 한국의 관용표현과 속담에 관해 설명되었다. 예를 들어 '친구 따라 강남 간다', '벼는 익을수록 고개를 숙인다', '배가 아프다', '김칫국을 마시다' 등이 있다.

3.3. 교재분석 결과

어휘력은 한국어를 처음 접하는 다문화가정 자녀들에게 매우 필요한 영역이다. 김연희 · 김영주(2010)는 주제에 따른 단순어휘 제시뿐 아니라, '어휘끼리의 관계', '높임말', '다양한 문화와 관련된 말' 등과 같이 보다 다양한 범주에서 어휘 학습이 이루어져야 한다고 주장했다. 따라서 새날학교 교재 부록에서 제시한 어휘의 수인 1,651개는 매우 필요하다고 할 수 있다. 하지만 초급 교재임에도 불구하고 '느슨하다, 대접하다, 조화, 즐기다' 등 중·고급 어휘가 많이 포함되어 있고, '루즈, 진토닉, 꼬냑'처럼 잘못된 어휘도 포함되어 있는 것은 수정 보완한 후 수업에서 활용해야 할 것이다.

아시아공동체학교의 교재 3권을 살펴보면 우화, 생활문, 극본, 시, 설명문, 주장하는 글에서 다양하고 많은 양의 어휘를 관찰할 수 있다. 특히 설명문의 경우 한국문화를 소개하는 내용이 제시되어 있고, 어휘는 명절, 한과, 과자 이름, 동사, 무술, 질그릇 등의 표현도 좋은 어휘 학습이 될 것이다.

주제 영역에서 새날학교 교재는 학습자의 흥미 유도에서 살펴보면 상권은 교재 대부분이 한글 익히기, 하권은 1과에서 인사와 소개에 대한 주제로 구성되었다. 2과에서 가족소개에 대한 주제로 연계는 되지만, 같은 주제의 연속으로 인해 흥미를 잃을 수가 있다. 3과 한국과 한글에 대한 주제는 흥미롭지만, 내용의 구성이 조선시대와 훈민정음, 세종대왕 등 어려운 어휘로 구성되어 있어서 오히려 학습동기를 저하시킬 수 있다.

아시아공동체학교의 교재 1장은 자음과 모음, 단어 연습, 학교에서 많이 쓰이는 말, 생활에서 많이 사용하는 표현, 뜻이 큰 말과 작은 말로 구성되어 있다. 2장은 가족, 학용품, 동물, 학교, 음식, 과일과 채소, 수업시간, 직업, 운동, 탈 것, 청소, 동요로 구성되어 있고, 3장은 동요 배우기, 문장 읽고 대답하기 등으로 학생 중심으로 편성된 주제라는 것을 알 수 있다. 또한 언어는 나라(중국어, 러시아어) 별로 구분되어 있어서 중도입국학생이 사회·문화적 맥락을 이해하는 데 도움을 줄 수 있을 것이다.

새날학교 교재는 문화 영역에서 학습자가 한국 문화에 대한 이해를 높이고, 일상 문화의 현장 적용성과 한국 문화 이해에 대한 기여 등의 부분은 관찰되지 않았다. 또한 비교 대조적 관점에 따른 문화항목들도 관찰되지 않았다. 하지만 교수자가 각 단원의 본문에서 문화부문을 별도로 설명할 수는 있다. 아시아공동체학교의 교재 2권에서는 각 과의 뒷부분에 한국과 중국(러시아)의 문화에 대해 비교하여 다루고 있다. Banks(2009)는 다문화교육의 목적은 다른 문화의 관점을 통해 자신의 문화를 바라보게 함으로써 자기 이해를 증진시키는 것이다. 다문화교육은 이해와 지식을 통해 각 문화에 대한 존중을 추구한다고 했다. Banks(2009)의 주장처럼 상호문화에 대한 다양성의 존중 차원에서 좋은 구성이라고 볼 수 있다.

4. 한국어 교재 개발 방향

다문화교육은 김선정(2010)의 주장처럼 문화적인 다양성을 인정하지만, 그 다양성이나 차이점을 부각시키는 것이 아니라 서로 다른 모습에서 동질성을 발견하고 이것을 발전시키고자 하는 방향으로 나아가야 한다. 따라서 다문화교육은 다양한 사람들이 각자 자신을 존중하고 타인을 존중하는 태도를 배양함으로 다른 사람을 이해하고 수용할 수 있는 기회를 만드는 데 목적을 두어야 한다. 또한 자신의 언어와 문화적 정체성을 간직하면서 우리 사회의 언어와 문화, 규범 등을 이해하고 이에 적응함으로써 건강한 자아를 실현할 수 있도록 해야 한다.

이 글은 중도입국학생들이 많이 다니고 있는 다문화교육기관인 새날학교와 아시아공동체학교의 한국어교재를 어휘와 주제 및 문화 영역에서 분석하였다. 분석결과 중도입국학생을 위한 바람직한 한국어교재 개발 방안은 다음과 같다.

첫째, 중도입국학생의 생활과 밀접한 주제를 다루지만, 한국사회 적응에 필요한 생활 한국어와 학문 목적 한국어가 유기적으로 이루어질 수 있게 구성되어야 한다. 또한 다양한 주제를 선정하여 다른 과목과의 통합 교육과 연계가 가능하도록 개발되어야 한다. 왜냐하면 다문화교육은 개별 교과목을 통해서 습득될 수 있는 것이 아니라, 전체적인 교육과정을 고려하는 것이 바람직하기 때문이다.

둘째, 중도입국학생들의 한국어 능력과 학습 능력, 한국사회와 문화에 대한 이해 등을 고려하여 한국어교육의 목표와 교수학습 내용 및 평가가 조직적으로 잘 반영될 수 있도록 구성하여야 한다. 이러한 교재는 한국어 능력을 신장시킬 뿐만 아니라, 한국사회와 문화에 대한 올바른 인식을 갖게 함으로써 한국사회의 구성원으로 성장하게 도울 것이다.

셋째, 언어권별, 연령별, 학습 목적에 따라 교재가 개발되어야 한다. 점차 다양해지고 있는 언어권, 연령, 그리고 진학과 취업 목적에 따라 다양한 교재를 개발하여야 한다.

12장

케이팝(K-pop)과 성인 여성의 다문화 시민성

12 케이팝(K-pop)과 성인 여성의 다문화 시민성*

* 이 글은 2013년 『사회과교육』 52권 2호에 기획특집으로 게재된 「케이팝(K-pop)을 통한 성인 여성의 다문화 시민성 함양에 관한 경험 연구」를 수정 · 보완한 것이다.

1. 케이팝의 한류(韓流)

싸이(PSY)의 〈강남스타일〉의 세계적인 인기와 함께 사람들은 '강남'이라는 곳에 대해 관심을 가지기 시작했다. 그리고 그들은 이제 '강남'이 한국의 서울에 위치한 지역의 이름으로 세련되고 유행을 선도하며 부유함에 대한 상징이라는 것을 안다. 이와 같은 〈강남스타일〉의 인기로 인해 2013년에는 해외 관광객의 강남역 및 가로수길과 같은 강남구의 명소 방문이 증가한 것으로 확인되었다(아시아뉴스통신, 2013년 4월 4일자 인터넷판). 단 한 곡의 케이팝(K-pop)이 한국을 알리는 데 기여한 것이다. 한국에 대해 잘 모르던 사람들은 〈강남스타일〉을 들으며 케이팝에 대해 알게 되고 케이팝의 생산국인 한국에 관심을 가지게 되었다.

〈강남스타일〉의 인기에서 주목할 점은 단지 노래가 세계적으로 대중에게 사랑받았다는 사실뿐만이 아니라, 〈강남스타일〉의 뮤직비디오를 본 사람들이 다양한 패러디 UCC를 만들어 유튜브(Youtube)를 통해 공유함으로써 대중이 문화를 생산하는 문화적 실천으로 이어졌다는 점이다. 케이팝이라는 한국 대중문화의 한 장르가 세계적으로 다양한 문화교류의 장을 제공하는 역할을 하게 된 것이다.

'강남스타일'의 출현 이전에도 한국의 대중문화는 드라마콘텐츠가 아시아권에서 인기를 얻게 되면서 '한류(韓流)'라는 이름으로 아시아문화권에 새로운 문화교류의 장을 제공하는 역할을 담당해 왔었다. 일본에서의 〈겨울연가〉의 인기와 '욘

사마 열풍'이나 홍콩에서의 〈대장금〉의 인기는 굳이 새롭게 언급하지 않아도 모두가 익히 잘 알고 있는 부분이다. 이처럼 드라마콘텐츠나 영화와 같은 영상콘텐츠로 대표되었던 한류현상이 케이팝이라는 음악콘텐츠로 관심이 옮겨지게 된 것은 2000년대 후반에 들어서면서부터였다.

케이팝은 음악콘텐츠, 영상콘텐츠, 캐릭터콘텐츠가 혼합된 복합적인 문화콘텐츠로서 대중에게 다양한 즐길 거리를 제공한다. 싸이의 〈강남스타일〉의 세계적인 성공과 유튜브에서 공유된 다양한 UCC 동영상은 케이팝의 문화적 영향력을 보여준다. 특히, 케이팝의 대표적인 상징이라고도 할 수 있는 아이돌 그룹은 한국만의 독특한 스타일로 인해 세계적으로 다양한 팬층을 확보하게 되었다. 케이팝을 부르는 대표적 주체인 아이돌 그룹은 이미지와 스토리가 결합되어 만들어진 가변적이고 유동적인 캐릭터콘텐츠로서 대중에게 소비된다. 케이팝에 대한 대중의 관심은 하나의 거대한 팬덤(fandom)의 형성으로 이어졌다. 팬덤 안에서 케이팝은 단순히 듣는 것에만 그치지 않고, 따라 부르고 춤추는 모방에서 자신들만의 스타일을 창조하기까지, 그야말로 더 없는 즐길 거리이자 놀이 거리가 된다. 케이팝의 팬덤 안에서 사람들은 자신의 성별, 연령, 인종, 종교 등의 차이에 관계없이 케이팝을 매개로 하여 문화를 소비하고생산하며, 공유하고 교류하고 있다. 그들에게 있어 케이팝은 이제 다양한 문화교류의 장을 형성하고 이를 경함할 수 있게 하는 의미 있는 역할을 담당한다.

그러나 케이팝에 관한 기존 연구는 케이팝이 문화산업의 측면에서 지니는 경제적 생산 가치를 파악하고 이를 높이기 위한 방안을 강구하는 차원에서 진행되거나 혹은 케이팝이 세계적으로 확산되어 가고 있는 추세에 관한 문화현상학적 연구가 일반적이다.

이에 주로 문화적 현상에 관한 해석이나 문화산업적 가치에 대한 분석 대상으로 케이팝과 케이팝의 팬덤에 접근했던 기존의 논의와 달리, 이 글은 케이팝과 케이팝의 팬덤이 지니는 사회문화적 가치에 집중하고 그 안에서 발생하는 교육적인 효과에 주목하여 접근하였다. 특히 문화산업의 경제적 가치로서 논의되었던 케이팝과 케이팝의 팬덤이 지니고 있는 사회문화적 가치이자 교육적 가치를 발견하고자 하는 데 주목한다.

2. 케이팝과 다문화 시민성

2.1. 케이팝과 팬덤

케이팝은 다른 말로 'Korean Pop' 또는 'Korean Popular Music'라고 하며, 한국 외의 국가에서 한국의 대중음악을 지칭하는 말로 사용되어 왔는데, 이것이 오늘날에 들어와 국내에서도 보편적으로 사용하는 단어가 되었다. 케이팝이라는 단어 사용의 시작은 일본에서 찾아볼 수 있다. 일본은 자국의 대중음악을 부르는 용어를 호가쿠(邦樂)에서 J-Pop으로 변환하여 불렀는데, 이때 사용된 'J'는 'Japanese'의 약칭으로 '일본'이라는 대표성을 지닌다. 이와 같은 맥락에서 일본은 한국의 대중음악을 '케이팝'이라고 호명하여 사용하였는데, 이는 단순한 표현의 변화가 아닌 어감이 주는 의미의 변화이기도 하였다. 고니시 아키코(小西明子, 2003)는 케이팝이라는 호칭이 과거 한국의 대중음악을 호칭하는 다른 명칭에 비해 "보다 친밀해지기 쉽고, 보다 경쾌하고, 보다 콤팩트하고, 보다 가볍고, 보다 밝다"고 평가했다(신현준, 2005: 8). 이는 다시 말해 한국의 대중음악이 케이팝이라는 호칭으로 바뀌게 되면서 한국 국내에서 뿐만이 아니라 해외에서도 쉽고 빠르게 이해될 수 있는 용어로 대체되었다는 것을 의미한다. 결국 해외에서 한국의 대중음악을 보다 이해하기 쉽고 간편하게, 그러나 의미와 상징성을 잃지 않고 표현하는 방법으로 '케이팝'이라는 표현을 사용했던 것이 오늘날에 와서는 한국의 대중문화계에서도 보편적으로 사용되는 표현이 된 것이다.

그러나 한국의 대중음악 안에서 케이팝이라는 단어가 지니는 대표성은 지극히 국한적이다. 케이팝은 외부에서 한국의 대중음악을 바라보는 시선에서 출발한 표현이므로, 한국의 대중음악이 해외에 알려지기 시작한 시기를 기점으로 하여 보편적으로 사용되었기 때문이다. 이러한 맥락에서 오늘날 케이팝의 개념은 1990년대 후반에 들어서 한국 대중음악을 비롯한 한국의 대중문화가 아시아로부터 주목을 받기 시작한 '한류'라는 문화현상에 힘입어 탄생하였다고 보아야 할 것이다. 그래서 적어도 싸이가 등장하기 이전의 케이팝은 대부분 해외에서 주목받는 아이돌 가수의 음악을 대표하는 용어로 상용되었다.

케이팝은 만들어지는 과정에서 이미 한국 내에서의 향유가 아닌 지역과 국경을 초월한 세계적인 향유의 측면을 고려하기 때문에 기본적으로 '글로컬(glocal)' 전략을 통해 생산되고 유통되는 특징을 지닌다. '글로컬(glocal)'은 '글로벌(global)' 과 '로컬(local)'의 조어로 글로벌 지역주의를 의미하는데, 국가를 초월하는 초국적 성을 지니며 국가가 아닌 그보다 더 작은 지역 단위를 중심으로 사고하는 것을 말 한다. 결국 글로컬 전략이라는 것은 글로벌 지역주의에 의거한 케이팝의 해외 진 출 전략이라고 할 수 있다. 이러한 글로컬 전략은 결과적으로 케이팝의 한류를 이 끌어내는 데 기여하였다.

이제 케이팝은 단순히 소비되는 문화콘텐츠가 아니라 케이팝을 통한 대중의 문화적 실천을 이끌어 내는 문화현상의 매개로서의 가치를 지니게 되었다(양재영, 2011). 그래서 오늘날의 케이팝은 글로컬 전략에 의해 초국적성과 혼종성을 지니 게 되었다. 케이팝은 이제 한국을 넘어서 세계를 지향한다. 세계는 인터넷과 같은 디지털 미디어의 발달로 인종적 · 민족문화적으로 문화가 혼종되고 있으며, 아울 러 지구화 과정이 물질재화, 자본, 메시지, 이주자들의 세계시장을 만들어 내면서 근대적 상호문화성을 보다 강조하게 되었다(이수안, 2012). 이러한 배경은 "문화적 대상, 상징, 기호, 시간성들의 공존과 겹침으로 인해 근대사회가 가지고 있는 복합 성"으로 설명되는 문화적 혼종성을 가져왔다(이수안, 2012: 124).

케이팝은 본래 서구에 기원을 둔 팝음악이 일본을 거쳐 한국으로 들어오면서 변형의 단계를 거쳐 오늘날의 형태를 갖추게 되었다. 즉 지역적인 측면에서 봤 을 때, 케이팝은 글로벌라이제이션(globalization)을 거쳐 탄생되어 로컬의 단계로 환원된 상태라고 할 수 있다. 즉 영국의 학자 케이트 하워드(Keith Howard)가 정 의한 것처럼 모든 대중가요는 '지구적 팝의 지역적 변종'이라고 할 수 있을 것이 다(이수안, 2012: 128). 이는 1980년대 이후 대중음악이 '포스트제국주의적(post-imperial)' 혹은 '포스트식민적(post-colonial)'이라는 문화 제국주의의 담론 차원에 서 발전해 왔다는 비판적 논의와 맥락을 같이한다(신현준, 2005).

결과적으로 케이팝은 용어의 표현에서부터 스타일과 음악적 장르에 이르기까 지 발전의 과정에서 지속적으로 다양한 문화를 수용하여 만들어졌으며, 그로 인 해 문화적 혼종성을 가지게 되었고 이러한 혼종성은 초국적성으로 이어진다.

이동연(2011)은 케이팝의 초국적적 현상들을 크게 세 가지의 영역으로 구분하 여 설명하였다. 첫째, 케이팝의 음악적 스타일이 다양화되고 다채로운 장르의 음악을 혼용하고 있다는 점이다. 따라서 케이팝, 특히 한국의 아이돌 음악은 미국과 유럽에서 유행하는 동시대 음악 트렌드를 내재화하는 참고 체계를 가지고 있다. 둘째, 케이팝의 기획단계에서부터 생산, 유통에 이르기까지 차용되고 있는 글로벌 마케팅이다. 이러한 글로벌 마케팅은 케이팝과 접촉하는 사람들 사이에서의 시간과 공간의 차이를 극복하도록 하였다. 셋째, 케이팝에 대한 초국적 팬덤 현상이다. 케이팝은 적어도 동아시아 지역의 10대 팬들에게는 지배적인 팝문화로 영향력을 발휘하고 있다. 유튜브에서 가장 인기 있는 케이팝 스타라고 했을 때 일반적으로 싸이를 가장 먼저 떠올리게 되지만, 사실 댓글과 '좋아요' 추천수를 고려하면 가장 인기 있는 케이팝 스타는 한국의 아이돌 그룹 빅뱅(Bigbang)이다(연합뉴스, 2013년 2월 19일자 인터넷판).

케이팝을 논하는 데 있어서 케이팝의 팬덤에 대한 논의는 매우 중요하다. 케이팝이 문화콘텐츠를 대변한다면, 케이팝의 팬덤은 케이팝에 문화현상으로서의 가치를 부여하는 중요한 요소이기 때문이다. 실제로 케이팝이 세계적으로 오늘날과 같은 문화적 위치를 차지할 수 있었던 데에는 팬덤의 영향이 컸다. 팬덤(fandom)은 "운동경기나 선수 또는 연극, 영화, 음악 따위나 배우, 가수 등을 열광적으로 좋아하는 사람으로 애호가(愛好家)로 순화"하여 표현할 수 있는 팬(fan)의 집단체(-dom)를 말한다. 과거에는 이러한 팬덤을 단순하게 대상에게 맹목적으로 열광하고 수용하는 집단으로 평가절하 하기도 하였다. 그러나 최근, 팬덤의 활동이 경제적인 측면은 물론이요, 사회문화적으로도 영향력이 발휘하게 되면서 팬덤에 대한 인식이 변화하기 시작하였다. 이제 팬덤은 팬덤을 형성하고 활동하는 과정에서 참여자의 자발성과 능동성이 매우 중요하게 작용하는 문화실천의 대표적인 집단이자 하나의 문화현상으로 이해되어야 한다(정민우 · 이나영, 2009).

존 피스크(John Fiske)는 이러한 팬덤문화가 지니는 문화적 경제력에 관련하여 첫째, 지배 문화 관행에 변화를 가져올 수 있고, 둘째, 문화 생산 자본에 영향을 미쳐 방향을 전환하는 데 역할을 할 수 있을 것이며, 셋째, 기존 지배 문화의 상징적 권력, 즉 세상을 이해하는 방법에 영향을 미칠 수 있다는 점에서 팬덤 문화가 문화 자본이 될 수 있다고 설명하였다(박명진 외, 1996: 184). 그러므로 케이팝의 팬덤은 단순히 케이팝을 소비하는 차원을 뛰어넘어 케이팝을 통해 문화적 자본을 축적하고 문화적 실천을 실행하는 능동적이고 생산적인 집단이라고 볼 수 있다.

2.2. 다문화 시민성과 케이팝 팬 경험

다문화 시민성은 기존의 사회교육에서 논의되었던 민주시민교육의 개념에 다문화라는 사회문화적 맥락이 영향을 미쳐 생겨난 개념이라고 할 수 있다. 원래 시민성은 시민으로서 갖추어야 할 품성으로 국민이 국가에 대한 대중적인 애국심과 보편적인 규범, 그리고 국가에 대한 의무와 충성을 요구하기 위한 정치적인 의미의 개념으로 사용되었으나, 최근에는 그 영역이 사회·문화적 관점으로 확대되어 시민사회에서 시민의 사회적 권리를 되찾기 위한 관점으로 해석되고 있다(김영순, 2010).

시민성은 공적 참여(public participation), 자율(autonomy), 사회질서와 국가권위의 수용, 자신의 공동체에 속한 구성원에 대한 책임이라는 네 가지의 규범적 전제를 가진다(Dalton, 2008). 첫째, 공적 참여는 '좋은 시민'으로서의 다양한 정치적 참여의 중요성을 강조한다. 둘째, 자율은 좋은 시민들이 참여적 역할을 실행하기 위해서는 충분한 정보를 가지고 있어야 한다는 것을 의미하여, 또 공적 토론에 참여할 수 있는 자율성을 의미한다. 셋째, 법과 질서에 민감한 사람은 좋은 시민으로서의 자질을 가지고 있다고 할 수 있다. 넷째, 공동체에 속한 구성원에게 책임을 갖는다는 것은 사회적 시민성에 대한 논의로 사회복지 서비스와 연계된다. 다시 말해 이러한 네 가지 규범적 전제 안에서 개인의 행동이 이루어져야만 시민성을 포함하고 있다고 할 수 있다.

시민성은 이미 학교교육과정에서 교육의 목표로서 제시되었고, 교육을 통해 '민주시민'으로서의 시민성이 함양되고 있다. 이는 한국의 국가교육과정인 '2009 개정교육과정'에서 추구하는 '민주시민으로서 필요한 자질'에 '사회정의 실현'과 '사회적 문제를 합리적으로 해결'하는 인간상을 통해서 확인할 수 있다(김영순, 2013). 민주시민을 양성하는 것을 목표로 하는 사회교육은 그 본질상 사회가 당면하고 있는 문제와 과제, 그에 관한 내용과 가치를 중심적인 내용으로 다루게 된다(차경수·모경환, 2008: 18). 따라서 사회교육의 측면에서 오늘날의 전 지구적인 다문화사회에서의 시민성은 필연적으로 다문화역량을 요구할 수밖에 없다. 이제 우리 사회가 요구하는 시민성은 기존의 민주시민으로서의 시민성을 넘어 다문화사회의 구성원으로서의 다문화 시민성이다.

다문화 시민성에서의 '다문화'는 다문화주의에 근거한다. 다문화주의는 서로 다른 사회계층, 집단, 문화, 사상가들 간의 정치적, 계급적, 경제적 집장들이 충돌하고 타협하는 과정을 모두 포괄하는 사회현상을 말한다. 이는 권력을 가진 민족국가 혹은 민족집단이 주변국들에 대한 통제 및 회유를 통해 권력을 집중화시키면서 형성된, 다시 말해 '정복을 통한 권력의 확장'인 제국주의와는 상반되는 개념이다(박휴용, 2012).

다문화적으로 되어가는 과정이란 다양한 방식으로 인식하고 평가하고 생각하고 행동할 수 있는 역량을 발달시켜 나가는 과정이다. 이 과정에서 중요한 것은 국가 내 그리고 국가 간에 존재하는 문화적 다양성을 이해하고 그것을 조율하는 방법을 학습하는 것이다. 다문화적 인간은 "간문화적으로 되어가는 과정에서 한 단계 더 높은 수준에 도달하는 사람이며, 인지적 · 정서적 · 행동적 특성은 특정 문화권에 제한되어 있기보다는 그것을 초월하여 성장하고자 한다"(Gudykunst & Kim, 1984: 230; Bennett, 2007: 29~30).

이러한 다문화적인 인간이 되기 위해서는 간문화적 과정을 경험해야 하는데, 이러한 간문화적인 과정을 경험한 인간의 특징은 다음과 같다(Gudykunst & Kim, 1984: 230; Bennett 2007: 29~30). 첫째, 자신의 문화적 고정관념, 예를 들면 문화 충격이나 역동적인 불균형과 같은 상황에 정면으로 도전해 보고, 자신의 세계관이 어떻게 자신의 문화에 의해 형성되었는지를 생각해 보게 하는 일들을 경험한 적이 있다. 둘째, 원활한 문화교류를 위해 촉진자, 촉매자로 일할 수 있다. 셋째, 자신의 자민족중심주의의 근원을 인정함과 동시에 타문화에 대해서도 객관성을 유지한다. 넷째, 문화 간 접촉을 보다 정확하게 해석 · 평가하고, 두 문화 사이에서 의사소통의 연결 고리 역할을 할 수 있게 하는 '제3세계적 관점(third world perspective)'이 발달되어 있다. 다섯째, 문화적 공감(cultural empathy)과 타자의 세계관에 대한 상상적 참여의 특징을 보인다.

결국 다문화 시민성이란 전 지구적으로 다문화된 사회 속에서 살아가는 민주시민이 갖추어야 할 역량으로, 다문화역량과 다문화 감수성, 그리고 시민성이 서로 충돌하지 않고 조화를 이루고 있어야 한다고 조작적으로 개념 지을 수 있다. 이는 다시 말해 다문화의 영역과 시민성의 영역에서 요구되는 자질을 포괄한 것으로 두 영역의 합집합이라고 할 수 있겠다. 여기서 시민성의 영역에 해당하는 요소는 시민성의 네 가지 규제, 즉 공적 참여(public particpation), 자율(autonomy), 사회질서와 국가권위의 수용, 자신의 공동체에 속한 구성원에 대한 책임이라고 볼 수 있다.

　다문화 시민성을 갖기 위해서는 다문화역량을 확보하는 것이 중요하다. 다문화역량은 독자적인 문화적 정체성과 타자의 자기규정에 대한 사회적·역사적 조건들을 성찰할 수 있는 것과 연관이 된다. 그리고 다른 문화적 정체성을 보이는 사람들과 섬세하게 교류하는 능력, 간문화적 행위능력의 개발을 위한 전제가 된다. 이러한 다문화역량은 사회적 기술 이상의 의미를 지니며, 개인적인 차원과 기관 및 시스템적 차원의 역량으로 나누어 고려되어야 한다(김영순, 2010: 44). 다문화역량을 구성하는 구체적인 요소에 대해서는 아직 합의된 바가 없으나, 최근 핵심 역량으로 되는 대표적인 구성 요소로는 의사소통능력, 사회적·대인관계 능력, 갈등관리 능력, 공감·관용·수용 능력, 문화 간 차이 인정 능력의 다섯 가지가 있다(김영순, 2010).

　개인의 다문화역량이 발현되는 것은 다문화 감수성 발달과 관계가 있다. 다문화 감수성은 타문화에 대한 유연하고 개방적인 태도로, 문화에 대한 지식의 습득을 통해서 얻어지는 것이 아니라 경험을 통해 고정관념을 발견하고 그것을 되돌아보며 얻는 깨달음과 성찰의 과정을 통해 발달된다(김영순, 2013). 이러한 다문화 감수성에 대해서, 첸과 스탈로스타(Chen & Starosta, 2000)는 다문화 감수성의 구성 요소를 자아 존중감, 자기 조정력, 개방성, 공감, 상호작용 참여, 판단 보류의 여섯 가지로 제시하였다. 또 가몬(Garmon, 2000)은 다문화 감수성 발달 요인으로 개방성, 자기 인식, 사회 정의와 같은 기질적인 요소와 문화 경험, 교육적 경험, 집단경험 지지와 같은 경험적인 요소를 주장하였다.

　앞의 논의들을 정리하여 포괄적인 다문화 시민성을 규정짓자면, 결국 다문화 시민성은 다문화역량, 다문화 감수성을 포함하는 다문화개념 영역과 시민성개념을 포괄하는 상위개념으로 이해할 수 있다. 이와 같은 다문화 시민성의 구성 요소는 다음 〈표 12-1〉과 같이 정리할 수 있다.

　이 글에서는 〈표 12-1〉과 같은 다문화 시민성의 구성 요소를 바탕으로 하여 성인 여성이 케이팝을 통해 다문화 시민성을 어떻게 함양하고 있는지 그 과정에 대해 이야기하려고 한다. 여기서 '케이팝을 통해'라는 말은 두 가지의 맥락에서 해

〈표 12-1〉 다문화 시민성의 구성 요소

다문화 시민성		
다문화 역량	다문화 감수성	공적 참여
의사소통능력	자아 존중감 자기 조정력 자기인식 개방성 공감 상호작용 참여 판단 보류 사회 정의 경험	자율
사회적 · 대인관계 능력		사회질서와 국가 권위의 수용
갈등관리 능력		공동체 구성원에 대한 책임성
공감 · 관용 · 수용 능력		
문화 간 차이 인정 능력		시민성

석되어야 한다. 첫째, 케이팝 그 자체와 여기서 파생되는 가수, 음반, 뮤직비디오, 공연과 같은 문화콘텐츠 자체를 활용하는 것과 둘째, 케이팝에 대한 호감으로 뭉쳐진 케이팝의 팬덤에 참여하는 것이다. 첫 번째가 케이팝과 관련된 연관 콘텐츠와 관계된 것이라면, 두 번째는 케이팝을 매개로 해서 이루어진 문화집단인 팬덤 안에서 사람과 사람 사이의 관계에 주목한 것이다. 케이팝과 케이팝의 팬덤은 다문화적이다. 앞서 케이팝의 특성에 대해 설명할 때 언급했던 것과 같이 케이팝은 초국적성과 문화적 혼종성을 지닌다. 따라서 케이팝 그 자체는 이미 충분히 다문화적인 요소를 지니고 있다. 케이팝의 팬덤의 경우에는 적어도 아시아 지역의 케이팝에 대한 인기만 보더라도 알 수 있는 것처럼 케이팝에 대한 다양한 팬이 존재하고 이들은 케이팝이라는 공통적인 관심사를 중심으로 하여 거대한 팬덤을 형성하고 있다. 따라서 케이팝의 팬덤은 이미 다양한 국적과 인종, 연령과 성별, 종교와 이념, 사회적 지위를 초월하고 있다. 케이팝의 팬덤이 포함하고 있는 다양성은 곧 다문화적인 상황으로 이해될 수 있다.

3. 연구방법

이 글에서는 케이팝의 팬으로서 개인이 경험한 것, 즉 개인의 삶을 현상학적 입장에서 접근하여 살펴보고자 시도하였다. 따라서 현재 케이팝을 좋아하여 케이팝과 관련된 팬덤에 참여 · 활동하고 있는 성인 여성을 대상으로 하여 그들의 팬 경험이 다문화 시민성 함양과 어떤 관계가 있는지 살펴보기 위해 질적 연구방법을 사용하였다. 질적 연구는 자료가 창출되는 사회적 맥락에 관심을 기울이기 때문에, 자료 수집에 있어서 그 방법이 매우 다양하고 융통적이다. 또한 분석과 설명 방법에 있어서 그 자체가 지니는 복합성, 세부적인 사항, 맥락을 이해하는 데 중점을 둔다(김두섭 역, 2002: 20). 질적 연구의 궁극적 목적은 검증이 아닌 발견에 있으므로, 양적 연구에서 중요하게 생각하는 특정 범주나 변수에 대한 논의보다는 심도 있는 묘사를 통해서 연구 참여자의 복합한 세계를 전체적인 관점에서 알리는 것에 집중한다(유태균 역, 2005: 24).

다양한 질적 연구의 방법 중에서도 개인의 사례를 통해 현상을 보여주고 이해하는 사례연구의 방법은, 성인 여성이 팬 활동을 하는 과정에서 다문화 시민성이 함양되는 경험을 하였는지 여부를 알아보는 데 적합하다. 사례연구(case study)는 특별한 사람, 사회상황, 사건 등에 관한 충분한 정보를 체계적으로 수집하고 연구 참여자가 어떻게 작동하고 기능하는가를 효과적으로 이해하기 위한 것으로, 단일 사례 또는 다중사례에 대한 심층면접과 종단면적 조사 등을 통해 사례와 사건의 배경과 경위 및 현황을 파악하는 방법이다. 사례연구의 대상은 개인적인 생활이라는 하나의 국면에 한정할 수도 있고, 사회에서 사람들의 행동에 영향을 미치는 배경, 경험, 역할, 동기와 같은 개인의 사회적 생활 전반에 대한 조사를 수행할 수도 있다(김구, 2008: 345). 여기에서는 성인 여성 개인의 케이팝에 대한 팬 경험이라는 하나의 국면에 한정하여 사례연구를 실시하였다.

이에 대한 자료 수집 방법으로는 개인별 심층 인터뷰를 실시하였다. 연구 참여자를 대상으로 실시한 심층 인터뷰는 사례연구의 특성에 맞춰 에피소드 인터뷰를 중심으로 실시하였다. 에피소드 인터뷰는 특정한 영역에 관한 주관적인 경험이 내러티브 에피소드적이며 의미론적인 지식의 형태로 저장되고 상기된다는 사실의 가정하에 진행된다(임은미 · 최금진 · 최인호 공역, 2009: 197). 이러한 에피소드 인터뷰는 연구참여자가 진술해야 할 화제로 방향을 제시하기 위한 인터뷰 지침이 필요하며, 인터뷰 질문 사이사이에 연구참여자가 상황을 진술하도록 주기적으로 연구자의 독려를 삽입해야 한다(임은미 · 최금진 · 최인호 공역, 2009: 199~200). 따라서 여기서는 다음 〈표 12-2〉와 같은 내용을 바탕으로 인터뷰를 실시하였다.

〈표 12-2〉 사례연구를 위한 에피소드 인터뷰의 질문 예시

질문 성격	질문의 예시
에피소드 주제 제시	케이팝을 좋아하게 된 계기는 무엇입니까?
독려	기억을 되살려 보세요. 케이팝을 처음 접했을 때 어땠나요?
에피소드 연관/ 추가	케이팝을 좋아하게 되면서 케이팝의 스타에 대해서는 어떤 느낌이 들었나요?

인터뷰는 중요한 에피소드의 주제를 크게 계기, 과정, 영향의 세 가지의 영역으로 나누고 이에 해당하는 주제 질문으로는 '케이팝을 좋아하게 된 계기는 무엇입니까?', '케이팝을 좋아하면서 어떠한 활동을 하였습니까?', '케이팝을 좋아하게 된 것이 연구 참여자에게 미친 영향은 무엇입니까?'를 선정하였다. 이후 각 주제 질문에서 파생되는 연관 질문이나 추가 질문은 다문화 시민성 함양을 확인할 수 있는 방향으로 진행하였다. 이러한 질문들은 인터뷰가 진행되는 과정에서 연구참여자의 답변 및 반응, 상황에 따라 유연성 있게 구성하였다.

자료 수집은 2013년 1월 1일부터 4월 30일 사이에 연구참여자 섭외를 위한 사전 인터뷰를 제외하고 2회에 걸쳐 심층 인터뷰를 실시하였으며, 심층 인터뷰 1회당 소요 시간은 평균 1시간 내외였다. 모든 인터뷰의 내용은 연구참여자의 동의 하에 녹음하였으며, 이를 전사한 텍스트 자료를 본 연구의 분석자료로 활용하였다. 심층인터뷰는 면대면을 기본으로 하였다. 그러나 해외에 거주하고 있는 연구참여자의 경우에는 공간의 제약으로 인해 인터넷 전화(Skype)와 SNS 메신저(Line)를 활용하여 인터뷰를 실시하였다.

인터뷰에 참여한 연구참여자는 케이팝에 관심을 지니고 있으며 케이팝과 관련된 팬 커뮤니티에 가입하여 활동하고 있는 성인 여성 4명이다. 이들은 언어교환학습이 목적인 인터넷 커뮤니티를 통해 섭외하였는데, 이들은 모두 일생생활에서의 기본적인 의사소통이 가능할 정도의 한국어 실력을 갖추고 있으며 언어교환학습 목적의 인터넷 커뮤니티상의 자기 소개에 "한국 아이돌 그룹 ○○○의 팬입니다", "케이팝을 듣는 것을 매우 좋아합니다", "(한국)음악을 듣거나 공연을 보러 가는 것을 좋아합니다"와 같이 '케이팝에 관심이 있음'을 직접 표현한 사람들이다.

이들의 국적은 한국, 일본, 대만이며 연령대는 20대부터 50대까지 다양하다. 이

처럼 다양한 스펙트럼 안에서 연구참여자를 선정한 이유는, 첫째, 성인 여성 중에서도 다양한 연령대의 사례를 살펴보기 위함이다. 둘째, 다양한 문화적 배경을 가진 성인 여성이 케이팝을 통해 어떻게 서로 문화를 이해하고 교류하는지에 대한 다문화적 상황을 보다 극대화하여 살펴보기 위함이다. 셋째, 해외 연구참여자를 일본과 대만으로 선정한 이유는 케이팝의 해외진출의 주요 대상국이며, 한국의 많은 케이팝 스타들이 현지에서 활동하고 있는 곳으로, 케이팝의 유행이 한국과 시간차 차 없이 동시적으로 이루어지는 곳이기 때문이다. 또한 연구자가 일본어와 중국어의 구사가 가능하기 때문에 연구참여자의 모국어를 사용하여 그들의 다양한 경험과 그에 대한 감상을 이끌어 낼 수 있다고 판단되었기 때문이다. 인터뷰에 참여한 대만인과 일본인은 한국어능력시험을 통해 한국어 2급 이상의 자격을 소지하고 있어, 기본적으로 한국어로 인터뷰를 진행하는데 의사소통의 문제는 발생하지 않았다. 인터뷰에 참여한 연구 참여자에 대한 개요를 정리하면 다음 〈표 12-3〉과 같다.

〈표 12-3〉 연구 참여자 개요

연구 참여자	국적	연령	결혼 여부	현 거주지	담당 케이팝 스타	팬클럽/팬커뮤니티 가입시기	사용가능 언어
1	한국	만28세	미혼	서울	B1A4	2011	한국어/일본어
2	대만	만27세	미혼	서울	SS501 (김형준)	2009	대만어/한국어
3	일본	만40세	기혼	일본	소녀시대	2009	일본어/한국어
4	일본	만57세	기혼	일본	티아라	2012	일본어/한국어

연구 참여자 개요항목 중 '담당 아이돌 그룹'에서 '담당'은 많은 수의 아이돌 그룹 중에서 특별히 관심을 가지고 팬 활동을 하고 있는 아이돌을 지정한다는 의미로, 팬덤에서 담당 아이돌 그룹이란 본인이 현재 가장 관심을 가지고 팬 활동을 하고 있는 대상을 말한다. 같은 맥락에서 '담당 멤버'라고 하면 아이돌 그룹 내의 많은 그룹 구성원 중에 현재 가장 관심을 가지고 팬 활동을 하고 있는 멤버를 말한다. 그리고 팬클럽과 팬 커뮤니티 가입 시기는 현재 '담당 케이팝 스타'에 관련한 것을 기준으로 한다.

〈표 12-3〉에 제시된 연구참여자는 극단적인 사례, 전형적인 사례, 중복되지 않는 다양한 사례, 강렬한 사례, 결정적인 사례, 민감한 사례를 발견할 수 있을 정도의 다양한 경험하였으며, 인터뷰를 위해 접촉하는 데 있어서 편의성을 갖추고 있는 사람들을 최종적으로 선정하였다(임은미 · 최금진 · 최인호 공역, 2009: 140~141).

인터뷰를 통해 수집한 자료는 먼저 녹음된 음성 자료를 전사 작업을 통해 텍스트화하는 과정을 거쳤다. 이렇게 텍스트화된 자료는 모스타카스(Moustakas, 1994; Creswell, 2007; 2010 재인용: 221~223)의 현상학적 자료분석 단계에 따라, '의미 있는 진술'을 선정하고, '수평화 단계'를 통해 중복되는 진술을 배제하여 목록화한 뒤, 이를 다시 '의미 단위'로 묶어 총 4개의 주제를 도출하였다. 이 후 도출된 주제가 지니는 전체적인 의미를 고려하여 성인 여성의 케이팝과 관련된 팬 경험에 대해 심층적인 기술을 시도하였다. 물론 인터뷰의 내용과 이에 대한 분석 결과에 대해서는 인터뷰에 참여해준 연구참여자의 확인과 동의를 거쳤다.

4. 케이팝을 통한 성인 여성의 다문화경험

4.1. 자기 문화정체성 이해

연구참여자들의 케이팝에 대한 관심은 모두 특정 케이팝 스타에 대한 관심으로 이어지는 경향을 보였는데, 이 때문에 이들이 가입하는 케이팝 관련 팬 커뮤니티는 모두 케이팝 스타, 그중에서도 아이돌 그룹의 팬 커뮤니티로 확인되었다. 연구 참여자들은 팬 커뮤니티에 가입하는 과정에서 기존의 케이팝 팬덤 문화가 10대 위주로 구성되어 있다고 느끼고 이에 10대의 팬덤에 적극적으로 참여하는 것을 꺼리는 모습을 보였다.

"〈B1A4〉에 대한 자료를 검색하면서 네이버에서 20대 전용 팬 카페를 찾아서 가입했어요. 〈B1A4〉가 어리다 보니까 팬덤도 10대가 많거든요. 왠지 그런데는 가입하기 부담스러워서 일부러 (20대 전용 팬 카페를) 검색해서 가입했죠."(연구 참여자 1, 2차 인터뷰 2013.04.20.)

"팬클럽에 가입은 했지만, 저는 대부분 (SS501의 활동현장을) 혼자 쫓아다녔어요. 말이 통하지 않으니까. 그래서 친구를 사귀기 힘들었어요. 그리고 팬클럽에 가입해서 애들(SS501) 쫓아다니는 애들(팬들)은 다들 저보다 어려요."(연구 참여자 2, 1차 인터뷰 2013.04.06.)

"소녀시대는 좋아하지만 팬클럽에는 가입하지 않았어요. 저는 소녀시대보다는 소녀시대의 노래를 좋아해요. 그리고 소녀시대의 일본팬들은 대부분 나이가 저보다 어려요. 그래서 팬클럽에 가입하기에는 조금 부담스럽다고 생각해요."(연구 참여자 3, 1차 인터뷰 2013.03.09.)

"팬클럽에는 가입하지 않아요. 일본에서도 한국 아이돌 그룹을 좋아하는 사람들은 모두 나이가 어린데, 저 같은 아줌마가 가입하는 건 이상하다고 생각해요. 그냥 트위터나 유튜브를 보는 것이 더 편해요."(연구 참여자 4, 1차 인터뷰 2013.02.07.)

이들은 공통적으로 케이팝과 관련된 팬덤, 즉 아이돌 그룹의 팬덤은 구성원의 나이가 '어리기' 때문에, 그들에 비해 나이가 많은 자신들이 팬덤에 가입하는 것은 '부담스럽고', '불편한' 일이라고 생각하고 있었다.

또 네 명의 연구참여자 모두 직장인과 가정주부라는 사회적 역할로 인해 팬 활동이 제약을 받는 모습을 확인할 수 있었다. 미혼이며 직장인인 1과 2에게서는 '회사에 가야하니까 팬 활동은 회사에 가지 않는 날이나 공휴일에 주로 한다'는 대답을 들을 수 있었고, 기혼이면서 직장인인 3과 4의 경우에는 직장생활과 가정생활 모두에 팬 활동에 영향을 미치기 때문에 단체활동이나 외부활동보다는 '인터넷을 통한 자료 검색 및 감상'과 같은 가정이나 직장에서 개인적으로 할 수 있는 일들에 중심으로 팬 활동을 하고 있었다. 이러한 행위는 성인 여성이 자신의 사회적 연령을 인식하고 그에 대한 사회적 역할과 책임에 대한 인식이 강해지면서 나타나게 된 것이라고 해석할 수 있다.

연구참여자들은 팬덤의 참여를 통해 현재 자신의 연령, 사회적 위치 및 역할, 문화적 특징과 같은 자기 문화정체성을 파악하고 있었다.

4.2. 문화적 다양성 인정

외국인 연구 참여자의 경우, 케이팝을 통해 언어와 문화의 차이를 느끼는 모습을 확인할 수 있었다.

"애들(SS501) 스케줄 쫓아가면 한국팬들이 친절하게 알려주기는 하지만, 말이 통하지 않으니까 친해지기는 어려워요. (중략) 방송국 녹화하는 데 가면 한국팬들이 어떻게어떻게 응원하라고 알려줘요. 대만에 있을 때는 그런 걸 해 본 적이 없으니까 처음에는 신기하고 재미있었어요."(연구 참여자 2, 1차 인터뷰 2013.04.06.)

"케이팝은 노래할 때 발음이 듣기 좋다고 생각해요. 한국어 발음은 일본어랑 달라서 귀엽다고 생각해요. (중략) 한국 아이돌은 모두 퍼포먼스가 대단하다고 생각해요. 소녀시대는 노래도 잘 하지만 퍼포먼스가 너무 멋이 있어요. 그런 점이 일본 아이돌과 달라요."(연구 참여자 3, 2차 인터뷰 2013.03.23.)

"〈롤리폴리〉나 〈러비더비〉, 그리고 제가 제일 좋아하는 〈크라이크라이〉 노래 모두가 좀 제가 젊었을 때 좋아했던 분위기의 음악? 디스코 음악? 그런 추억의 노래 같아서 좋아요."(연구 참여자 4, 2차 인터뷰 2013.02.22.)

한편, 한국인인 1은 현재 한국 아이돌 그룹의 인터넷 팬 페이지를 운영하고 있으며, 과거 일본 아이돌 그룹의 팬덤에서 운영진으로 활동한 경험이 있는데, 그는 이런 자신의 경험 사이에서의 비교를 통해 문화적 차이를 느끼는 모습을 보였다.

"확실히 일본이랑 우리랑은 팬 문화가 다른 것 같아요. 예전에 〈KAT-TUN〉(일본 아이돌 그룹)을 쫓아다닐 때는 기껏해야 우치와(일본의 팬 응원 도구인 부채) 만들어서 들고 다니는 게 전부였는데, 지금은 노래 외우고 응원도구 만들고 스케줄 따라다니고 도시락 서포트도 하고, 한국팬들이 다들 그렇게 하니까 저도 따라서 그렇게 하게 되는 것 같아요."(연구 참여자 1, 2차 인터뷰 2013.04.20.)

외국인 연구참여자의 경우에는 케이팝의 장르, 아이돌 그룹의 퍼포먼스, 팬덤 문화가 자국의 문화와 다르다는 점에서 매력을 느끼고 있었으며, 한국인 연구참여자의 경우에는 한국의 팬덤문화가 일본의 팬덤문화와 다르다는 것을 느끼고 있었다. 이러한 반응은 케이팝을 매개로한 자신의 경험을 바탕으로 문화 간 비교를 통해 나온 결과라고 할 수 있다. 인터뷰 내용에서 의미 있는 부분은, 연구참여자 모두 상대방의 문화에 대해 호불호를 평가하기보다는 문화 자체의 다름과 차이를 그대로 설명하고 있다는 점이다.

그러나 이와는 반대로 다른 문화에 대한 거부감을 드러내는 사례도 있었다. 연구참여자 4의 경우, 원래는 세븐이나 신화, 빅뱅과 같은 한국의 남성 아이돌 그룹의 음악을 좋아하였으나, 현재는 티아라, 소녀시대, 걸스데이와 같은 여성 그룹의 음악을 좋아하게 되었는데, 그 이유는 한국의 남성 아이돌 그룹의 중성화 또는 여성화되어 가는 이미지에 거부감을 느꼈기 때문이었다.

"일본에서 활동하는 한국 남자 아이돌들은 다 생긴 게 비슷비슷하고, 성형을 해서 그런지 모르겠지만. 그리고 다들 화장을 하고, 아이라이너 하고, 너무 여자처럼 예쁘게 꾸미고 나와서 싫어요. 세븐이나 비는 얼굴은 예쁘게 생겼지만 남성미? 남자답다? 그런 게 있어서 멋있었거든요. 그런데 요즘 남자 아이돌은 노래도 비슷하고 춤도 비슷하고, 일본에서 활동하는 한국 남자 아이돌이 너무 많아졌어요."(연구 참여자 4, 2차 인터뷰 2013.02.22.)

연구 참여자 2의 경우에는 처음 한국에 와서 SS501의 스케줄을 따라다닐 때 대다수의 한국팬이 친절하기는 했지만, 일부 한국팬이 해외팬인 자신을 배척하는 태도를 보여 상심하기도 했었다.

"대만 사람인데 매일 스케줄을 따라다니니까, 나중에는 멤버들도 제 얼굴을 알고 매니저랑도 친하게 되었어요. 그래서 멤버들이 저 알아 보고 인사도 해주고 하니까, 그 자리에 있는 한국팬들이 '쟨 뭐야?'라는 눈으로 째려보고 '지가 대만 팬이면 다야?' 막 그런 식으로 말해서 그 뒤로는 한국팬들이랑은 친해지려고 하지 않은 것 같아요."(연구 참여자 2, 인터뷰 2013.04.06.)

이를 통해 연구참여자들은 케이팝을 매개로 하여 서로의 문화를 이해하고 수용하는 모습을 보였지만, 이와는 반대로 타 문화에 대해 부정적인 인식을 가지게 되는 경우도 있었음을 확인할 수 있었다.

4.3. 인간존중

연구 참여자들은 케이팝을 이야기할 때 케이팝을 부르는 아이돌 그룹의 인간적인 면을 매우 높게 평가하고 있었으며, 자신들의 팬 활동은 그러한 아이돌 그룹의 인간미에 대한 감동의 표현으로 생각하고 있었다. 그들은 아이돌 그룹의 예절성이나 노력에 대해 매우 긍정적으로 평가하고 있었다.

"팬페이지에 올리려고 캠 들고 애들 차 나오길 기다리고 있는데 그때가 시간이

밤 12시 넘어서 늦은 시간이라 기다리는 사람도 몇 명 없었어요. 어쨌든, 애들이 집에 가면서 제 얼굴 아니까 창문으로 인사하면서 "어서 집에 들어가세요" 하면, "응. 너희 먼저 가" 계속 캠으로 찍으면서 인사하는 거죠. 애들이 어리니까 늦게까지 스케줄 하는 거 보면 안쓰럽고 완전 엄마 마음이에요."(연구 참여자 1, 1차 인터뷰 2013.04.07.)

"멤버들 활동이 뜸해지고, 저도 회사 들어가서 바빠져서 요즘은 예전만큼 (SS501을) 좋아하는 것 같지는 않아요. 그래도 형준이(SS501 멤버)가 드라마에 나온다고 해서 챙겨보고 있어요. 형준이가 열심히 활동하는 모습을 보면, 저렇게 열심히 하는데 인기가 없어서 불쌍하고. 저랑 나이가 비슷하니까 자극이 되요."(연구 참여자 2, 2차 인터뷰 2013.04.20.)

"한국 아이돌은 정말 열심히 노력한다고 생각해요. 소녀시대도 멤버 모두 노래도 잘하고 춤도 잘 추고, 그런 멋진 퍼포먼스를 보여주기 위해서 많이 노력했다고 생각해요. 그래서 한국 아이돌을 보면 일본 아이돌보다 더 프로페셔널한 것 같아요." (연구 참여자 3, 2차 인터뷰 2013.03.23.)

"한국 아이돌은 스타일이 너무 좋아요. 다들 귀엽고 날씬하고 그리고 노래도 잘하고 춤도 잘 춰요. 모두 데뷔하기 전에 오랫동안 연습했다고 들었어요. 티아라도 데뷔하는 데 많은 시간이 걸렸다고. 나이가 어린데 열심히 노력하는 모습을 보면 대단하다고 생각해요."(연구 참여자 4, 1차 인터뷰 2013.02.07.)

이러한 아이돌 그룹의 인간적인 면모에 대한 이해는, 한국에서 거주하며 팬 활동을 하는 연구참여자의 경우에는 아이돌 그룹의 방송 이외의 모습에서 인간적인 면을 찾는 반면, 해외에 거주하며 팬 활동을 하는 연구참여자의 경우에는 미디어를 통해서 얻는 정보와 보이는 모습을 바탕으로 한 평가라는 점에서 차이를 보였다.

4.4. 세계시민으로서의 문화적 실천

연구참여자 중 일부에게서 케이팝을 좋아하게 되어 그에 연관된 아이돌 그룹이나 그들의 팬덤과 관계를 맺으면서 팬덤과 함께 공유할 수 있는 문화를 생산하는 문화적 실천을 실행하는 사례를 확인할 수 있었다.

연구참여자 1의 경우에는 인터넷 웹사이트에 팬페이지를 개설하고 이를 운영하면서, 팬페이지에 가입한 회원들에게 제공하고자 직접 〈B1A4〉의 사진과 영상 자료를 촬영하고 편집하여 올리는 활동을 하고 있었다.

"사진 찍어서 올리면 사람들 반응이 좋고 하니까 어쩌다 보니까 계속 사진을 올리게 되더라구요. 이게 은근히 중독되더라구요. (중략) 〈B1A4〉 때문에 평생 만질 거라고 생각지도 못했던 대포카에 캠에 그리고 편집도 해야 하니까 포토샵도 다룰 줄 알게 되고. 팬질하면서 은근 얻은 게 많아요."(연구 참여자 1, 1차 인터뷰 2013.04.07.)

"어떻게 제가 좋아서 열심히 팬질을 하다 보니까 팬페이지도 유명해지고 저를 팔로잉하는 팬도 많아지고. 팬 활동을 하면서 가장 좋은 건 다양한 사람들과 알게 되는 것 같아요. 같이 활동하고 하다 보면 힘들어도 그 친구들 만나는 재미에 계속 팬 활동을 하게 되는 것 같아요."(연구 참여자 1, 2차 인터뷰 2013.04.20.)

연구참여자 2는 한국에서 팬 활동을 하면서 쌓은 자신만의 노하우를 바탕으로 해외에서 한국으로 팬 활동을 온 해외 팬들을 위해 자신의 지식과 경험을 사용하고 있었다. 이러한 경험은 미래에 대한 계획에도 영향을 미쳐, 그는 향후 대만에서 엔터테인먼트 사업과 관련된 직종에 종사하기를 희망하고 있었다.

"예전에는 대만에서 친구들(SS501의 팬)이 한국에 놀러오면 같이 애들(SS501)보러 다니고 했어요. 친구들은 한국말도 못하고, 또 한국팬 문화를 모르니까 제가 스케줄 다 확인해서 준비해서 그렇게 다녔어요. 그렇게 하다 보니까 외국인팬들이랑 많이 알게 되어서 지금은 태국이나 인도네시아, 필리핀, 일본에도 친구가 생겼어요. 한국 아이돌 그룹이 대만이나 태국에서 공연하면, 제가 해외 친구들한테 부탁해서 표를 구해서 친한 한국 친구들한테 주기도 해요."(연구 참여자 2, 2차 인터뷰 2013.04.20.)

"저는 원래 대만에서 경영학을 전공했는데 SS501을 좋아하게 되어서 문화산업에 관심을 가지게 되었어요. 한국에서 제가 팬으로 활동하면서 쌓은 경험을 가지고 나중에 대만에 가서 엔터테인먼트 쪽 일을 해 보고 싶어요. 대만은 아무래도 한국보다는 그쪽이 뒤떨어져 있으니까 그래서 지금 박사과정에 입학해서 그쪽으로 더 공부를 해볼까 고민하고 있어요."(연구 참여자 2, 1차 인터뷰 2013.04.06.)

이러한 연구참여자의 사례를 통해 자신의 팬 경험이 타인의 팬 활동의 영역으로까지 영향을 미치는 것을 확인할 수 있었다. 그들의 사례는 개인이 케이팝의 팬덤, 다시 말해 아이돌 그룹의 팬덤을 통해 얻은 '지식'과 '정보'를 다시 팬덤과 공유하는 문화적 실천의 사례라고 할 수 있다.

연구참여자 3과 4의 경우에는 케이팝과 직접적으로 관련한 문화적 실천을 실행하지는 않았지만, 케이팝을 통해 한국 문화에 관심을 가지고 한국어를 공부하는 등의 개인적인 차원에서의 자기계발적인 활동모습을 보이는 것을 확인할 수 있었다.

5. 다문화교육적 가치로 본 케이팝

케이팝의 팬으로서 활동하고 있는 성인 여성은 과연 팬 경험을 통해 다문화 시민성을 함양하고 있을 것인가?

결론적으로 소수지만 다양한 국적과 연령대의 성인 여성 네 명의 케이팝을 통한 다양한 팬 경험 사례의 분석을 통해, 1) 자기 문화정체성에 대한 이해, 2) 문화적 다양성의 인정, 3) 인간존중, 4) 세계시민으로서의 문화적 실천이라는 네 가지의 경험 유형을 확인할 수 있었다.

이러한 네 가지의 경험 유형은 다음과 같이 다문화 시민성의 요소와 연결 지을 수 있다. 다만, 하나의 경험 유형에는 다양한 다문화 시민성의 요소가 대응될 수 있으며, 이러한 대응은 해석하는 사람이 기준을 어디에 두느냐에 따라 다양한 해석의 여지가 존재한다. 따라서 〈표 12-4〉에는 연구 참여자의 경험 유형에 대하여 각각 다문화역량, 다문화 감수성, 시민성의 영역으로 구분되는 다문화 시민성의 구성요소 중 대표적이라고 판단되는 요소만을 선별하여 기록하였다.

그렇다면 성인 여성이 다문화 시민성을 함양하는 데 있어서 케이팝이 영향을 미칠 수 있을 것인가?

〈표 12-4〉를 바탕으로 하여 케이팝을 통한 성인 여성의 다문화 시민성 함양에 관해 다음과 같이 결론지을 수 있다.

첫째, 성인 여성은 케이팝을 통해 다문화 시민성을 함양하고 있었다. 연구참여

〈표 12-4〉 경험유형별 다문화 시민성의 대표적 구성요소

경험 유형	내용	다문화 시민성	
자기 문화정체성의 이해	10대와 팬덤과의 차이 인정 사회적 연령 수용	다문화 역량	갈등관리 능력
		다문화 감수성	자기인식
		시민성	사회질서와 국가 권위의 수용
문화적 다양성 인정	아이돌 그룹특성의 차이 인정 팬덤 문화의 차이 인정 특성과 차이에 대한 거부 반응	다문화 역량	문화 간 차이 인정 능력
		다문화 감수성	개방성, 상호작용 참여
		시민성	자율
인간존중	아이돌 그룹의 인간미 중시 아이돌 그룹의 노력 중시	다문화 역량	공감 · 관용 · 수용 능력
		다문화 감수성	공감
		시민성	공동체 구성원에 대한 책임성
세계시민 으로서의 문화적 실천	팬덤활동 자기계발활동	다문화 역량	의사소통 능력
		다문화 감수성	사회 정의
		시민성	공적 참여

자 4명 모두 케이팝을 통해 다양한 문화와 접하면서 그 속에서 자연스럽게 다문화 시민성을 함양하고 있었다. 비록 연구참여자 본인들은 팬 경험을 통해 다문화 시민성이 함양되었음을 직접적으로 인식하지 못하였으나, 그들은 팬 활동을 하는 과정에서 케이팝을 통해 자신과의 차이를 발견하면서 자신의 문화정체성을 이해하고, 문화적 다양성을 경험하며, 그 안에서 다양한 사람들과 어울리면서 자연스럽게 인간존중과 다수를 위한 공적 참여로서의 문화적 실천을 실행하고 있었다.

둘째, 케이팝은 소비되는 문화콘텐츠의 영역을 넘어 문화를 연결하는 문화매개체로서의 기능을 하고 있다. 케이팝은 대표적으로 케이팝의 팬덤, 예를 들어 아이돌 그룹의 팬덤을 형성하는 데 기여며 연구참여자들에게 문화교류의 장을 제공하고 있었다. 이렇게 제공된 문화교류의 장은 다문화적 성격을 띠고, 그 안에서 연구참여자들은 다문화사회에 대한 경험을 통해 다문화 시민성을 함양하고 있었다.

셋째, 케이팝의 팬 경험이 모두 다문화에 대한 긍정적인 평가로 이어지지는 않았다. 일부 연구참여자의 경험에서 확인할 수 있는 것처럼, 케이팝의 팬 경험이 오히려 다른 문화에 대한 불쾌감이나 거부감으로 이어지기도 하였다. 그러나 이러한 개인의 평가는 타 문화 전체에 대한 것이 아닌 그중 일부에 대한 평가에 불과했기 때문에, 다문화에 대한 무조건적인 부정이나 거부라고 볼 수는 없다. 다시 말해 이와 같은 경험은 1차적으로 다문화의 다름과 차이를 인정한 다음, 2차적으

로 그에 대한 개인의 수용 여부를 결정하는 과정에서 수용을 거부한 것이므로 다양성의 인정과는 다른 개인의 취향의 차원에서 논의되어야 한다.

물론 이와 같은 결론이 성인 여성에게만 국한되는 특징이라고 단정할 수는 없다. 따라서 케이팝의 팬 경험을 통한 다문화 시민성 함양은 성인 여성만이 아닌 다른 대상 누구에게도 적용 가능하다는 관점도 제기될 수 있다. 그리고 개인을 대상으로 하여 그의 경험에서 도출한 이와 같은 결과는 성인 여성이 케이팝의 팬이어야 한다는 점을 1차적인 기본전제로 하고 있으므로 모든 성인 여성을 대상으로 일반화하기에는 무리가 있다.

그럼에도 불구하고 이러한 결과들은 기존의 케이팝에 관한 연구와는 다르게 케이팝이 지니고 있는 문화매개체로서의 가치를 발견하고 그 안에서 이루어지는 다문화 시민성과 관련한 교육적 효과 설명한다는 점에서 의미가 있다. 이는 소비되는 문화상품으로서의 케이팝이 지니는 기존의 가치를 넘어 다문화교육에 기여할 수 있는 교육콘텐츠로서 케이팝이 지니는 새로운 가치의 발견이다. 또한 성인 여성이 케이팝을 통해 다문화 시민성을 함양하는 과정이 성인 여성 스스로가 주체가 되어 경험을 통해 지식을 함양하는, 다시 말해 성인 학습의 연장으로 해석될 수 있는 가능성을 제공한다.

13장

외국인근로자 자녀와 청소년복지

13 외국인근로자 자녀와 청소년복지*

임한나

* 이 글은 2009년 『청소년문화포럼』 22권에 게재된 논문 「다문화청소년의 복지에 대한 욕구분석-외국인근로자 자녀 중심으로-」을 수정 · 보완한 것이다.

1. 다문화청소년 복지의 필요성

대한민국은 세계 최저 출산율('11년 현재 1.24명)을 기록하며 고령인구의 급격한 증가율을 보이고 있다. 또한 고학력화, 국민정서의 변화로 3D업종 및 소규모 사업장 기피 현상이 맞물리면서 인력난이 심화됨에 따라 외국인근로자의 수가 꾸준히 증가하고 있는 추세이다. '13년 현재 외국인주민은 144만 5천 명으로 주민등록인구의 2.8%를 차지하고 있으며 '12년(1,409,577명)보다 2.6% 증가하는 등 다문화사회로 진입할 수 있는 기반을 다지고 있다(안전행정부, 2013).

외국인주민을 유형별로 살펴보면, 한국국적을 가지지 않은 사람이 1,120,599명(77.5%), 한국국적을 가지고 있는 사람은 325,032명(22.5%)이며, 한국국적을 가지지 않은 사람 중 외국인근로자는 520,906명으로 전체 외국인주민의 36%, 결혼이민자 147,591명(10.2%), 유학생 83,484명(5.8%), 외국국적 동포 187,616명(13%), 기업 투자자 등 기타 181,002명(12.5%) 순으로 외국인근로자의 수가 가장 많은 것으로 조사되었다. 외국인근로자의 수가 점차 증가됨에 따라 외국인근로자의 가족들도 한국으로 함께 이주해오거나 외국인근로자가 국내에서 자녀를 출생하는 경우가 많아지고 있다.

현재 우리나라의 이주민정책의 기본방향은 체류목적 달성 후에 모두 본국으로 귀국하는 것을 원칙으로 하고 있다. 따라서 정식비자를 취득하여 법적으로 체류하는 데 문제가 없는 외국인근로자라 할지라도 가족들의 체류권을 보장받기가 쉽지 않으며, 사실상 법적으로는 미등록 외국인(불법체류자)의 신분을 벗어나기 힘든 실정이다(국립중앙청소년수련원, 2007). 외국인근로자 자녀들은 이러한 사회적 제약 속에 갇혀 있기 때문에 그들의 복지에 대한 욕구가 정책에 반영될 수 있는 실질적 지원체계가 전무한 상황이다. 따라서 외국인근로자 자녀들에 대한 복지 서비스가 제한적·형식적으로 이루어질 수밖에 없다.

기존에도 외국인근로자 자녀를 대상으로 하는 논의가 있었지만, 내용이 방대하지 못하고, 통합적 관점에서의 복지욕구 관련 논의가 이루어지지 않아 그들의 삶 전반에 걸친 욕구를 사회에 반영할 수 없다는 한계가 있었다. 또한 다문화청소년 관련 연구라고 할지라도 국제결혼 가정의 자녀(한국인 아버지와 외국인 어머니 사이에서 태어난 청소년 또는 한국인 어머니와 외국인 아버지 사이에서 태어난 청소년), 외국인근로자 가정의 자녀(외국인근로자가 한국에서 결혼하여 태어난 청소년, 본국에서 결혼하여 형성된 가족이 한국에 이주한 가정의 청소년), 새터민 청소년(북한 출신의 탈북 청소년), 한민족 청소년(선조들의 이주로 중국과 러시아 지역에서 태어나 독특한 한민족 또는 문화권에서 생활하다가 부모의 이주, 취업 등의 이유로 다시 한국에 정착한 청소년)을 다문화청소년의 범주로 보고 있기 때문에 각각의 특성 및 욕구를 파악하는 데 어려움이 있었다. 따라서 이 장에서는 다문화청소년을 외국인근로자 자녀로 정의하고, Clayton P. Alderfer의 욕구이론(ERG 이론)에 기초하여 다문화청소년의 복지욕구를 생존욕구(existence needs), 관계욕구(relatedness needs), 성장욕구(growth needs)로 구분·조작화하여 조사하고 분석하도록 하겠다.

외국인근로자 자녀에 대한 실질적 연구가 미비한 현실에서 이들의 복지욕구를 알아보는 것은 그들에게 필요한 최소한의 복지적 서비스를 제공하고 그들에 대한 사회적 시각을 긍정적으로 전환시킬 수 있다는 점에서 의의가 있다.

이 글에서는 다문화청소년의 다양한 유형 중에 외국인근로자 가정 청소년의 복지욕구에 초점을 맞추어 연구를 진행하겠으며, 외국인근로자 가정 청소년을 광의의 개념으로 해석하여 대한민국 국적이 없는 외국인근로자 가정 청소년도 그 대상에 포함시키도록 하겠다. 외국인근로자는 '국내에서 대한민국의 국적을 가지지 않은 상태에서 직업의 종류와 관계없이 노동의 대가인 임금 급료, 그리고 기타 이에 준하는 수입을 목적으로 노동을 제공하는 자'로, 외국인근로자, 외국인노동자, 외국인이주노동자 등으로 지칭되고 있다(김보미, 2007). 본 논의에서는 '국내에서 대한민국의 국적을 가지지 않은 상태에서 직업의 종류와 관계없이 노동의 대가인 임금 급료, 그리고 기타 이에 준하는 수입을 목적으로 노동을 제공하는 자'를 외국인근로자로 통칭하기로 한다.

외국인근로자 자녀는 '부모 중 최소한 한 사람이 외국인근로자로 국내에 거주하는 외국인 청소년'을 의미하며, 국제결혼자녀는 제외된다. 필자는 '외국인근로자 자녀'와 '외국인근로자 가정 청소년', '다문화청소년', '다문화가정 청소년'을 같은 의미로 정의하겠다.

욕구란 인간의 생존 또는 성장발전에 있어 무엇인가 결핍된 상태이며 개인이나 집단이 인간의 생존과 성장 발전을 위해 필요하여 구하는 것으로 '필요'보다 객관적인 개념이다. 복지욕구를 이해할 수 있도록 도움을 주는 여러 이론들을 찾아볼 수 있는데 이번 장에서는 Clayton P. Alderfer의 욕구이론을 기초로 하여 복지욕구를 설명하겠다. C. Alderfer는 복지욕구를 생존욕구(existence needs), 관계욕구(relatedness needs), 성장욕구(growth needs)로 구분하여 인간의 욕구를 체계화하였다. 생존욕구(existence needs)는 인간의 생명을 유지하기 위해서 필요로 하는 욕구임으로 이것이 충족되지 못하면 인간의 생존이 위협받게 되며, 이 욕구들은 주로 한정된 물질에 대한 갈망으로 구성되어 있다. 관계욕구(relatedness needs)는 모든 인간이 인간답게 되기 위해서 타인과 관계를 맺고, 자신의 생각이나 감정을 서로 교환하려고 한다는 관점이다. 즉 사회관계 및 대인관계 등을 포함하는 것으로 타인과의 관계가 중심을 이룬다. 마지막으로 성장욕구(growth needs)는 자신에게 가장 중요한 개인적 능력을 발전시키는 방향에서 환경과 상호작용할 수 있는 욕구를 말한다(이혜연·이태수·이서정, 2001).

2. 다문화청소년 현황 및 관련 정책

2.1. 다문화청소년 현황

2013년 국내 체류외국인 수가 1,501,761명을 기록해 사상 처음으로 150만 명을 돌파했다고 보도되었다. 지난 2003년 체류외국인이 678,687명이었던 것과 비교하면 10년간 국내 체류외국인 수가 2배 넘게 급증하였다(연합뉴스, 2013). 이는 한국사회가 다인종·다문화사회로 급속히 진전하고 있음을 보여주는 단적인 예이다. 1992년 한중수교 이후 꾸준히 증가한 중국 동포의 유입과 우리나라의 국제적 지위 향상으로 유학생 및 전문 인력의 증가, 저출산·고령화 사회 진입으로 인한 산업연수 및 고용허가제 외국인근로자 입국이 증가했으며, 결혼이민자의 증가로 우리나라도 다인종·다문화사회로 빠르게 변모하고 있음을 알 수 있다.

이와 같은 체류외국인의 급격한 증가는 다문화청소년의 수를 증가시켰고 다문화청소년을 포함한 체류외국인의 복지증진을 위한 장기적이고 종합적인 관련 정책의 필요성이 제기되기 시작하였다. 2012년 다문화가정 학생(국제결혼가정 자녀 및 외국인가정 자녀) 현황을 조사한 결과 전년보다 21%(8,276명)가 증가한 46,954명이 학교에 재학하고 있는 것으로 조사되었다. 이는 다문화가정 학생 현황을 처음 조사한 06년(9,389명)보다 5배 늘어난 수치이다. 조사 대상에서 제외한 외국인학교 등을 감안할 경우 다문화가정 학생 5만 명 시대가 열렸음을 알 수 있다. 다문화가정 학생을 학교급별로 살펴보면, 초등학생 72.0%(33,792명), 중학생 20.5%(9,647명), 고등학생 7.5%(3,515명)로 여전히 초등학생 비율이 높지만 전년보다 중·고등학생 비율이 늘어나고 있는 추세이다. 유형별로는 국제결혼가정 자녀가 94.4%(국내출생자녀 40,040명, 중도입국자녀 4,288명), 외국인가정 자녀가 5.6%(2,626명)이었다. 특히 중도입국자녀의 경우 전년(2,540명)보다 68.9%가 증가한 것으로 나타나 이들을 위한 대책이 필요하다. 다문화가정 학생을 시도별로 살펴보면 경기(10,413명, 22.2%), 서울(7,485명, 15.9%), 전남(3,737명, 8.0%) 순이고, 수도권(서울, 경기, 인천)은 43.4%이다. 마지막으로 부모의 국적을 보면 중국(33.8%), 일본(27.5%), 필리핀(16.1%), 베트남(7.3%) 순이다(교육과학기술부, 2012).

2.2. 다문화청소년 관련 정책

본 논의의 당위성을 입증하기 위한 다문화청소년의 복지 관련 국내법을 찾아보도록 하겠다.

헌법 제6조 제2항에 의하면 "외국인은 국제법과 조약이 정하는 바에 의하여 그

지위가 보장된다"라고 명시하였고 제10조에서는 인간의 존엄, 가치, 행복추구권, 기본인권을 강조하였다. 여기서의 주체는 모든 국민을 의미함으로 헌법은 자유권과 평등권 및 사회권 중의 일부가 외국인(다문화청소년)에게 인정됨을 명시하였다고 볼 수 있다.

청소년복지지원법 제3조 제1항은 "청소년은 인종·종교·학력·신체조건 등 여타의 조건에 의하여 이 법이 정한 규정을 적용함에 있어서 차별을 받아서는 아니 된다"라고 규정하고 있다. 따라서 다문화청소년의 복지지원에 있어서 어떠한 차별도 받아서는 안 됨을 명확히 표현하고 있다.

다음으로 청소년복지지원법을 살펴보겠다. 결혼이민자 및 그 자녀 등으로 구성되는 다문화가족은 언어 및 문화적 차이로 인하여 사회부적응과 가족구성원 간 갈등 및 자녀교육에 어려움을 겪고 있음에 따라, 다문화가족의 구성원이 우리 사회의 구성원으로 순조롭게 통합되어 안정적인 가족생활을 영위할 수 있도록 하기 위한 가족상담·부부교육·부모교육 및 가족생활교육 등을 추진하고, 문화의 차이 등을 고려한 언어통역·법률상담 및 행정지원 등의 전문적인 서비스를 제공하도록 하는 등 다문화가족에 대한 지원정책의 제도적인 틀을 마련하기 위하여 다문화가족지원법이 제정되었다(2008년 3월 21일 제정, 2008년 9월 22일 시행).

다문화가족법에서 명시한 다문화가족은 적어도 가족 구성원 중 한 명 이상이 대한민국 국적을 가지고 있어야 한다. 한국인과 외국인이 결혼을 하거나 국적법에 의하여 귀하허가를 받는 경우가 이에 속한다. 따라서 본국에서 생활하다가 근로를 목적으로 한국에 오는 외국인근로자와 그의 자녀들은 법적 혜택을 누릴 수 없다. 예전에 비해 외국인근로자의 처우가 개선되었다 할지라도 제약 속에 시행되는 법 앞에서 외국인근로자와 그의 자녀들은 불평등을 경험할 것이다.

마지막으로 초·중등교육법을 알아보겠다. 사실, 한국국적을 취득한 국제결혼가정 자녀의 경우 한국 입학에 별다른 어려움이 없다. 하지만 미등록 외국인근로자 자녀의 경우 합법적인 비자를 발급받지 못하거나 외국인으로 등록되어 있지 않은 경우가 대부분이기 때문에 일반학교 입학에 어려움이 있다. 특히 부처별로 이와 관련된 처리가 상이하여 법무부에서는 미등록외국인근로자들에 대한 단속을 시행하는 반면, 교육부에서는 일단 그 자녀들에 대한 학교 입학을 허가하는 정책을 시행하고 있다. 하지만 이러한 정책도 초등학교 수준에서는 어느 정도 수용되고 있으나 중·고등학교의 경우에는 입학이 여전히 제한적이다. 또한 일선 초등학교에서 점차 관행이 되어오던 미등록외국인근로자 자녀들의 학교 입학이 초·중등교육법 시행령 개정(2006년)으로 더 어려워지는 결과가 파생되고 있는 실정이다(조혜영 외, 2007).

국내법에 이어 다문화청소년 복지 관련 국외법을 살펴보고자 한다. "헌법에 의하여 체결·공포된 조약과 일반적으로 승인된 국제법규는 국내법과 같은 효력을 가진다"고 헌법 제6조 제1항은 설명하고 있다. 즉, 국회 비준을 얻은 국제 조약(협약)은 헌법 제6조 제1항에 의하여 법률과 동일한 효력을 가진다. 따라서 국회 비준을 얻은 국제 조약을 바탕으로 다문화청소년 복지 관련 국외법을 살펴보기로 한다.

'아동권리협약(Convention on the Rights of the Child, 1989; 1991년 11월 20일 비준, 1991년 12월 20일 발효)'의 제2조 제1항은 "당사국은 자국의 관할권 안에서 아동 또는 그의 부모나 후견인의 인종, 피부색, 성별, 언어, 종교, 정치적 또는 기타의 의견, 민족적, 인종적 또는 사회적 출신, 재산, 무능력, 출생 또는 기타의 신분에 관계없이 그리고 어떠한 종류의 차별을 함이 없이 이 협약에 규정된 권리를 존중하고, 각 아동에게 보장하여야 한다"라고 명시하고 있다.

'아동권리협약' 또한 앞서 살펴보았던 국내법과 일맥상통한 의미를 지니고 있음을 알 수 있다. 특히, 아동 또는 그의 부모나 후견인의 인종, 피부색, 민족적, 인종적, 출생 등에 관계없이 권리를 존중·보장해야 함을 밝힘으로써 다문화청소년에 대한 차별을 원천적으로 봉쇄하고 있다.

1990년 12월 18일 유엔총회에서 채택, 2003년 7월 1일 발효된 '모든 외국인근로자와 그 가족의 권리보호에 관한 국제협약(International Convention on the Protection of the Rights of All Migrant Workers and Members of Their Families)'은 외국인근로자와 그 가족들에게 법적, 정치적, 경제적, 시민적, 사회적, 문화적 권리를 보호하기 위한 최소한의 기준을 세우고 그렇게 하는 국가들이 부가적 보호를 제공할 수 있도록 하는 것을 추구한다. 앞의 내용을 바탕으로 다문화청소년 정책의 문제점에 대한 이야기를 나눠보고자 한다.

우리나라는 외국인 대상 국가 정책 유형 중 차별적 배제모델(differential exclusionary model)에 가까운 정책을 시행하고 있다. 차별적 배제모델(differential exclusionary model)에서 지배집단은 외국인이나 그 자녀들을 국가 구성원으로 수용할 의지가 없다. 특히 가족 재결합의 제한, 안정된 거주자 지위 부여 거부, 제한적인 귀화 규정, 이민 국가가 아니라는 이데올로기 등이 그렇다. 이 모델에서 이민은 사회의 특정 영역(특히, 노동시장)에서는 받아들여지고 있지만 다른 영역(복지, 시민권, 정치참여 등)에 대해서는 접근이 제한된다. 이민자들은 민족적 소수자의 위치가 되며, 이들은 시민사회의 구성원임에도 불구하고 경제, 사회, 문화, 정치의 완전한 참여로부터 배제된다.

민족적 소수자들은 보통 사회 경제적으로 뒤처져 있기 때문에 경제적 위계에서도 하층을 차지하게 된다. 이 배제모델은 과거의 '방문노동자'(guest worker)를 충원하던 국가인 독일, 스위스, 오스트리아 등 서유럽에 해당되며 국제이동이 보편화되고 있는 지구촌에서 이러한 모델의 입지는 점차 제한되고 있다(Castles & Miller, 2003; 설동훈 외, 2006).

하지만 우리나라의 외국인근로자 관련 정책 및 서비스는 아직까지 차별적 배제모델(differential exclusionary model)에서 벗어나지 못하고 있다.

2008년 3월 21일에 다문화가족지원법이 제정되고 청소년복지지원법, 초·중등교육법 등에서 다문화청소년 보호에 관한 내용을 명시하고 있으나 다문화가족지원법의 경우, 혜택을 받을 수 있는 다문화청소년의 범위를 '적어도 가족 구성원 중 한 명 이상이 대한민국 국적을 가지고 있어야 한다'고 규정하고 있어 불법체류하고 있거나 가족 중 한 사람이라도 대한민국 국적을 가지고 있지 않은 외국인근로자 자녀들은 보호받을 수 있는 법적 근거가 없는 상태이다.

3. 연구방법

외국인근로자 자녀의 복지욕구를 조사하기 위해서 서베이 연구방법을 활용하였다. 구조화된 자기기입식 설문지를 작성하여 대상 청소년 8명에게 예비조사를 실시한 결과 외국인근로자 자녀가 이해하기 어려운 단어가 있어 수정·보완단계를 거친 후 최종 설문지를 작성하였다. 자료 수집은 2008년 4월 21일부터 5월 16일까지 실행하였다. 구체적인 표집 대상은 '부모 중 최소한 한 사람이 외국인근로

자로 국내에 거주하는 외국인 청소년'이고, 학교교육(대안학교·포함)을 받고 있는
외국인근로자 자녀이다. A학교와 B학교의 경우 학교 선생님의 지도 아래 학생들
이 설문지를 작성한 후 직접 수거하였고, C~D기관과 E~F교회의 경우 기관 담당
자 및 자원봉사자의 도움으로 조사가 이루어졌다.

〈표 13-1〉 조사기관 현황표   (단위: 명)

A학교	B학교	C기관	D기관	E교회	F교회	총 계
71	20	2	3	8	2	106

서울과 경기, 부산, 인천에 거주하는 외국인근로자 자녀 중 10세에서 19세 청
소년(초등학교 3학년부터 고등학교 3학년)을 연구 모집단으로 설정하였으며 조사대
상자를 연령별로 구분해 보면, 초등학생이 60명, 중학생이 38명, 고등학생이 8명
이다.

표집방법은 비확률 표집방법 중에 임의표집으로 조사하였고, 유의수준은 95%
이다. 외국인근로자 자녀의 국적이 다양할 뿐만 아니라, 학교교육을 받고 있는 학
생을 대상으로 설문을 하였기 때문에 설문지의 내용은 한글로 작성하였고, 한글
을 잘 모르는 학생들은 자원봉사자의 통역으로 설문이 이루어졌다. 설문조사는
외국인근로자 자녀가 많이 다니고 있는 학교를 중심으로 연구의 취지에 대해 충
분히 설명하고 조사를 허락받아 시행(A·B학교)되었다. 또한 외국인근로자 관련
기관 및 교회의 협조를 통해 진행되었다. 외국인근로자 자녀가 설문에 응하였을
경우, 기념품을 제공하였다. 설문에 응한 외국인근로자 자녀의 신변을 보호하기
위해 설문은 익명으로 작성되었으며, 설문을 도와준 학교, 기관 및 교회도 익명으
로 하였다. 총 113개의 설문지가 회수되었으나, 이 중 조사 대상자(10세 미만)가 아
니거나 설문에 불성실하게 응한 경우를 제외하고 총 106개를 최종분석 하였다.

이 글에서는 Clayton P. Alderfer의 욕구이론을 기초로 하여 외국인근로자 자녀
의 복지욕구를 분석하였다. Clayton P. Alderfer는 복지욕구를 생존욕구(existence
needs), 관계욕구(relatedness needs), 성장욕구(growth needs)로 구분하여 인간 욕구를
체계화하였으므로 3가지 영역으로 복지욕구를 조사하였다. 생존욕구 영역에서는
의·식·주생활 및 건강·의료 서비스에 관련된 설문을 실시하였고, 관계욕구에
서는 학교생활과 방과후 생활에서의 대인관계, 상담분야, 부모님과 해보고 싶은

문화활동에 대한 설문을 하였다. 마지막으로 성장욕구 영역에서는 학업, 진로, 여가선용에 관한 질문을 하였고, 그 외에 지원받고 싶은 영역을 조사하였다.

〈표 13-2〉 설문 구성내용

영 역	세부영역	설문내용
생존욕구	의 · 식 · 주생활	사고 싶은 옷을 살 수 있는지에 대한 여부
		먹고 싶은 음식 섭취 여부
		성장하는 데 필요한 음식 섭취 여부
		집에서 가장 불편한 곳
		살고 있는 집의 방의 개수
		함께 방을 쓰고 있는 사람
		집에 대한 만족도
		살고 있는 동네에 대한 만족도
	건강 · 의료	최근 6개월 동안 아픈 곳이 있었는지 여부
		아팠을 때 치료를 받았는지에 대한 여부
		치료를 받지 않았다면 그 이유
관계욕구	대인관계	학교 친구들과의 관계
		선생님에게 바라는 것
		방과후 함께 있는 사람
		어려움이 있을 때 상담 대상
		상담하고 싶은 문제
		부모님과 함께해 보고 싶은 문화 활동
성장욕구	학업 · 진로 · 여가생활	공부를 더 잘하려면 필요한 것
		희망 최종학력
		학교를 가기 싫다고 느낀 이유
		학원 수강 내용
		희망 수강 내용
		희망하는 직업
		방과후 여가생활
		가장 해보고 싶은 문화 활동
		문화 활동을 하는 데 어려운 점

논의의 목적을 달성하기 위하여 수집된 자료는 SPSS 12.0K, SAS 9.1 등의 통계 패키지를 활용하여 빈도와 백분율, 카이제곱 검정(Chisq-Test), 상관관계분석(Pearson's Correlation), T-test, 데이터마이닝(Decision tree 기법)을 실시하였다.

4. 외국인근로자 자녀의 복지욕구

4.1. 일반적 특성

조사대상자인 외국인근로자 자녀의 일반적인 특성은 다음과 같다. 성별은 남자가 52명(49.1%), 여자가 54명(50.9%)으로 여학생이 조금 더 많았다. 연령은 10세부터 19세까지로 남자의 평균연령은 13.17세, 여자의 평균연령은 13.8세이다. 조사대상자 총 평균 연령은 13.5세이며 표준편차는 2.323이다.

외국인근로자 자녀가 한국에서 거주한 기간을 묻는 질문에는 1년 이하가 50.0%로 가장 많았으며, 2년 19.8%, 3년 8.5%, 4년 3.8%, 5년 이상이 17.9%로 조사되었다. 절반의 외국인근로자 자녀는 한국에서 거주를 시작한 지 1년이 안 되었으나, 3년 이상 한국에 거주한 외국인근로자도 상당수(30.2%)인 것으로 조사되었다.

외국인근로자 자녀가 생각하는 자신의 한국어 구사능력에 대해서는 '매우 잘한다'가 9.4%이고, '잘한다'가 22.7%, '보통이다'가 36.8%, '조금 못 한다'가 26.4%, '매우 못 한다'가 4.7%라고 응답하였다. 본인의 한국어 구사능력을 '보통이다' 이상으로 평가한 외국인근로자 자녀가 68.9%인 것으로 볼 때 본인의 한국어 구사능력을 긍정적으로 평가하고 있었다.

가정형편에 대한 질문에는 '매우 잘 산다'가 5.7%, '잘 산다'가 22.6%, '보통이다'가 43.4%, '어려운 편이다'가 21.7%, '매우 못 산다'가 6.6%로 조사되었다.

현재 행복도를 조사한 결과 15명(14.3%)이 '매우 행복하다'고 응답하였으며, 50명(47.6%)이 '행복하다', 32명(30.5%)이 '보통이다', 2명(1.9%)이 '행복하지 않다', 6명(5.7%)이 '매우 행복하지 않다'라고 응답하였다. '보통이다' 이상이 92.4%이고, '행복하다'와 '매우 행복하다'라고 답한 외국인근로자 자녀만도 61.9%로 조사되어 한국에서 생활하는 것을 행복하게 느끼는 것으로 분석되었다.

함께 사는 가족의 수를 묻는 질문에서는 '1명'이 20.8%, '2명'이 41.5%, '3명'이 30.2%, '4명'이 6.6%, '5명'이 0.9%로 조사되었다.

'현재 행복도'와 '한국어 구사능력'의 상관관계를 알아보았더니 〈표 13-3〉과 같은 결과가 나타났다. '행복하다'라고 대답한 외국인근로자 자녀의 '한국어 구사능력'은 '잘한다'가 24.8%, '보통이다'가 18.1%이다. 따라서 '행복하다' 이상으로 답한 조사 대상자(61.9%)는 대체로 한국어 구사능력이 뛰어난 것으로 분석된다. 현재 '행복하지 않다'라고 느끼고 있는 외국인근로자 자녀 중에 한국어를 '잘한다'라고 응답한 사람이 두 명뿐이었다. 이것은 '현재 행복도'와 '한국어 구사능력'에는 확연한 연관성이 있으며 한국어를 잘할수록 현재 행복한 것으로 드러났다.

〈표 13-3〉 현재 행복도와 한국어 구사능력의 상관관계

구 분			한국어 구사능력			합 계
			잘한다	보통이다	못 한다	
행복도	행복하다	빈도(명)	26	19	20	65
		퍼센트(%)	24.8%	18.1%	19.0%	61.9%
	보통이다	빈도(명)	6	19	7	32
		퍼센트(%)	5.7%	18.1%	6.7%	30.5%
	행복하지 않다	빈도(명)	2	0	6	8
		퍼센트(%)	1.9%	0.0%	5.7%	7.6%
합계		빈도(명)	34	38	33	105
		퍼센트(%)	32.4%	36.2%	31.4%	100.0%

* Pearson Chi-square(값 17.425, 자유도 4, 확률 0.002)

〈표 13-4〉 현재 행복도와 20년 후의 행복도에 대한 T-test

		Mean	N	Std. Deviation	Std. Error Mean
Pair 1	현재 행복도	2.3714	105	.95331	.09303
	20년 후의 행복도	1.8571	105	.77743	.07587

		Paired Differences					t	df	Sig. (2-tailed)
		Mean	Std. Deviation	Std. Error Mean	95% Confidence Interval of the Difference				
					Lower	Upper			
Pair 1	현재 행복도 20년 후의 행복도	.51429	1.11039	.10836	.29940	.72917	4.746	104	.000

* 현재 행복도: 매우 행복하다(1점), 행복하다(2점), 보통이다(3점), 행복하지 않다(4점), 매우 행복하지 않다(5점)
** 20년 후 행복도: 매우 행복할 것이다(1점), 행복할 것이다(2점), 그저 그럴 것이다(3점), 별로 행복하지 못할 것이다(4점), 전혀 행복하지 못할 것이다(5점)

외국인근로자 자녀의 '현재 행복도'와 '20년 후의 행복도'를 알아보기 위해

T-test를 해보았더니 '현재 행복도'와 '20년 후의 행복도' 간의 차이를 보였다. 조사 대상자들의 '현재 행복도'는 2.3714이고, '20년 후의 행복도'는 1.8571이므로 외국인근로자 자녀들은 현재보다 20년 후에 더 행복해질 것이라고 생각하고 있는 것으로 조사되었다.

조사 대상자인 외국인근로자 자녀의 연령, 한국 거주기간, 한국어 구사능력, 가정형편, 현재 행복도, 함께 사는 가족의 수 등 일반적 특성간의 상관관계를 알아본 결과 〈표 13-5〉와 같다. '한국에서 거주한 기간이 길수록 한국어 구사능력이 좋다'라는 결과를 통해 한국에서 오래 살수록 한국어를 잘할 수 있음이 입증되었다. '한국어를 잘할수록 한국생활에 더 만족 한다'는 결과도 찾아볼 수 있다. 한국어를 잘하게 되면 친구들과의 의사소통이 원활할 뿐만 아니라 한국문화에 잘 적응할 수 있기 때문에 한국생활에 더 만족한다는 것을 충분히 예상할 수 있다. '한국에서 거주한 기간이 길수록 함께 사는 가족의 수가 많다'는 결과를 통해 많은 가족이 한국으로 이주를 하게 된 경우 한국에 정착하는 경향이 높다는 분석 결과가 나온다. 외국인근로자 자녀들은 '함께 사는 가족의 수가 많을수록 한국어구사능력이 좋다'고 응답하였는데 많은 가족이 한국에서 함께 거주할 경우, 대화할 상대가 많아지고 그에 따라 한국말을 익힐 기회도 증가하기 때문으로 분석된다.

〈표 13-5〉 일반적 특성 간의 상관관계

구 분		연 령	한국 거주 기간	한국어 구사 능력	가정 형편	현재 행복도	함께 사는 가족의 수
연 령	Pearson Correlation	1					
한국 거주기간	Pearson Correlation	−.232(*)	1				
한국어 구사능력	Pearson Correlation	.071	−.567(**)	1			
가정형편	Pearson Correlation	.006	.082	.058	1		
현재 행복도	Pearson Correlation	−.026	−.100	.236(*)	.148	1	
함께 사는 가족의 수	Pearson Correlation	−.134	.228(*)	−.304(**)	−.058	−.169	1

* Correlation is significant at the 0.05 level(2-tailed)
** Correlation is significant at the 0.01 level(2-tailed)

〈표 13-6〉데이터 마이닝 기법을 이용한 거주기관과 한국어 구사능력에 대한 분석

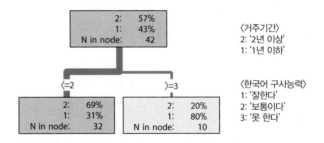

이 결과는 Decision Tree(나무의사 결정모형)를 이용한 분석기법으로서, 거주기간이 '2년 이상'인 외국인근로자 자녀는 '1년 이상'인 외국인근로자 자녀에 비하여 한국어 구사능력이 뛰어난 것으로 조사되었다.

4.2. 생존욕구

생존욕구를 의·식·주생활과 건강·의료생활로 나누어 살펴보겠다. 외국인근로자 자녀들은 '사고 싶은데 못 사는 옷이 있다'라는 질문에 5.7%가 '전혀 그렇지 않다'라고 대답하였으며 '그렇지 않은 편이다'가 16.2%, '보통이다'가 28.6%, '그런 편이다'가 31.4%, '아주 그렇다'가 18.1%로 집계되었다. '보통이다' 이상이 78.1%이고, '그런 편이다' 이상만 보더라도 49.5%이므로 외국인근로자 자녀들은 사고 싶은 옷에 대한 욕구를 충족하지 못한 것으로 나타났다.

거주기간에 따른 의복 구매 욕구를 알아본 결과, '사고 싶은데 못 사는 옷이 있다'라는 질문에 거주기간이 '1년 이하'인 외국인근로자 자녀는 '그렇다'가 18.1%이고, 거주기간이 '2년 이상'인 외국인근로자 자녀는 31.4%이다. 따라서 거주기간이 '1년 이하'인 조사 대상자보다 '2년 이상'인 조사 대상자가 사고 싶은데 못 사는 옷이 더 많은 것으로 조사되었다.

외국인근로자 자녀의 식생활 욕구에 대해 조사해 보았더니 다음과 같은 결과가 나타났다. '먹고 싶은 음식을 항상 먹을 수 있다'라는 질문에 응답자의 84%가 '보통이다' 이상으로 응답하였고, '성장하는 데 필요한 음식을 골고루 먹고 있다'라는 질문에서도 86명(81.9%)이 '보통이다' 이상으로 대답한 것으로 미루어 볼 때, 외국인근로자 자녀들의 식생활에 대한 욕구가 충족되고 있다.

청소년이 경험하는 생활환경 중 주거는 일차적인 생활공간으로서 청소년의 심리적, 정서적 측면에 영향을 미치며, 아울러 그들의 사회화에 지대한 영향을 미치는 것으로 알려져 있다(Heimstra & McFaling, 1978).

외국인근로자 자녀의 주거 및 주거환경에 대한 욕구를 조사해본 결과 외국인근로자 자녀가 '집에서 가장 불편한 곳'은 방(28.3%)이라고 하였으며 대부분이 2개 이하의 집(80.2%)에서 생활하고 있었다. '우리 집은 우리 가족이 살기에 너무 좁다'라는 질문에는 '보통이다'가, 37.7%, '그런 편이다'가 25.5%, '아주 그렇다'가 7.6%로 '보통이다' 이상으로 대답한 외국인근로자 자녀가 70.8%로 집계되어 가족이 살기에 집이 좁다고 느끼고 있는 것으로 분석된다.

외국인근로자 자녀의 건강·의료에 대한 실태를 파악하였다. '최근 6개월 동안 아픈 곳'에 대한 질문(중복체크 가능)에 가장 많은 응답을 한 것은 감기(31.0%)였으며, '배'(18.2%), '치아'(14.4%), '코·귀·눈'(13.9%) 순으로 나타났다. '기타' 응답으로는 발톱 염증(2명), 다리, 손 골절(3명) 등이 있었다.

'최근 6개월 동안 질병에 걸린 횟수'를 묻는 질문에서 '1회'라고 응답한 외국인근로자 자녀는 53.8%(대부분 감기증상)로 가장 많았으나, '3회' 이상이 19.8%로 적지 않은 분포를 보였다. '최근 6개월 동안 질병에 걸린 횟수'와 '거주기간' 사이의 연관성을 알아본 결과 거주기간이 '1년 이하'인 사람보다 '2년 이상'인 사람들이 병에 걸린 횟수가 많았다.

〈표 13-7〉 최근 6개월 동안 질병에 걸린 횟수

구 분			최근 6개월 동안 질병에 걸린 횟수					합 계
			1회	2회	3회	4회	5회	
거주기간	1년 이하	빈도(명)	35	13	4	0	1	53
		퍼센트(%)	33.0%	12.3%	3.8%	0.0%	0.9%	50.0%
	2년 이상	빈도(명)	22	15	9	6	1	53
		퍼센트(%)	20.8%	14.1%	8.5%	5.7%	0.9%	50.0%
합 계		빈도(명)	57	28	13	6	2	106
		퍼센트(%)	53.8%	26.4%	12.3%	5.7%	1.8%	100.0%

* Pearson Chi-square(자유도 4, 값 11.031, 확률 0.026)

'아팠을 때 치료를 받았는지에 대한 여부'를 물어본 결과 '치료를 받지 못했다'

라고 답한 외국인근로자 자녀가 절반 이상인 것을 볼 때, 외국인근로자 자녀에 대한 의료지원이 시급함을 알 수 있다. 성별 치료여부는 큰 차이가 없었다.

〈표 13-8〉 아팠을 때 치료를 받았는지에 대한 여부

구 분			아팠을 때 치료를 받았는지에 대한 여부		합계
			치료를 받았다	치료를 받지 못했다	
성별	남	빈도(명)	24	28	52
		퍼센트(%)	22.66%	26.44%	49.1%
	여	빈도(명)	27	27	54
		퍼센트(%)	25.45%	25.45%	50.9%
합 계		빈도(명)	51	55	106
		퍼센트(%)	48.11%	51.89%	100.0%

* Pearson Chi-square(값 0.157, 자유도 1, 확률 0.692)

〈표 13-9〉 현재 행복도와 생존욕구의 상관관계

구 분		현재 행복도	방의 개수	아픈 횟수	먹고 싶은 음식 섭취	음식 골고루 섭취	사고 싶은 옷 구매	집의 불편 정도	집이 좁다	동네 살기 좋다
현재 행복도	Pearson Correlation	1								
방의 개수	Pearson Correlation	-.220 (*)	1							
아픈 횟수	Pearson Correlation	-.158	-.034	1						
먹고 싶은 음식 섭취	Pearson Correlation	-.058	-.165	-.038	1					
음식 골고루 섭취	Pearson Correlation	-.159	-.179	.120	.538 (**)	1				
사고 싶은 옷 구매	Pearson Correlation	.107	-.075	.059	-.150	-.127	1			
집의 불편 정도	Pearson Correlation	-.105	-.098	.081	.421 (**)	.324 (**)	-.144	1		
집이 좁다	Pearson Correlation	.192 (*)	-.246 (*)	-.106	-.134	-.191	.313 (**)	-.295 (**)	1	
동네 살기 좋다	Pearson Correlation	-.193 (*)	.149	.088	.318 (**)	.272 (**)	-.029	.306 (**)	-.196 (*)	1

* Correlation is significant at the 0.05 level (2-tailed)
** Correlation is significant at the 0.01 level (2-tailed)

'치료를 받지 못했다'라고 응답한 외국인근로자 자녀를 대상으로 '치료를 받지 않았다면 그 이유'에 대해 조사해 보았더니 33.8%가 '의료보험이 없어서'라고 대답하였다. 외국인근로자 자녀는 의료보험제도에 대해 잘 알고 있고, 의료보험이 적용되지 않아 병원비가 비싸다는 사실을 인지하고 있었다. 선행연구(설동훈 외, 2003)에서도 외국인 가족에게 '자녀가 아플 때 병원에 가지 못하는 이유'를 물었더니 '건강보험이 적용되지 않아서'(68.6%)라고 답해 외국인근로자 및 자녀들의 의료 서비스 혜택의 개선이 시급한 것으로 나타났다. 치료를 받지 않은 이유로 두 번째 많은 것은 '금방 나을 것 같아서'(26.8%)이고, 14.3%가 '돈이 없어서'라고 대답하였다.

'현재 행복도'와 '생존욕구'의 상관관계는 〈표 13-9〉와 같다.

4.3. 관계욕구

외국인근로자 자녀의 관계욕구를 학교 친구들과의 관계, 선생님에게 바라는 것, 방과후 함께 있는 사람, 어려움이 있을 때 상담 대상, 상담하고 싶은 문제, 부모님과 함께 해보고 싶은 문화 활동으로 나누어 살펴보았다.

'선생님에게 바라는 것'에 대한 결과는 남녀의 차이를 보였다. 대체적으로 남학생들은 '모든 학생들을 차별하지 않고 존중해 주는 선생님'(15.1%)과 '수업을 열심히 준비하고 잘 가르쳐주는 선생님'(15.1%)을 원하고, 여학생들은 '나를 이해해 주고 관심을 가져주는 친구 같은 선생님'(16.0%)과 '어려운 일이 있을 때 이야기할 수 있는 선생님'(15.1%)을 선호하는 것으로 나타났다. 남학생의 경우, 학업에 대한 열의와 교사의 평등한 처우를 여학생에 비해 중요하게 생각하고 있었고, 여학생들은 선생님과 어려움에 대해 이야기하거나 선생님이 본인에게 관심을 가져주기 바라는 등의 정서적인 교류를 원하고 있었다.

'방과후 함께 있는 사람'에 대해 물어보았더니 35.8%(38명)가 '친구'라고 답하였고, '형제·자매'가 21.7%(23명), '어머니'가 20.8%(22명)로 조사되었다. '할아버지나 할머니'라고 응답한 외국인근로자 자녀가 3.8%(4명)에 불과한 것으로 보아 가족 중에 일할 수 있는 능력을 갖춘 부모님과 이주한 것으로 보이며, '혼자'라고 응답한 외국인근로자 자녀도 11.3%를 차지하고 있다. 방과후에 형제·자매 또는 친구와 있거나 혼자 있다고 대답한 외국인근로자 자녀가 68.8%인 것으로 볼 때, 외국인근로자 자녀의 방과후 교육 및 지원이 시급한 것으로 드러났다.

'어려움이 있을 때 상담하는 대상'에 대해 조사한 결과 '친구'가 30.2%로 가장 많았으며 '부모님'이 29.2%, '이야기할 사람이 없다'가 15.1%, '혼자 해결한다'가 10.4%, '선생님'이 7.6%, '형제·자매'가 6.6%로 외국인근로자 자녀는 어려움이 생겼을 때 주로 친구 또는 부모님과 상담하는 것으로 나타났다. '연령'별로 보았을 때, '13세 이하'는 어려움이 있을 때 '부모님'(19.8%)에게 상담하는 비율이 높은 반면, '14세 이상'은 '친구'(22.7%)와 어려움을 상담하는 것으로 분석되었다.

외국인근로자 자녀에게 '상담하고 싶은 문제'에 대해 물어보았다. 외국인근로자 자녀는 '친구와의 문제'(27.4%)와 '성격 문제'(22.7%)로 고민하고 있었다. '성적 문제'로 상담하고 싶은 학생과 '문제가 없다'라고 대답한 학생이 각각 15명(14.2%)으로 그 뒤를 이었다.

마지막으로 '부모님과 함께해 보고 싶은 문화 활동'에 대해 조사하였더니 '여행하기'가 35.9%, '놀이공원 가기'가 24.5%로 외국인근로자 자녀는 부모님과 함께 여행을 하거나 놀이공원을 가는 등의 문화 활동을 하고 싶어 하는 것으로 조사되었다.

'현재 행복도'와 '친구들과의 관계'와의 연관성은 〈표 13-10〉과 같았다.

〈표 13-10〉 행복도와 교우관계의 연관성

구 분			친구들과의 관계			합 계
			친하다	보통이다	친하지 않다	
행복도	행복하다	빈도(명)	41	15	9	65
		퍼센트(%)	39.0%	14.3%	8.6%	61.9%
	보통이다	빈도(명)	13	17	2	32
		퍼센트(%)	12.4%	16.2%	1.9%	30.5%
	행복하지 않다	빈도(명)	1	3	4	8
		퍼센트(%)	1.0%	2.8%	3.8%	7.6%
합 계		빈도(명)	55	35	15	105
		퍼센트(%)	52.4%	33.3%	14.3%	100.0%

* Pearson Chi-square(값 19.144, 자유도 4, 확률 0.001)

4.4. 성장욕구

이 욕구는 스스로의 역량을 개발하거나 잠재되어 있는 능력을 발전시키는 데 필요하다. 따라서 성장욕구를 학업·진로·여가생활 등으로 나누어 알아보도록 하겠다.

학업 충족 욕구를 알아보기 위해 '공부를 더 잘하려면 필요한 것'에 대해 질문한 결과 '학교 끝나고 공부를 가르쳐줄 선생님이 필요하다'라고 응답한 외국인근로자 자녀가 34.9%로 나타났다. 이는 학교 진도를 따라가기 힘든 외국인근로자 자녀의 상황을 설명해주고 있는 것으로 외국인근로자 자녀들이 한국 학교 교과목을 따라갈 수 있도록 학습 지원이 이루어져야 한다. '공부할 수 있는 방이 있으면 좋겠다'가 26.5%로 집계되어 생존욕구에서 '살고 있는 집의 방의 개수'의 물음에 대부분이 방이 2개 이하의 집(80.2%)에서 형제·자매 또는 부모님 등과 방을 함께 쓰고 있다(72.6%)고 답변한 것과 연관성이 있는 것으로 보인다.

희망 최종학력을 묻는 질문에 '대학교 졸업'이 40.6%, '대학원 이상'이 35.8%로 '대학교 졸업' 이상의 학력을 원하는 경우가 전체의 76.4%를 차지하였다. 한국교육개발원(2005)의 연구에서도 68.3%가 가능하다면 한국에서 '4년제 대학 이상'의 학력을 취득하고 싶다고 응답하여 두 연구의 결과를 토대로 외국인근로자 자녀의 희망 최종학력이 높다는 것을 알 수 있다.

외국인근로자 자녀의 '학원 수강 내용'에 대해 조사해본 결과 '학원에 다닌 적이 없다'가 35.9%로 가장 많았고, '학교공부'(국어, 영어, 수학 등)와 '체육'(태권도 수영 등)이 각각 18%, '악기'가 8.4%, '컴퓨터'가 5.6%로 나타났다. '사회복지관 및 외국인노동자의 집에서 학습지도, 컴퓨터, 영어, 체육 등을 배웠다'거나 '영어학원에 다녔다'고 대답한 학생도 각각 4.7%이다.

외국인근로자 자녀에게 배우고 싶은 분야에 대해 물어보았다. 외국인근로자 자녀는 '학교공부'(28.3%)를 가장 배우고 싶은 것으로 응답하였는데, 노충래·홍진주(2006)의 연구에서도 몽골 출신 이주노동자 자녀들이 '한국어교육'(27.03%)과 '학교공부'(24.07%)를 원하는 것으로 드러나 외국인근로자 자녀들의 교육에 대한 열의가 높은 것으로 나타났다. '악기'가 19.8%, '체육'이 17.0%, '영어'가 16.1%로 조사되었으며 남녀별 배우고 싶은 분야에 확연한 차이를 보이기도 하였다. 남학생은 여학생에 비해 '체육'(태권도, 수영 등)을 배우고 싶어 하고 여학생은 남학생에 비해 '악기'와 '영어'를 배우고 싶어 하는 것으로 조사되었다. '일본어'와 '마술'을 배우고 싶다는 기타 의견도 있었다.

'어른이 되면 어떤 직업을 가지고 싶나요?'라는 질문을 통해 외국인근로자 자녀들의 생각을 정리해 볼 수 있다. 응답자의 21.7%가 '연예 및 방송인'(가수, 배우, 모델, 아나운서 등)이 되고 싶다고 했으며 '전문직'(의사 학자 등)이 18%, '컴퓨터 관련 종사자'(프로그래머, 게이머 등)가 12.3%로 조사되었다. '예술인'(화가, 사진사, 디자이너 등)이 10.4%, '체육인'(운동선수, 스포츠 해설가 등), '군 관련 종사자'(군인, 경찰 등)가 각각 6.6%, '교직'(유치원, 초·중·고 교사 등)이 5.7%, '자영업'(상점 경영 등), '종교인'(목사, 신부 등)이 2.8%, '서비스업', '농축산업'(목장, 과수원 경영 등)이 각각 0.9%로 나타났으며 '공장 및 건설 노동자'와 '가정주부'라도 답한 외국인근로자 자녀는 없었다.

이러한 결과를 통해 외국인근로자 자녀도 대중매체의 영향을 받아 '연예 및 방송인'이 되겠다고 생각하는 경향이 뚜렷이 나타나고 있음을 알 수 있다. 또한 '전문직'과 '컴퓨터 관련 종사자'가 높은 비율을 차지하고 있는 것을 볼 때, 희망최종학력과의 연계성을 찾을 수 있다. '대학교 졸업' 이상의 학력을 원하는 경우가 전체 76.4%를 차지하는 것은 미래의 꿈을 위해서 학력이 필요하다고 느끼기 때문으로 분석된다.

희망 직업에 '공장 및 건설 노동자'라고 답한 조사 대상자가 없는 것이 눈에 띄는데, 대부분 공장 및 건설 노동 현장에서 근무하는 부모와 생활하는 외국인근로자 자녀들은 부모가 하는 일을 하고 싶어 하지 않는 것으로 조사되었다. 조사 대상자의 50.9%를 차지하고 있는 여학생들 중에 '가정주부'가 희망 직업인 사람이 없었다는 결과도 주목해볼 만하다. 기타 의견으로 '과학자', '통역사' 등이 있었다.

'내가 가장 해보고 싶은 문화 활동'에 대해 조사해보았더니 '여행하기'(27.3%)를 가장 선호하였고, '취미활동 하기'(음악, 스포츠 등 좋아하는 분야 활동하기)가 26.5%, '영화보기'가 16.1%, '놀이공원 가기'가 15.1%로 집계되었다.

외국인근로자 자녀에게 '문화 활동을 하는 데 어려운 점'에 대해 조사해보았더니 30.3%(32명)가 '돈이 많이 든다'라고 답하였고, '시간이 부족하다'가 29.3%, '함께할 사람이 없다'가 17.9%, '문화 활동을 어떻게 하는지 방법을 모른다'가

14.1%, '문화 활동을 할 장소가 없다'가 6.6%로 조사되었다. 선행연구(정하성 외, 2007)에서도 다문화청소년들이 '문화여가 활동을 하는 데 가장 큰 장애요인'으로 '경제적 여유가 없다'(23.3%)를 꼽고 있다. 따라서 이들이 문화적 혜택을 누릴 수 있도록 재정적 지원 및 프로그램 개발·보급이 필요한 것으로 보인다.

지금까지 외국인근로자 자녀의 복지욕구를 생존욕구, 관계욕구, 성장욕구로 나누어 살펴보았다. 앞의 조사 내용을 바탕으로 '장학금 지원', '학습지도 지원', '생활비 지원', '집수리 지원', '의료혜택 지원', '문화 활동 지원' 간의 상관관계를 알아 본 결과 상당한 연관성이 있음을 알 수 있었다. 따라서 외국인근로자 자녀들의 복지욕구에 대한 지원은 한 영역에서만 필요한 것이 아님으로 이들에 대한 다각적인 지원체계를 갖추어야 하겠다.

〈표 13-11〉 지원욕구 간의 상관관계

항 목		장학금 지원	학습지도 지원	생활비 지원	집수리 지원	의료 혜택 지원	문화 활동 지원
장학금 지원	Pearson Correlation	1					
학습 지도 지원	Pearson Correlation	.569(**)	1				
생활비 지원	Pearson Correlation	.640(**)	.393(**)	1			
집수리 지원	Pearson Correlation	.378(**)	.470(**)	.418(**)	1		
의료 혜택 지원	Pearson Correlation	.643(**)	.514(**)	.433(**)	.491(**)	1	
문화 활동 지원	Pearson Correlation	.492(**)	.608(**)	.309(**)	.211(*)	.455(**)	1

* Correlation is significant at the 0.05 level(2-tailed)
** Correlation is significant at the 0.01 level(2-tailed)

5. 외국인근로자 자녀의 청소년복지 실현

본 논의는 외국인근로자 자녀의 복지 지원이 중요하다는 인식 아래 외국인근로자 자녀의 복지욕구를 분석하여 연구의 결과를 바탕으로 제도적 지원 방안을 제시하기 위하여 실시되었다. 이러한 논의 목적을 달성하기 위해 문헌연구와 실증적 연구를 병행하였으며 다문화청소년 중에서도 외국인근로자 자녀를 대상으로 하여 외국인근로자 자녀의 삶 전반에 걸친 복지욕구를 조사하였다. 본 논의에서 얻어진 분석결과를 토대로 다음과 같은 결론을 도출하였다. 외국인근로자 자녀의 생존에 대한 복지욕구가 높다는 것을 발견했다. 보다 자세한 내용은 다음과 같다. 외국인근로자 자녀는 의복 구매 욕구가 충족되지 않고 있으며 거주기간이 '1년 이하'인 조사 대상자보다 '2년 이상'인 조사대상자가 사고 싶은데 못 사는 옷이 더 많은 것으로 조사되었다. 이와 반면에 음식 섭취 욕구 및 성장하는 데 필요한 음식 섭취 여부를 묻는 질문에서는 80% 이상이 '보통이다' 이상으로 답해 음식에 대한 욕구는 충족되고 있는 것으로 나타났다. 또한 방이 2개 이하인 집(80.2%)에서 가족과 함께 방을 쓰는 외국인근로자 자녀(72.6%)가 많기 때문에 생활에 불편을 느끼고 있으며 지금 살고 있는 집이 좁다고 생각하고 있었고, 더 나아가 공부방을 원하는 것으로 나타났다. 최근 6개월 동안 아픈 곳을 조사하였더니 감기(31.0%)가 가장 높은 비율을 차지하였으며 51.89%가 아팠을 때 치료를 받지 못 한다고 대답하였는데 가장 큰 이유는 의료보험이 없기 때문(33.8%)으로 조사되었다.

두 번째로 외국인근로자 자녀의 관계욕구를 알아보았다. 외국인근로자 자녀는 모든 학생들을 차별하지 않고 존중해주며 이해와 관심을 가져주는 친구 같은 선생님을 원했다. 방과후에는 형제·자매 또는 친구 등과 있거나 혼자 있다고 답한 외국인근로자 자녀가 68.8%로 집계되어 방과후 교육 및 지원이 시급한 것으로 드러났다. 그들은 어려움이 생겼을 때, 친구 또는 부모님과 주로 상담하고 있었고 가장 큰 상담거리가 친구와의 문제로 나타났다. 부모님과 함께해 보고 싶은 문화활동으로 여행하기(35.9%)와 놀이공원가기(24.5%)를 꼽았다.

세 번째로 성장욕구에 대해 조사하였는데 공부를 더 잘하려면 학교 끝나고 공부를 가르쳐줄 선생님이 필요하다(34.9%)고 생각하였으며 공부방을 원하는 학생도 26.5%로 집계되었다. 희망 최종학력으로는 '대학교 졸업' 이상의 학력을 원하는 경우가 전체의 76.4%를 차지함으로써 희망 최종학력이 높은 것으로 나타났다. 학교를 가기 싫다고 느낀 이유의 답변으로 친구들과 싸웠거나 말이 안 통하고 생각이 다르기 때문이라고 답한 외국인근로자 자녀가 36.1%였다. 학원 수강 내용을 물어보았더니 학원에 다닌 적이 없는 외국인근로자 자녀가 상당수(35.9%)인 것으로 드러났다. 가장 배우고 싶은 분야로 남녀 모두 학교공부(28.3%)라고 대답하였으며 남자는 체육(태권도, 수영 등)을, 여자는 악기와 영어를 상대적으로 더 배우고 싶어 하는 것으로 조사되었다. '어른이 되면 어떤 직업을 가지고 싶나요?'라는 질문을 통해 외국인근로자 자녀들의 생각을 정리해 볼 수 있었다. 응답자의 21.7%가 연예 및 방송인이라고 답해 대중매체의 영향을 받았다는 것을 예상할 수 있으며 응답자의 18.0%가 전문직, 12.3%가 컴퓨터 관련 종사자라고 말하였다. 희망직업에 공장 및 건설 노동자라고 답한 조사 대상자가 없는 것이 눈에 띄는데 대부분 공장 및 건설 노동 현장에서 근무하는 부모와 생활하는 외국인근로자 자녀들은 부모가 하는 일을 하고 싶어 하지 않는 것으로 조사되었다. 가장 해보고 싶은 문화 활동에 대해 조사해보았더니 여행하기를 가장 선호하였고 음악, 스포츠 등의 취미 활동을 하고 싶어 했다. 문화 활동을 하는 데 가장 어려운 점으로 돈이 많이 들기 때문(30.3%)이라고 응답하였다.

행복도와 복지욕구 간의 상관관계에 대해 조사하였더니 다음과 같은 결과가 나타났다. 한국어 구사능력이 뛰어난 외국인근로자 자녀일수록 현재 행복하다고 느끼고 있으며 외국인근로자 자녀들은 지금보다 20년 뒤에 더 행복해질 것이라는 긍정적인 생각을 가지고 있었다. 현재 행복도와 생존욕구 간의 상관관계를 통해 생존욕구가 충족될수록 행복을 느끼는 정도가 커진다는 결과와 더불어 교우관계가 좋을수록 행복함을 느낀다는 연구결과도 찾아볼 수 있다.

지원욕구 간의 상관관계를 분석해본 결과, 장학금 지원, 학습지도 지원, 생활비 지원, 집수리 지원, 의료혜택 지원, 문화 활동 지원 간에는 상당한 연관성이 있음을 알 수 있었다. 따라서 외국인근로자 자녀들의 복지욕구에 대한 지원은 한 영역에서만 필요한 것이 아님이 밝혀졌으며, 다각적인 지원체계가 구축되어야 한다.

본 논의의 결과를 바탕으로 외국인근로자 자녀의 복지욕구에 대한 제도적 지원 및 활성화 방안 등을 제시해 보고자 한다.

첫째, 외국인근로자 자녀의 기본적인 생존욕구를 충족시키기 위해 정부와 지방자치단체, 민간이 함께 정책 방향을 모색하고 시행해야 할 것이다. 과거에 비해 외국인근로자를 위한 사회적 지지기반이 확장되고 있지만 체류 외국인근로자 중 소수에게만 혜택이 돌아가고 있으며 그들의 가족에 대한 지원 체제 구축은 아직도 미흡하다. 다문화가족법을 보더라도 '적어도 가족 구성원 중 한 명 이상이 대한민국 국적을 가지고 있어야만 다문화가족으로 인정'받기 때문에 본국에서 생활하다가 근로를 목적으로 한국에 오는 외국인근로자와 그의 자녀들은 법적 혜택을 누릴 수 없다. 정식비자를 취득하여 법적으로 체류하는 데 문제가 없는 외국인근로자라 할지라도 가족들의 체류권을 보장받기가 쉽지 않은 상황이기 때문에 가족의 생존욕구를 책임질 수 없는 것이 현실이다. 따라서 정부는 다문화가족의 범위를 광의의 개념으로 해석하여 모든 외국인근로자와 그들의 자녀가 한국에서 기본적인 생존욕구를 보장받을 수 있도록 법을 개정해야 할 것이다. 즉, '다문화가족법'의 대상을 '적어도 가족 구성원 중 한 명 이상이 대한민국 국적을 가지고 있어야 한다'의 기존 방침에서 '대한민국 국적 미취득 외국인 가족도 포함한다'로 확대하여야 한다. 그에 발맞추어 지방자치단체와 민간단체에서도 외국인근로자 자녀의 생존욕구가 충족될 수 있도록 지원해야 할 것이며 정부와 지방자치단체, 민간단체가 긴밀한 협조관계를 통해 외국인근로자 자녀의 생존권을 보장해야 한다.

둘째, 외국인근로자 자녀가 한국 사회에서 올바른 관계형성을 할 수 있도록 지원해야 한다. 연구결과에 의하면, 외국인근로자 자녀들은 모든 학생들을 차별하지 않고 존중해주며 이해와 관심을 가져주는 친구 같은 선생님을 원했다. 외국인근로자 자녀가 세상과 소통하고 한국 사회에 대한 이해의 폭을 넓히는 데 중요한 역할을 하는 학교에서 선생님들의 사랑과 관심을 받는다면, 그들은 건강한 한국의 시민으로 성장할 수 있을 것이다. 따라서 학교 선생님들이 이러한 역할을 수행할 수 있도록 다문화사회에 대한 교육을 실시해야 한다. 학교 수업이 끝나고 난 후에는 외국인근로자 자녀들의 68.8%가 형제ㆍ자매 또는 친구와 있거나 혼자 있다고 대답하였다. 형제ㆍ자매 또는 친구들하고만 의사소통을 할 경우, 다양한 관계를 접해보지 못하기 때문에 사회 적응에 어려움을 겪을 수 있다. 따라서 정부차원의 방과후 도우미 서비스를 실시하여야 한다. 자원봉사자와의 연계를 통하여 인적 자원의 공급을 받고 물적 자원은 정부에서, 서비스 운영은 민간에서 맡아 전국단위의 대규모 사업으로 발전시킨다면 외국인근로자와 그들의 자녀가 한국 문화에 잘 적응할 수 있을 것이며, 다양한 관계를 경험할 것이다. 또한 외국인근로자 자녀가 어려움에 처했을 때 손쉽고 빠르게 상담 전문가와 연결될 수 있도록 헬프콜 청소년전화 '1388'과 같은 시스템을 도입해야 한다. 한국말이 서툰 외국인근로자 자녀들이 본국의 언어로 상담을 받을 수 있도록 각국 언어를 구사할 수 있는 상담자를 배치한다면 외국인근로자 자녀들에게 큰 도움이 될 것이다. 앞의 결과에서도 알 수 있듯이 외국인근로자 자녀의 한국어 구사능력이 뛰어날수록 현재 행복도가 높았다. 따라서 헬프콜 전화 서비스에서 상담뿐만 아니라 '전화로 배우는 한국어 교실' 서비스를 시행한다면 외국인근로자 자녀들이 한국 사회에 더 빨리 적응할 것이며, 더 많은 한국 사람들과 원만한 관계형성을 할 수 있을 것이다.

셋째, 외국인근로자 자녀의 성장을 돕는 프로그램을 도입하여 실행해 나가야 한다. '공부를 더 잘하려면 필요한 것'에 대해 질문한 결과 '학교 끝나고 공부를 가르쳐줄 선생님'이라고 34.9%가 답해 학업 욕구를 충족하기 위해서는 방과후에도 외국인근로자 자녀를 교육하고 지원하는 시스템이 필요하다. 희망 최종학력을 '대학교 이상'이라고 대답한 학생이 76.4%인 것으로 볼 때, 외국인근로자 자녀의 학업열의가 높은 것은 당연하다. 따라서 '방과후 아카데미'와 같은 기존 사업과의 연계를 통해 '외국인근로자 자녀 방과후 아카데미'를 전개해나갈 수 있을 것이며 사회복지관 및 외국인근로자복지센터와의 긴밀한 협조체계를 갖추어 학습지원뿐만 아니라 문화체험, 언어습득 등의 기회를 많은 외국인근로자 자녀들에게 제공해야 할 것이다. 외국인근로자 자녀들은 가장 해보고 싶은 문화 활동으로 '여행하기'(27.3%)를 꼽았는데, 외국인근로자 자녀가 국내 여행을 통해 한국의 역사를 이해할 수 있는 프로그램을 공급해야 할 것이며, 재정적인 부분을 문화 활동의 어려운 점으로 생각하는 그들을 위해 재정의 확보 또한 필요하겠다.

넷째, 외국인근로자 자녀를 바라보는 한국 사회의 시각이 변화되어야 할 것이다. 한국사회가 다인종 · 다문화사회로 급속히 진전되면서 2007년 8월 24일 기준으로 체류외국인이 100만 명을 돌파하였다. 이러한 변화에 따라 차별적 배제모델을 추구했던 한국사회가 이민자들의 다양성과 모든 영역에서 동등한 권리를 표방하는 다문화모델로 발전해야 하며, 국민들도 다문화청소년을 '남'이 아닌 '우리'의 개념으로 받아들일 수 있는 국제적 마인드를 함양해야 한다. 정부는 한국 사회가 다문화에 대한 긍정적 인식을 가질 수 있도록 대대적인 홍보를 시행하여야 할 것이다.

미주

1장

1) 이번 장에서 다문화가족지원센터의 일반적인 현황에 대해서는 보건복지가족부(http://www.mw.go.kr/front/ jc/sjc1102ls.jsp) 및 한승준(2009)을 일부 인용하였다.

2) 강화군 다문화가족지원센터(2009), 2009 다문화가족지원센터 사업계획서. 강화군 다문화가족지원센터(http://happylog. naver.com/ghfc07.do).

참고문헌

1장

강주현(2008), "해외 다문화사회 통합 사례연구: 덴마크 사례를 중심으로", 『다문화사회연구』, 1권 1호, pp.105~134.

강휘원(2006), "한국 다문화사회의 형성 요인과 통합 정책", 『중앙행정논집』, 20권 2호, pp.5~34.

김기하(2008), "사회 통합을 위한 법의 역할-국내 체류외국인 정책-", 『저스티스』, 106호, pp.218~237.

김복래(2009), "프랑스, 영국, 미국의 다문화 주의에 대한 비교고찰: 삼국의 이민 통합 정책을 중심으로", 『유럽연구』, 27권 1호, pp.207~236.

김세훈(2006), "다문화사회의 문화 정책", 한국행정학회 학술대회 발표논문집, 『한국행정학회』, pp.461~470.

김옥일 · 채경진 · 박광국(2009), "다문화정책의 전략적 우선순위에 관한 탐색적 연구: 기초자치단체 다문화정책을 중심으로", 『한국사회와 행정연구』, 20권 2호, pp.115~135.

김용찬(2008), "서유럽국가 이주민 통합 정책의 수렴 경향에 관한 연구: 영구, 프랑스, 독일 사례 분석", 『대한정치학회보』, 제16집 1호, pp.89~108.

김원섭(2008), "여성 결혼이민자 문제와 한국의 다문화정책-「다문화가족지원법」의 한계와 개선방안-", 『민족연구』, 36권, pp.112~135.

김헌민 · 김유미 · 박지현(2008), "다문화사회의 정책적 이슈에 대한 고찰", 한국행정학회 학술대회 발표논문집, pp.601~622.

김형수(2008), "한국 다문화정책공동체의 연계 방안에 관한 연구", 『한국동북아논총』, 46권, pp.127~151.

박채복(2008), "한국 이주자 사회 통합 정책의 방향과 과제", 『한국동북아논총』, 제46집, pp.253~274.

심보선(2007), "온정주의 이주노동자 정책의 형성과 변화-한국의 다문화정책을 위한 시론적 분석-", 『담론 201』, 10권 2호, pp.41~76.

우평균(2008), "다문화 공생사회에서의 국적 개념의 의의와 각국의 정책", 한국국제정치학회 학술대회 발표논문집, pp.201~215.

원숙연(2008), "한국행정학보 기획특집: 다문화 시대 소수자 행정과 정책: 다문화주의 시대

　　소수자 정책의 차별적 포섭과 배제-외국인 대상 정책을 중심으로 한 탐색적 접근-",
　　하계학술대회, 523~549.

이성순(2008), "이민자의 사회 통합 프로그램 이수제 도입에 관한 고찰",『다문화사회연구』,
　　1권 1호, pp.347~357.

이수정(2007), "다문화사회의 통합을 위한 인문학적 이슈 개발-다문화 공생을 위한 제도적
　　지원-",『인문논총』, 15권, pp.11~20.

이용일(2007), "이민과 다문화사회로의 도전-독일의 이민자 사회 통합과 한국적 함의-".『서
　　양사론』, 92권, pp.219~254.

이종열(2008), "다문화정책과 민주주의: 미국 사례", 한국행정학회 학술대회 발표논문집,
　　pp.51~65.

이종열 · 황정원 · 노지영(2008), "다문화정책의 거버넌스 접근-인천광역시 사례를 중심으
　　로-", 한국행정학회 학술대회 발표논문집, pp.75~95.

이혜경(2007), "6장 이민 정책과 다문화 주의: 정부의 다문화정책 평가", 한국사회학회 기타
　　간행물, pp.219~250.

이혜경(2009), "다문화가족 지원 정책의 유형화에 관한 연구",『한국가족복지학』, 25권,
　　pp.147~166.

전경옥(2007), "젠더 관점에서 본 다문화사회의 사회 통합",『아시아여성연구』, 46권 1호,
　　pp.7~42.

정희라(2007), "특집: 유럽과 미국에서의 이민자 통합: 영국의 자유방임식 다문화주의-영국
　　적 전통과 이민자 통합-",『이화사학연구』, 제35집, pp.1~27.

주경철(2007), "특집: 유럽과 미국에서의 이민자 통합: 다문화주의에서 '문화전쟁'으로-네
　　덜란드 이주민 통합 문제-".『이화사학연구』, 제35집, pp.59~82.

주효진(2008), "아시아의 다문화정책에 대한 비교 연구", 한국행정학회 학술대회 발표논문
　　집, pp.89~104.

지종화 · 정명주 · 차창훈 · 김도경(2008), "다문화 국가와 정책 이론", 한국지방정부학회 학
　　술대회논문집, pp.1~28.

차용호(2008), "이민자 사회 통합을 위한 정책 방향", 2008 한국이민학회 정기학술대회,
　　pp.137~193.

최무현(2008), "다문화 시대의 소수자 정책 수단에 관한 연구: 참여정부의 '다문화정책'을
　　중심으로",『한국행정학보』, 42권 3호, pp.51~77.

한국문화관광연구원(2009), "다문화 지표 개발 연구",『2009-04 기본 연구』, 서울: 한국문
　　화관광연구원.

한국문화관광정책연구원(2006), "다문화정책의 방향과 문화적 지원 방안 연구", 『2006-19 정책 과제』, 서울: 한국문화관광정책연구원.

한국여성정책연구원(2008), "다민족·다문화사회로의 이행을 위한 정책 패러다임 구축(Ⅱ)- 다문화역량 증진을 위한 정책·사회적 실천 현황과 발전 방향-(총괄보고서)", 경제·인문사회연구회 협동연구총서 08-17-01, 2008 연구보고서-2.

한승준(2008a), "우리나라 다문화정책의 거버넌스 분석", 한국행정학회 학술대회 발표논문집, pp.67~87.

한승준(2008b), "프랑스 동화주의 다문화정책의 위기와 재편에 관한 연구", 『한국행정학보』, 42권 3회, pp.463~486.

한승준(2009), "지자체 다문화정책 추진 체계 구축 방안에 관한 연구", 『한국사회와 행정연구』, 20권 2호, pp.269~291.

홍기원(2007), "다문화사회의 정책 과제와 방향: 문화 정책의 역할과 과제", 한국행정학회 학술대회 발표논문집, pp.909~928.

강화군 다문화가족지원센터(2009). 2009 다문화가족지원센터 사업계획서.

강화군 다문화가족지원센터(http://happylog.naver.com/ghfc07.do)

보건복지가족부(http://www.mw.go.kr/front/jc/sjc1102ls.jsp)

2장

경기도다문화교육센터(편)(2009), 다문화교육의 이론과 실제, 양서원.

권미연(2003), 종교수업 또는 윤리수업-숨겨진 갈등과 변화, 실린 곳: 교육개발 1+2월.

김귀성(1997), 한국의 중등학교에 있어서 종교교육의 현황과 과제, 실린 곳: 종교 교육학연구 제3권, pp.129~147.

김선미(2000), 다문화교육의 개념과 사회과 적용에 따른 문제, 사회과 교육학연구 4호.

김영순 외(2008), 문화의 맛과 멋을 만나다, 한울.

김형민(2007), 다문화교육을 위한 교수 학습 지원의 외국사례-독일, 다문화교육을 위한 교수 학습 지원방안 연구(Ⅰ), 한국교육과정 평가원, pp.231~236.

모경환·황혜원(2007), 중등 교사들의 다문화적 인식에 대한 연구, 시민교육연구, 제39권 3호.

박영순(2007), 『다문화사회의 언어문화교육론』, 한국문화사.

설동훈·윤홍식(2008), 여성결혼이민자의 사회경제적 적응과 복지정책의 과제: 출신국가와 거주 지역에 따른 상이성을 중심으로, 사회보장연구, 한국사회보장학회, pp.109~133.

양영자(2007), 한국의 다문화교육 현황과 과제, 실린 곳: 오경석 외: 한국에서의 다문화주의, 현실과 전망, 한울, pp.197~230.

오경석 외(2007), 한국에서의 다문화주의, 현실과 전망, 한울.

유네스코 아시아 · 태평양 국제이해교육원 엮음(2008), 다문화사회의 이해-다문화 교육의 현실과 전망, 동녘.

이종하(2006), 독일의 문화간 이해교육의 실천과 시사점, 한국교육문제연구 제17집, 105~120쪽.

이희수(2007), 종교에서의 다문화 정신: 이슬람을 중심으로, 실린 곳: 오경석 외: 한국에서의 다문화주의, 현실과 전망, 한울, pp.295~318.

정영근(2001), 세계화기대의 상호문화교육의 목표와 과제, 한독교육학회, 제6권 1호, pp.1~20.

정영근(2006), 상호문화교육의 일반교육학적 고찰. 교육철학, 제37권, pp.29~42.

정영근(2007), '사이'의 세기와 상호문화교육, 교육의 이론과 실천, 제12권 1호, pp.257~272.

정영근(2009), 한국사회의 다문화화에 대한 교육학적 성찰, 교육철학 제44집, pp.113~137.

국무총리실 보도자료(2012년 4월 18일)

교육부 보도자료(2014년 3월 17일)

Angenendt, Steffen u. a.(2004), Migrations-und Integrationspolitik in Deutschland 2002-22-2: der Streit um das Zuwanderungsgesetz. In: Bade, Klaus J. u.a.: *Migrationsreport*, Frankfurt a. M.

Bade, Klaus(2006), Integration und Politik-aus der Geschichte lernen? Aus der Politik und Zeitgeschichte. 40~41.

Bade, Klaus(2004), Sozialhistorische Migrationforschung. Klaus Bade. Jochen Oltmer(Hrsg.) Studien zur Historischen Migrationsforschung Bd. 13. Osnabrück.

Banks, J. A.(1994), *An Introduction to multicultural education*, 2nd ed., MA: Allyn & Bacon.

Banks, J. A.(1994), *Multiethnic education: theory and practice*, Boston: Allyn and Bacon, Inc.

Banks, J. A.(2004), *Cultural Diversity and Education*, NJ: Pearson.

Dickkopp, K. H.(1982), *Erziehung Ausländer Kinder als Heraus-forderung: das Krefelder Modell*, Düsseldorf.

Edelstein, Wolfgang u. a.(2001), Lebensgestaltung-Ethik-Religionskunde. Zur Grundlegung eines neuen Schulfaches. Weinheim u. a.

Erdmenger, Manfred(1999), *Landeskunde in Fremdsprachenunterricht*, München.

Essinger, H. Graf, J.(1984), Interkulturelle Erziehung als Friedenerziehung. In: Essinger. Ucar. Erziehung in der multikulturellen Gesellschaft. Baltmannweiler.

Herbert, Ulrich(2001), Geschichte der Ausländerpolitik in Deutschland, München.

Hilda Hernandez(2001), Multicultural Education: A teacher's guide to linking context, process, and content, Carlisle Communication, Ltd.

Klemm, K.(1985), Interkulturelle Erziehung. Versuch einer Eingrenzung. In: Die Dt. Schule(3).

Maletyke, G.(1996), Interkulturelle Kommunikation. Zur Interaktion zwischen Menschen verschiedener Kulturen. Opladen.

Marsal, Eva(Hg.)(2002), Ethik-und Religionsunterricht im Fächerkanon der öffentlichen Schule, Peter Lang, Frankfurt am Main.

Ministerium für Schule und Weiterbildung, Wissenschaft und Forschung(Hg.), Richtlinien und Lehrpläne für die Sekundarstufe II-Gymnasium/Gesamtschule in Nordrhein-Westfalen, Frechen 1999.

Nieke, W.(1986), Multikulturelle Gesellschaft und interkulturelle Erziehung-Zur Theoriebildung in der Ausländerpädagogik, die St. Schule.

Pommerin-Götze, Gabriele(2001), Interkulturelles Lernen. In: Helbig, Gerhard/Götze, Lutz/Henrici, Gert/Krumm, Hans-Jürgen(Hg.) Deutsch als Fremdsprache. Ein internationales Handbuch. 2., Band. Berlin/New York, 973~985. (Handbücher zur Sprach- und Kommunikationswissenschaft).

Rohr, Elisabeth(2003), "Interkulturelle Kompetenz als Schlüsselqualifikation einer ethnisch pluralen Gesellschaft". In: Treichler, Andreas u. a.: Wohlfahrtsstaat, Einwanderung und Ethnische Minderheiten, Wiesbaden.

Schulte, Dagmar(2000), Interkulturelle Erziehung. Manuskript.

Stiller, E.(1999), Fremd-beziehungsweise-anders. Erziehung zwischen Kulturen.

Thürmann, Elke(1992), Muttersprachlicher Unterricht für ausländische Kinder-Die Situation in der Bundesrepublik Deutschland. In: Baur Meder Previšić(Hrsg.), 96~108.

http://www.bmi.und.de(독일 내무부)

http://www.destatis.de(독일 연방통계청)

3장

강인애(1999), 『구성주의와 교과교육』, 문음사.

김선미(2000), "다문화교육의 개념과 사회과 적용에 따른 문제", 『사회과교육학연구』, 4.

김선미 · 김영순(2008), 『다문화교육의 이해』, 한국문화사.

모경환 · 황혜원(2007), "중등 교사들의 다문화적 인식에 대한 연구", 『시민교육연구』, 39(3), pp.79~100.

유네스코 아시아 · 태평양 국제이해교육원 엮음(2008), 『다문화사회의 이해-다문화교육의 현실과 전망』, 동녘.

이화진(1999), 『구성주의와 교과교육』, 문음사.

장인실(2008), "다문화교육을 위한 교사 교육 교육과정 모형 탐구", 『초등교육연구』, 21(2), pp.281~305.

조영달(2006), 『다문화가정의 자녀 교육 실태 조사』, 교육인적자원부 정책연구과제.

Banks, J. A.(1989), Multicultural education: chracteristics and goals, in J. Banks & C. A. Mcgee Banks(Eds.) *Multicultural education: Issue and Perspectives*, Allyn and Bacon, Boston.

Banks, J. A.(1994), *Multiethnic education: theory and practice*, Boston: Allyn and Bacon, Inc.

Banks, J. A.(2004), *An Introduction to Multicultural Education*, 모경환 외 역, 『다문화교육 입문』(2008), 아카데미프레스.

Duffy, T. M. & Jonassen, D. H.(1992), Constructivism: New implications for instructional technology, *Educational Technology*, 31(5), pp.7~12.

Fosnot, C.(1996), *Constructivism: Theory, perspectives, and practice*, New York: Teachers College Press, pp.8~33.

Grant, A. Carl.(1981), Education that is multicultural and teacher preparation: an examination from the perspective of pre-service students, *Journal of Educational Research*, 75(2), pp.95~101.

Maturana, Humberto R.(1982), *Erkennen. Die Organisation und Verkorperung von Wirklichkeit*, 2. Aufl., Vieweg: Braunschweig/Wiesbaden.

O'Loughlin, M.(1992), Rethinking science education: Beyond Piagetian constructivism toward a sociocultural model of teaching and learning, *Journal of Research in Science teaching*, 29(8), pp.791~820.

Peters, R. S.(1996), *Ethics and education*, London: R.K.P.

Piaget, J. & Inhelder, B.(1973), *Memory and Intelligence*, New York: Basic Books.

Schifter, D. A.(1996), Constructivist perspective on teaching and learning mathmatics. In C. Fosnot(Ed.), *Constructivism: Theory, Perspectives, and Practice, Hillsdale*, NJ: Lawrence Erlbaum Associates, pp.73~91.

4장

김아영(2006), "초등교사의 다문화교육 인식 실태조사", 서울교육대학교 석사학위논문.

김영순 외 공역(2010), 『다문화교육과 인간관계』, 교육과학사.

김옥순 외 공역(2009), 『다문화교육 이론과 실제』, 학지사.

김옥예(2006), "교사전문성의 재개념화에 관한 연구", 『교육 행정학연구』, 24(4), pp.139~159.

김이경 외(2004), 『교사평가시스템연구』, 한국교육개발원.

김일환·윤언배(2011), "다문화교육의 현황과 과제: 한국 중등학교 다문화교육의 현황과 방향", 『민족연구』, pp.47~63.

김정아(2007), "방송사 PD 전문성의 계발과정 및 구성요소에 관한 연구", 서울대학교 대학원 박사학위논문.

고유미(2009), "다문화가정 아동의 학교생활적응에 영향을 주는 요인; 외국인 어머니 가정을 중심으로", 성신여자대학교 대학원 석사학위논문.

교육과학기술부(2012), 『다문화교육 선진화방안』.

노석봉(2010), "중등학교 예비교사들의 다문화가정 학생과 다문화교육에 대한 인식조사연구", 전남대학교 교육대학원 석사학위논문.

류민영(2010), "초등교사의 전문성 신장을 위한 컨설팅 장학모형 탐색", 대구교육대학교 교육대학원 석사학위논문.

류영규(2010), "초등교사의 다문화교육에 대한 인식연구", 부산대학교 교육대학원 석사학위논문.

모경환(2009), "다문화 교사교육의 현황과 과제", 『한국교원교육연구』, 26(4), pp.245~270.

모경환·최충옥·김명정·임정수 공역(2008), 『다문화교육의 입문』, 아카데미프레스.

모경환·황혜원(2007), "중등교사들의 다문화적 인식에 대한 연구; 수도권 국어, 사회과 교사를 중심으로", 『시민교육연구』, 39(3), 79~100.

박남수(2007), "다문화사회의 시민성육성: 일본 사회과교육과정 및 교실수업에 반영된 다문화교육의 관점", 『사회과교육연구』, 18(3), pp.19~35.

안미화(2005), "초등학교 교원이 인식한 교원의 전문성과 그 신장을 위한 인센티브간의 관계", 건국대학교 대학원 박사학위논문.

안은미(2007), "농어촌 국제결혼가정 자녀의 학교적응에 영향을 미치는 요인에 관한 연구", 이화여자대학교 대학원 석사학위논문.

오욱환(2005), 『교사의 전문성』, 교육과학사.

오현주(2012), "교사의 다문화적 효능감이 초등학생의 다문화인식에 미치는 영향", 경기대학교 교육대학원 석사학위논문.

유은경(2011), "초등교사의 다문화교육 역량과 실행에 대한 연구", 경인교육대학교 교육대학원 석사학위논문.

이우태(2011), "교사전문성 측정도구 개발 연구", 동아대학교 대학원 박사학위논문.

이정화(2005), "초등학교 학교담임교사의 역할수행에 대한 아동의 기대와 지각의 차이", 영남대학교 교육대학원 석사학위논문.

전경자(2010), "초등교사 다문화교육 인식과 실행에 관한 사례연구", 경인교육대학교 교육대학원 석사학위논문.

조동섭(2005), 『교육선진화를 위한 교원의 전문성제고 방안』, 교육정책포럼정책자료집, pp.3~17.

최명옥(2010), "영양교사 교직에 대한 전문성 신장 방안연구-연수의 형태 및 내용분석", 강원대학교 교육대학원 석사학위논문.

최수진(2012), "중등 사회과 예비교사의 다문화적 태도와 다문화적 효능감에 대한 연구", 숙명여자대학교 교육대학원 석사학위논문.

최지현(2010), "다문화교육의 학교현장 착근방안에 관한 연구", 단국대학교 교육대학원 석사학위논문.

함형복(2002), "고등학교 관광과 교사의 전문성에 관한 연구", 동아대학교 교육대학원 석사학위논문.

Banks(2007), Approaches to multicultural curriculum reform. In J. A. Banks & C. A. M. Banks (Eds.), *Multicultural education: Issues and perspectives* (6th ed. pp.247~269). Hoboken, NJ; Wiley.

Moustakas, C.(1994), *phenomenological research methods*. Thousand Oaks, CA: sage.

5장

강여진(2006), "공무원 노사관계 전문인력 역량에 관한 실증", 『한국인사행정학』, 5(1), pp.69~105.

강은숙(2011), "여성NGO리더의 역할과 역량 및 역할 수행에 미치는 영향요인 탐색", 박사학위논문, 숭실대학교.

강정예 · 이윤화(2006), "멘토 멘티의 성별 조합에 따른 멘토링에 관한 연구", 『경제경영논』, 36(2), pp.101~123.

김경아 외(2003), "여성리더의 리더쉽 역량강화에 대한 탐색적", 『생활과학학회지』, 19, pp.83~104.

김남숙(2010), "취학 가정 자녀를 위한 멘토링 프로그램 성계의 방향성", 『청소보학』, 28(3), pp.355~380.

김남숙 · 김승현(2011), "아동 청소년 멘토링 활성화를 위한 멘토 FGI", 『경영교육』, 26(3), pp.387~403.

김민정 외(2006), "조직 내 개인의 멘토링 네트워크 특성이 멘토링 기능에 미치는 영향에 관한 연구", 『한국심리학회지 산업 및 조직』, 19(2), pp.229~258.

김예성 · 배정현(2007), "청소년 E-멘토링 프로그램에 관한 연구", 『한국청소년』, 18(2), pp.133~158.

김융일 · 양옥경(2001), 『사회복지 슈퍼비전론』, 파주: 양서원.

김이경 외(2008), "우수학교장의 리더쉽 특성에 관한 질적 사례", 『교육행정학』, 26(3), pp.325~350.

김종인 외(2006), "역량진단 및 역량-성과 관계에 대한 탐색적", 『경상논총』, 36, pp.185~203.

김지수(2007), "노인 요양시설 관리자의 역량 및 행동지표개발", 박사학위논문, 이화여자대학교.

김화영 · 강소라(2008), "IT프로젝트 관리자의 리더십 유형별 역량이 프로젝트 성과에 미치는 영향", 『한국IT서비스학회지』, 7(2), pp.95~111.

박경규 · 이규만(2010), "멘토 특성과 멘토링 기능 및 구성원의 태도간의 관계", 『대한경제학회지』, 23(5), pp.2841~2859.

박내회(1995), "관리자 개발을 통한 리더쉽 역량향상 방안", 『서강경영논총』, 6(1), pp.101~126.

백유순 외(2005), "현장 실습과목의 효율적 운영을 위한 멘토링 모형개발", 『유아특수교육』, 5(3), pp.48~87.

브래드 존슨 · 찰스 리들리. 권채령(역)(2009), 『멘토링의 황금법칙』, 서울: 웅진윙스.

신봉섭(2005), "미국에서 초임교사 멘토링 실제와 시사점", 『교육행정학』, 56(3), pp.48~87.

심홍섭(1996), "상담슈퍼비전에 대한 소고", 『인간심리』 17, pp.1~3.

양민화 외(2011), "대학생 멘토링 프로그램 운영과정에서의 멘토-멘티 교사의 요구와 지원 방안 분석", 『특수교육』, 10(2), pp.83~114.

양정남 외(2006), "사회복지 슈퍼비전의 장애요인 분석-기관, 운영주체의 관점을 중심으로-", 『논문집』, 16, pp.209-234.

엘렌 엔셔 · 수잔 머피, 한유미 · 송미경(2010), 『파워멘토링』, 서울: 아카데미북.

윤경원 · 엄재은(2009), "다문화멘토링에 관한 질적 연구", 『교육사회학』, 19(3), pp.101~124.

이대숙(2005), "e-Mentoring에서 나타난 여성적 리더쉽의 특성에 관한-K대학 교육 대학원의 멘토링 수업사례를 중심으로", 『청소년 문화포럼』, 17, pp.158~189.

이상호 · 이만기(2006), "멘토 역량과 멘토링 기능에 관한 모델", 『전문경영인』, 9(1), pp.229~262.

이선영(2003), "사회복지 실천의 슈퍼비전 기능에 대한 이론적 고찰", 『신학과』, 14, pp.125~165.

이시연(2006), "관리직 여성 공무원 역량강화에 관한 연구", 『사회과학학회지』, 26, pp.91~118.

이형락 외(2011), "성공적인 프로젝트 수행을 위한 건설사업 관리자의 개인역량모델", 27(8), pp.139~146.

이훈구 외(2005), 『정서심리학』, 파주: 법문사.

정상기(2011), "다문화가족지원센터 종사자의 직무만족이서비스 품질에 미치는 영향", 박사학위논문, 명지대학교.

정성수 외(2007), "미국과 영국의 교장 양성 및 자격 프로그램 분석", 『비교교육』, 17(3), pp.217~240.

조혜진(2009), "보육시설 내에서 초임교사 멘토링하는 경력교사의 어려움과 효과적인 멘토링을 위한 중요요소", 『유아보육』, 29(5), pp.21~43.

주형근 · 황인표(2009), "조직 중간 관리자의 역량별 상호관련선 및 그 성과에 관한 연구", 『한국조직학회보』, 6(1), pp.145~161.

진희란 · 박찬정(2008), "e-멘토링 시스템에서 매칭을 위한 개인 선석도 기반 멘토/멘티 추천 알고리즘", 『컴퓨터교육학회논문지』, 11(1), pp.11~21.

천은주(1991), "행정적 슈퍼비전의 체계에 관한 연구", 석사학위논문, 이화여자대학교.

최병순(2008), "핵심역량 기반 리더십 프로그램의 개발 및 운영 방안", 『숙명리더십』, 7, pp.189~217.

한광현(2010), "멘토링 프로테제의 조직몰입 간 관계에서 있어서 개인주의 및 집단주의 십향의 조절효과", 『한국경영교육학』, 56, pp.157~178.

한만봉(2009), 『멘토』, 경기: 이담북스.

Janine M. Bernard and Rodney K. Goodyear. 유영권·방기연 역(2008), 『상담 슈퍼비전의 기초』, 시그마프레스.

M. C. Gilbert and K. Evans. 유영권 역(2004), 『상담심리치료 슈퍼비전』, 서울: 학지사.

6장

권재원(2005), "교육연극(DIE)이 청소년의 문화관용성에 미치는 효과 연구", 『사회과 교육』, 44, pp.129~148.

김숙희(2011), "다문화가족과 교육연극", 『가족과상담』, 1(2), pp.73~85.

김영순 외(2012), 『공립 다문화 대안학교 체제 및 운영 연구』, 인천광역시교육청.

김영옥(2010), "결혼이주여성의 한국 사회 통합: 정책과 경험 사이에서", 『숙명여자대학교 다문화사회연구』, 3(2), pp.123~154.

김창화(2003), 『청소년을 위한 연극 교육』, 문음사.

박연희(2012), "다문화 교육 프로그램 개발 과정 연구", 『박물관교육연구』, 7, pp.41~58.

심상교(2004), 『교육연극·연극교육』, 연극과 인간.

원진숙(2008), "다문화 시대의 초등학교 국어과 교육: 다문화가정 자녀를 위한 한국어교육 지원 방안을 중심으로", 『국어교육학연구』, 1(32), pp.269~303.

원진숙(2009), "초등학교 다문화가정 학생을 위한 언어 교육 프로그램", 『한국초등국어교육』, 40, 157~188.

원진숙(2011), 『다문화가정 학생을 위한 한국어(KSL)교육과정 개발 연구』, 한국교육개발원.

원진숙(2012), "다문화가정 학생을 위한 한국어 표준 교재 개발-초등과정", 『국제한국어교육학회발표집』, pp.355~384.

이명숙(2001), "실행연구를 통한 교육 실제의 개선", 『대구교육대학교 초등교육연구논총』, 17(2), 381~408.

이송은(2007), "다문화가정의 문화이해를 위한 문학 활동 실행연구: 필리핀 모-자를 대상으로", 『어린이 문학교육 연구』, 8(2), pp.129~163.

이용숙 · 유창조 · 김영찬(2013), "대학 신규 교과목 개발을 위한 실행연구: 신제품마케팅 에스토그라피", 『교육인류학연구』, 16(1), pp.65~100.

이준호 · 박지환(2011), "집단 내 갈등과 이직의도의 관계에서 직무만족의 매개효과: 한국과 중국 종업원들의 공통점과 차이점", 『한국심리학회지』, 24(1), pp.75~102.

장인실(2011), 『공립형 다문화 대안학교 교육과정 총론(시안)개발 연구』, 한국교육개발원.

주동범 · 이동원(2000), 『지역갈등에 대한 청소년의식 조사 연구』, 한국청소년정책연구원.

한규용(2010), "다문화시대 이중언어교육을 위한 교육연극", 『한국연극학』, 40, pp.452~502.

한민희(2012), "자기표현력 신장을 위한 교육연극의 활용방안", 『어문학교육』, 44, pp.135~158.

Banks, J. A.(2008), 모경환 외 역(2010), 『다문화교육 입문』, 아카데미프레스.

Bennett, C. I.(2007), 김옥순 외 역(2009), 『다문화교육 이론과 실제』, 학지사.

Bowell, P. & Heap, B. S.(2001), *Planning process drama*. David Fulton.

Bowell, P. & Heap, B. S.(2010), *Drama is not a dirty word*: past achievements, present concerns, alternative futures, Research in Drama Education. *the Journal of applied theatre and performance*, 15(4), 579~592.

Campbell, D. E.(2010), 김영순 외 역(2012), 『민주주의와 다문화교육』, 교육과학사.

Courtney, R.(1989), 황정현 · 양윤석 역(2007), 『연극은 지적 행위인가』, 평민사.

Courtney, R.(1980), 황정현 역(2010), 『교육연극 교육과정』, 박이정.

Creswell, J. W.(2007), 조흥식 외(2010), 『질적 연구방법론; 다섯 가지 접근』, 학지사.

Eder, D. & Fingerson, L.(2001), *Interviewing children and adolescents*, Jaber Gubrium and James Holstein(Eds.) Handbook of interview research: context and method (pp.181~201), Thousand Oaks, Londin: Sage.

Grant, C. A. & Sleeter, C E.(2011), *Doing multicultural education for achievement and equit*: routledge.

Johnson, D. W. & Johnson, R. T.(2002), 김영순 외 역(2010), 『다문화교육과 인간관계』, 교육과학사.

Kemmis, S., McTaggart, R.(2000), *Participatory action research* in N. Denzin & Y.

Lincoln(Eds.), Handbook of qualitative research 2nd edition(pp.1~14), Thousand Oaks. CA: Sage.

Mills, G. E.(2003), 강서우 외 역(2005),『실행연구』, 우리교육.

Saldaña, J.(2009), 박종원 · 오영림 역(2012),『질적연구자를 위한 부호화 지침서』, 신정.

Skerrit, O. Z., Farquhar, M.(2002), Action learning, action research and process management(ALARPM): a personal history. the *Learning Organization*, 9(3), pp.102~113.

Stewig, J. W. & Buege, C.(1994), 황정현 역(1994),『총체적 언어교육을 위한 교육연극』, 평민사.

Wessels, C.(2008), 최용훈 역(1987).『EFL 수업에서의 연극 활용 영어교수법』, 종합출판 EnG.

7장

곽홍란(2009), "다문화가정 방문교육지도사의 활동 특성 및 현황 연구",『한민족어문학』, 57, pp.599~625.

권은형(2011), "다문화가족지원센터의 한국어 방문교육지도사업 연구", 석사학위논문, 연세대학교 교육대학원.

김경화(2010), "다문화가정 방문교육지도사의 자기효능감과 직무만족도, 역할갈등과 역할모호성의 매개변인 효과", 학술대회논문집, 2010(1), p.342.

김경화 · 민하영(2011), "다문화가족 방문교육지도사의 직무몰입에 영향을 미치는 관련 변인의 탐색",『한국가족관계학회지』, 16(1), pp.143~158.

김미종 외(2010), "방문교육지도사가 인지하는 여성결혼이민자의 교육요구",『부모자녀건강학회지』, 13(1), pp.44~53.

김영순 외 공역(2012),『민주주의와 다문화교육: 다문화교육을 위한 실천적 가이드』, 교육과학사.

김영순(2012), "다문화사회와 다문화 감수성, 결혼이민여성을 위한 다문화 감수성과 다문화가족지원센터의 역할", 2012 다문화가족지원센터 신규직원교육, pp.59~76.

김옥예(2006), "교사 전문성의 재개념화에 관한 연구",『교육행정학 연구』, 24(4), pp.139~159.

김유경 외(2008), "다문화 시대를 대비한 복지정책 방안연구: 다문화가족을 중심으로", 한국보건사회연구원.

남윤주(2009), "다문화가족과 일반가족 아동의 자아개념과 우울에 관한 비교연구", 박사학위논문, 전남대학교 일반대학원.

모경환(2009), "다문화 교사교육의 현황과 과제", 『한국교원교육연구』, 26(4), pp.245~270.

모경환·임정수(2011), "다문화사회과교육의 현황과 과제", 『교육문화연구』, 17(1), pp.261~290.

모경환·최충옥·임현경(2010), "다문화 교사 연수 프로그램의 사례분석", 『시민교육연구』, 42(4), pp.31~53.

박래복(2010), "중등교사의 다문화적 효능감 형성 과정", 석사학위논문, 한국교원대학교 대학원.

배상남(2011), "한국어 방문교육의 효용성 연구 – 청주지역 여성 결혼이민자를 중심으로–", 석사학위논문, 충북대학교 교육대학원.

손제령·김경화(2009), "다문화가정 방문교육지도사의 역할갈등과 역할모호성", 『사회과학논집』, 제8권, pp.27~45.

성두원(2009), "다문화가정 자녀의 어휘 이해 능력 실태 연구", 석사학위논문, 진주교육대학교 교육대학원.

신경림 외(2004), 『질적연구방법론』, 이화여자대학교 출판부.

여성가족부(2011), "2011 여성가족부 업무보고서", 여성가족부.

여성가족부(2012), "2012 다문화가족지원 사업안내", 여성가족부.

여성가족부(2013), "2013 다문화가족지원 사업안내", 여성가족부.

오성배(2005), "코시안(Kosian)아동의 성장과 환경에 관한 사례 연구", 『한국교육』, 32(3), pp.137~157.

오성배(2006), "한국사회의 소수 민족(ethnic minority), '코시안'(Kosian) 아동의 사례를 통한 다문화 교육의 방향 탐색", 『교육사회학연구』, 16(4), pp.61~83.

이경숙(2011), "방문교육지도사의 직무만족과 직무인식: 아동양육지도사 대 한국어교육지도사–서울시 방문교육지도사에 대한 연구", 석사학위논문, 명지대학교 사회복지대학원.

이세화(2012), "한국어교육지도사 교육프로그램 개선방안 연구", 석사학위논문, 부산외국어대학교.

이신철(2011), 『현상학사전』, 기다 겐·노이치 게이이치 외 2명, 이신철 역, 도서출판b.

이향미·고종태(2010), "다문화가정을 대상으로 하는 강원지역 방문한국어교육지도사 지위 향상 방안에 관한 연구", 『강원대학교 농업생명과학연구원 논문집』, pp.22, 59~71.

장선영 외 3인(2008), "교사 역량에 대한 교사와 예비교사의 인식에 관한 연구", 『교육문제연구』, 30, pp.79~107.

장흔성(2010), "방문교육지도사의 역할 및 역량강화 방안", 2010 인천 다문화 포럼, pp.5~13.

정형근(2009), "한국어 방문교육의 효율적 개선방안-충남 공주지역 여성결혼이민자 사례를 중심으로-", 석사학위논문, 공주대학교.

주영옥(2012), "다문화가족 방문교육지도사의 직무환경이 임파워먼트에 미치는 영향: 직무스트레스의 매개효과를 중심으로", 박사학위논문, 한영신학대학교.

최진영 외(2009), "초등학교 교사의 핵심역량 탐색", 『한국교육학연구』, 15(3), pp.103~130.

함형복(2002), "고등학교 관광과 교사의 전문성에 관한 연구", 석사학위논문, 동아대학교 교육대학원.

행정안전부(2013), 『외국인 주민현황조사』.

홍칠선(2011), "여성결혼이민자를 위한 한국어 방문교육 개선방안 연구: 경남지역을 중심으로", 석사학위논문, 부산외국어대학교 교육대학원.

Moustakas, C(1994), *Phenomenological research methods*, Thousand Oak, CA: sage.

8장

김영옥(2010), "결혼이주여성의 한국 사회 통합: 정책과 경험 사이에서", 『다문화사회연구』 3(2), pp.123~154.

김영천(2009), 『교육과정 I』, 아카데미프레스, pp.99~105.

모경환·임정수(2011), "사회과 다문화교육의 현황과 과제", 『인하교육연구』, 17(1), 261~290.

박하나·조영달·박윤경·조영당(2013), "다문화가정 고등학생의 진로교육 현황 및 문제점 분석-일반고와 특성화고의 사례 비교를 중심으로", 『다문화교육연구』, 6(1), pp.21~49.

박혜림(2009), "대학입학사정관제도의 현황과 발전 방향", 『교육방법연구』, 21(1), pp.21~46.

방기혁(2011), "초등 다문화 대안학교의 교육과정 개발", 『한국실과교육학회지』 24(2), pp.25~48.

방기혁(2012), "중학교 수준의 공립형 다문화 대안학교 교육과정 개발 및 편성에 관한 연구", 『다문화교육연구』, 5(1), pp.93~115.

Banks, J. A.(2008), 모경환 외 역(2010), 『다문화교육 입문』, 아카데미프레스.

Bennett, C. I.(2007), 김옥순 외 역(2009), 『다문화교육 이론과 실제』, 학지사.

신희정 · 박선아(2009), "새터민 대학생의 체험에 관한 질적 사례연구", 『한국사회복지질적연구』, 3(1), pp.101~130.

심보선(2007), "온정주의 이주노동자 정책의 형성과 변화: 한국의 다문화정책을 위한 시론적 분석", 『담론201』, 10(2), pp.41~76.

오성배(2010), 『공립형 다문화 대안학교 설립방안』, 인천시교육청.

이규혁(2011), "적성 분석을 통한 입학사정관제 대비 방안", 『상담과지도』, 46, 한국카운슬러협회, pp.195~208.

이승미 · 김상돈 · 홍후조(2009), "세계화 시대의 교육과정 총론 개선 방향", 『교육과정 연구』, 27(3), pp.13~36.

이장익(2012), "대학입학 전형제도 유형과 대학생 핵심역량에 대한 연구", 『농업교육과 인적자원개발』, 44(2), pp.73~96.

이주연(2012), "대학입학사정관제 도입에 따른 학교 교육과정의 변화: 학습조직이론을 중심으로", 『교육과정연구』, 30(4), pp.81~103.

장인실(2011), 『공립형 다문화 대안학교 교육과정 총론(시안)개발 연구』, 한국교육개발원.

장인실 · 차경희(2012). "한국 다문화교육의 연구동향 분석: Bennett이론에 근거하여", 『한국교육학연구』, 18(1), pp.283~302.

조영철 · 김창아(2013), "한국어 · 문화 통합교육에 관한 연구: 인천 한누리학교 한국어 · 문화실태분석을 중심으로", 『한국언어문화교육학회 춘계학술대회 발표 자료집』, pp.229~236.

Dewey, J.(1916), 김성숙 · 이귀학 역(2011), 『민주주의와 /교육 철학의 개조』, 동서문화사.

주정(2011), "다문화가정 청소년 정책의 현황과 발전방안", 『복지행정논총』, 21(2), pp.81~99.

최윤희 · 김순자(2011), "국제결혼가정 자녀의 자아정체감이 진로성숙도에 미치는 영향", 『한국심리학회지』, 30(3), pp.743~762.

Grant, C. A. & Sleeter, C. E.(2011), *Doing multicultural education for achievement and equity*(2nd edt.), Routledge.

법률

「초중등교육법」 제2조(학교의 종류)

「초중등교육법」 제60조의 3

「교육부령」 제1호

신문

임동률. "광주·전남 다문화2세 1만 명 시대, 우리도 대학가고 싶어요", 『광주일보』 2010. 10.14.

인터넷자료

김옥경(2013), "교육과정" http://www.sds.hs.kr/(검색일: 2013년 7월 5일)

새날(2013), "2013년 교육과정 운영계획서" http://www.saenal school.com/(검색일: 2013 년 7월 5일)

9장

박경환(2008), "소수자와 소수자 공간: 비판 다문화주의의 공간교육을 위한 제언", 『한국지 리환경교육학회지』, 16(4), pp.297~310.

박선희(2008), "지리교육에서 다문화교육을 위한 교수-학습 방안 모색: 한국지리(7차개정 시안)를 중심으로", 『한국지리환경교육학회지』, 16(2), pp.163~177.

하윤수(2009), "미국 다문화교육의 동향과 사회과교육과정", 『사회과교육』, 48(3), pp.117~132.

Banks, C. A. M.(2004), Intercultural and Intergroup Education, 1929~1959: Linking schools and communities, In J. A. Banks and C. A. M. Banks(eds.), *Handbook of research on multicultural education*(2nd ed.), San Francisco: Jossey-Bass, pp.753~769.

Banks, J. A.(1993), Multicultural education: Historical development, dimensions, and practice, *Review of Research in Education*, 19, pp.3~49.

Banks, J. A.(2001), Multicultural Education: Its effects on students' racial and gender role attitudes, In J. A. Banks & C. A. M. Banks(Eds.), *Handbook of research on multicultural education*, San Francisco: Jossey-Bass.

Banks, J. A.(2006), *Cultural Diversity and Education: Foundation, Curriculum, and Teaching*, Boston: Pearson Education, Inc.

Bennett, C. I.(1999), *Comprehensive multicultural education: Theory and practice*, Boston: Allyn & Bacon.

Brodkin, K.(1998), *How the Jews Became White Folks*, New Brunswick, NJ: Rutgers University Press.

Gallavan, N. P.(1999), Empowering geographic questions with Multicultural perspective, *Multicultural Perspective*, 19(3), pp.23~26.

Kahn, M.(2008), Multicultural education in the United States: Reflections, *Intercultural, Education*, 19(6), pp.527~536.

Ladson-Billings, G.(2004), New Directions in Multicultural Education: complexities, boundaries, and critical race theory, In J. A. Banks & C. A. M. Banks(Eds.), *Handbook of Research on Multicultural Education*(2nd ed.), San Francisco: Jossey-Bass. pp.50~65.

Lal, S.(2004), 1930s Multiculturalism, *Radical Teacher*, 69, pp.18~22.

McLaren P.(1994), White terror and oppositional agency: towards a critical multiculturalism, In D. T. Goldberg(Ed.), *Multiculturalism: A Critical Reader*, Cambridge, MA: Blackwell. pp.45~47.

McLaren, P. & Farahmandpur, R.(2001), Teaching against Globalization and the New Imperialism: Towards a Revolutionary Pedagogy, *Journal of Teacher Education*, 52(2), pp.136~150.

McLaren, P.(1998), *Life in Schools: An Introduction to Critical Pedagogy in the Foundations of Education*, New York: Longman.

Mitchell, K.(2004), Geographies of identity: multiculturalism unplugged, *Progress in Human Geography*, 28(5), pp.641~651.

Mushi, S.(2004), Multicultural competencies in teaching: A typology of classroom activities, *Intercultural Education*, 15(2), pp.179~194.

Nieto, S.(2004), *Affirming Diversity: The Sociopolitical Context of Multicultural Education*(4th ed.), New York: Longman.

Vavrus, M.(2002), *Transforming the Multicultural Education of Teachers: Theory, Research, and Practice*, New York: Teachers Colleges Press.

10장

김선아(2011), "다문화미술교육을 위한 교사 교육의 방향 탐색", 『미술과 교육』, 12(1), pp.27~50.

교육과학기술부(2011), 『교육과학기술부 고시 제 2011-361호 미술과 교육과정』.

교육인적자원부(2007), 『2007년 7차 미술교육과정 해설서』.

도화영(2008), "다문화 주의와 다문화미술교육", 석사학위논문, 동국대학교.

박은덕, 허태연(2009), "다문화에 기초한 초등 미술 감상 수업 연구", 『교원교육』, 한국교원 대학교 교육연구원, 25(3), pp.220~240.

백령(2006), "다문화교육맥락에서 전통문화를 주제로 한 미술교육의 접근방법", 『한국교육 대학교 미술교육학회』, 20, pp.129~157.

송선희, 이화식(2011), "다문화교육을 위한 초등학교 미술과 교육과정 개발 연구", 『한국초 등미술교육학회』, 29, pp.155~175.

이옥선(1999), "맥피의 미술교육사상과 방법론 연구", 『미술교육논총』, 8, pp.91~114.

이우종 외 8인(2011), 『초등학교 5,6학년 미술 지도서』, 서울: 천재교육.

이주연, 이수경(1996), "DBAE와 다문화미술교육에 기초한 창의적 미술 프로그램적용연 구", 『조형교육』, 12(12), pp.105~123.

Banks, J. A.(2008), *Multicultural Education*, 4th ed., Boston: pearson education.

Bennett, C. I.(2010), *Comprehensive Multicultural Education*, 7th ed., Boston: pearson education.

Mcfee, J. K. & Degge, R. M.(1977), *Art, Culture, and Environment*, California: Wadsworth Publishing company.

Mcfee, J. K.(1991), Studies in art education, *A Journal of Issues and Research*, 32(2), pp.70~82.

Pretceill, M. A.(1999), *L'education Interculturelle*, 장한업 역(2012), 『유럽의 상호문화교육』 서울: 한울.

Sleeter, C. E. & Grant, C. A.(2009), *Making choices for Multicultural Education*, 6th Ed., John Wiley & sons, Inc.

Stuhr, P. L.(1994), Studies in art education, *A Journal of Issues and Research*, 35(3), pp.171~178.

강정화 · 현지희 · 왕리 · 하윤주(2010),『기초 국어(상권)』, 새날학교.

강정화 · 현지희 · 왕리 · 하윤주(2010),『기초 국어(하권)』, 새날학교.

강현화(2004), "한국어 회화 교재에 나타난 어휘 분석-어휘와 주제와의 상관성을 중심으로-",『비교문화연구』, pp.131~156.

김선정(2010), "다문화가정 자녀 실태 및 다문화교육의 추진 방향",『외국어교육연구』, 24(1), pp.21~24

김연희 · 김영주(2010), "다문화가정 자녀를 위한 한국어 교재 분석: 기초문식성을 중심으로",『이중언어학』, 43, pp.55~79.

김영순 외(2012), "공립다문화 대안학교 체제 및 운영 연구", 인하대학교 교육연구소.

김윤주(2011), "여성결혼이민자 대상 한국어교재 비교 분석-의사소통상황 및 문화를 중심으로-",『우리어문연구』 39집, 2011.1.30, pp.337~368.

김혜영 · 박정선 · 오명옥 · 이성옥(발행년도 미상),『이주아동을 위한 한국어교재 2, 3』, 아시아공동체학교, 고른기회장학재단.

교육부(2014), "보도자료", 2014년 3월.

교육과학기술부(2012), "보도자료", 2012년 7월. 추가

방성원(2011), "한국어 교재 및 교육 자료 연구 동향 분석",『이중언어학』, 제47호, pp.591~626.

법무부(2012), "출입국 · 외국인정책 통계월보" 2012년 8월.

성상환(2010), "다문화가정 동반 · 중도입국 자녀 교육 수요 및 지원방안 연구", 교육과학기술부.

우인혜(2004), "외국인을 위한 한국 문화 항목 선정",『이중언어학』, 제25호, pp.149~186.

원진숙(2008), "다문화 시대의 초등학교 국어과 교육-다문화가정 자녀를 위한 한국어교육 지원 방안을 중심으로-",『한국교육학연구』, 제32권, pp.269~303.

원진숙(2011), "다문화가정 학생을 위한 한국어(KSL) 교육과정 개발연구", 2011년도 교육정책네트워크 협동연구과제, 한국교육개발원, 서울교육대학교.

윤희원(2009), "다문화사회와 국어교육-다문화가정 자녀의 (한)국어교육을 중심으로-",『국어교육학연구』 제34집, pp.5~25.

이성만(1994),『텍스트 언어학의 이해』, 한국문화사.

이해영(2001), "학습자 중심 수업을 위한 교재 분석",『한국어교육』, pp.199~232.

조수진 · 윤희원 · 진대연(2008), "다문화가정 자녀를 위한 '학습 한국어' 교재 개발의 방향",『이중언어학』, 제37호, pp.235~264.

조옥이 · 박석준(2011), "다문화가정 중도입국 자녀에 대한 한국어문화 교육의 방안과 내용", 『외국어로서의 한국어교육』, 제36권, pp.217~238.

최권진 · 채윤미(2010), "다문화가정 자녀 대상 한국어교육의 현황과 교재분석", 『한국어문학연구』 제54집, pp.431~462.

James A. Banks(2009), 『다문화교육입문』, 아카데미프레스.

Christine I. Bennett(2010), 김옥순 외 역, MULTICULTURAL EDUCATION: Theory and Practice, 『다문화교육 이론과 실제』, 학지사.

12장

강운선(2011), "일본 다문화교육의 연구동향에 대한 메타 분석", 『동아인문학』, 20, pp.609~634.

강현구 · 고훈준(2013), "케이팝의 음악 패턴 분석", 『한국디지털정책학회 디지털정책연구』, 11(3), pp.95~100.

김구(2008), 『사회과학 연구조사 방법론의 이해: 양적연구와 질적 연구의 접근』, 서울: 비앤엠북스.

김두섭 역(2002), 『질적 연구방법론』, 서울: 나남출판.

김숙이(2008), "대만 다문화교육의 이해: 신주민의 정착과 교육을 중심으로", 『다문화교육연구』, 3(1), pp.28~54.

김영순(2010), "다문화사회와 시민교육: '다문화 역량'을 중심으로", 『시민인문학』, 8, pp.33~59.

김영순(2013), "다문화시민성과 민주시민교육", 『제22회 경기다문화교육포럼 발표집』, pp.89~102.

김영순 · 정소민(2013), "교육기부 활동을 통한 대학생의 다문화시민성 함양 과정에 관한 연구", 『한국교육』, 40(1), pp.81~108.

김윤(2012), "K-pop 스타의 패션에 관한 연구", 『한국패션디자인학회지』, 12(2), pp.17~37.

김주연 · 안경모(2012a), "아시아국가에서의 K-pop 이용행동과 K-pop으로 인한 국가호감도 및 한국방문의도 변화", 『한국콘텐츠학회논문지』, 12(1), pp.516~524.

김주연 · 안경모(2012b), "중국에서의 한류콘텐츠 선호가 한국상품 구매, 한국방문 및 한글학습의도에 미치는 영향", 『한국콘텐츠학회논문지』, 12(5), pp.447~458.

김진옥 · 김남조 · 정철(2013), "K-pop 인식이 한국의 관광이미지 및 방문의도에 미치는 영향: 중국 대학생을 중심으로", 『관광학연구』, 37(1), pp.77~101.

나민구(2011), "신한류의 리더, K-pop의 '수사학적 힘' 분석", 『수사학』, 15, pp.135~165.

나현신 · 장애란(2012), "K-pop 스타 패션에 나타난 키치의 조형적 특성 연구", 『디자인지식저널』, 24, pp.61~71.

Jonh Fiske(1994), 박명진 외(1996), 『팬덤의 문화경제학, 문화, 일상, 대중-문화에 관한 8개의 탐구』, 서울: 한나래.

I. Seidman (2006), 박해준 · 이승연 공역(2009), 질적 연구 방법으로서의 면담: 교육학과 사회과학 분야의 연구자들을 위한 안내서, 서울: 학지사.

박휴용(2012), "다문화주의에 대한 비판적 이해와 비판적 다문화교육론", 『교육철학연구』, 34(2), pp.49~77.

배현주(2013), "성인 여성의 아이돌 그룹 팬 경험에 관한 문화기술적 연구", 인하대학교 대학원 박사학위논문.

서상란(2012), "K-pop 가수를 차용한 TV 광고 문화적 유형과 가치 연구", 『한국디자인포럼』, 35, pp.237~246.

서철현 · 양진연(2012), "중국인이 지각하는 한류의 K-pop 속성이 국가이미지에 미치는 영향", 『대한경영학회지』, 25(4), pp.1917~1938.

신현준(2005), "K-pop의 문화정치(학): 월경(越境)하는 대중음악에 관한 하나의 사례연구", 『언론과 사회』, 13(3), pp.7~36.

심두보 · 노광우(2012), "유튜브와 소녀시대 팬덤", 『한국콘텐츠학회논문지』, 12(1), pp.125~137.

아시아뉴스통신(2013년 4월 4일자 인터넷판), http://www.anewsa.com/detail.php?number=473495&thread

양우석(2012), "한국 랩의 형성과 케이팝의 발전", 『음악학』, 23, pp.125~156.

양재영(2011), "케이팝(K-pop)의 글로컬(Glocal) 전략과 혼종정체성: '포스트-한류'시대 케이팝의 사회문화적 지형에 대한 소고", 『음악응용연구』, 제4권, pp.19~37.

연합뉴스(2013년 2월 19일자 인터넷판), http://news.naver.com/main/read.nhn?mode=LSD&mid=sec&sid1=101&oid=001&aid=0006101266

오세정(2012), "K-pop의 선호 요인: 미주지역의 케이팝 소비자를 대상으로", 『주관성연구』, 24, pp.205~222.

D. K. Padgett(1998), 유태균 역(2005), 『사회복지 질적연구방법론』, 서울: 나남출판.

이동연(2011), "케이팝(K-pop): 신자유주의 시대 초국적 국민문화의 아이콘, 내일을 여는 역사", 『내일을 여는 역사』, 45, pp.234~252.

이수안(2012), "유럽의 한류를 통해 본 문화혼종화: K-pop 열풍을 중심으로", 『한독사회과학논총』, 22(1), pp.117~146.

이원희 · 김성진(2012), "K-pop 신한류를 활용한 인바운드 관광 진흥방안", 『관광학연구』, 36(2), pp.31~56.

이찬도 · 이윤원(2012), "한류콘텐츠의 확산을 위한 글로벌 마케팅제고 방안", 『e-비지니스연구』, 13(3), pp.95~112.

U. Flick(2009), 임은미 · 최금진 · 최인호 공역(2009), 『질적 연구 방법』, 서울: 한울아카데미.

장규수(2009), "한국 대중음악의 해외진출 사례와 전략 연구", 『글로벌문화콘텐츠』, 2, pp.217~238.

전형연 · 송기란(2012), "K-Pop의 문화경영 협력 시스템 구성을 위한 탐색적 연구: 중국 대도시 젊은층의 인식을 중심으로", 『인문콘텐츠』, 26, pp.33~71.

정민우 · 이나영(2009), "스타를 관리하는 팬덤, 팬덤을 관리하는 산업", 『미디어, 젠더 & 문화』, 12, pp.191~141.

차경수 · 모경환(2008), 『사회과교육』, 서울: 동문사.

최성은(2012), "폴란드에서의 한국 대중문화 수용에 대한 연구", 『동유럽연구』, 29(1), pp.107~143.

하동현(2012), "K-pop 참가자의 관광행태 및 경제적 파급효과 분석: 2011, 2012 한류드림 페스티벌을 중심으로", 『한국사진지리학회지』, 22(4), pp.121~135.

Bennett, C. I.(2007), Comprehensive Multicultural Education: Theory and Practice, 김옥순 외 공역(2009), 『다문화교육 이론과 실제』, 서울: 학지사.

Chen, G. M. & Starosta, W. J.(2000), The Development and Validation of the Intercultural Sensitivity Scale, *The Annual Meeting of the National Communication Association Report*, pp.2~22.

Dalton, R. J.(2008), Citizenship norms and the expansion of political participation, *Political Studies*, 56(1), pp.76~98.

Garmon, M. A.(2000), Changing Reservice Teachers' Attitudes/Beliefs about Diversity, *Journal of Teacher Education*, 55(3), pp.201~213.

김보미(2007), "외국인 이주노동자 자녀의 생활만족도에 관한 연구: 문화적 대응 스트레스, 차별 경험", 사회적 지지를 중심으로, 서울대 석사논문.

김성이 · 채구묵(1997), 『욕구조사론』, 아시아 미디어 리서치.

국립중앙청소년수련원(2007), 『열린 세상 푸른 청소년』, 국립중앙청소년수련원.

노충래 · 홍진주(2006), "이주노동자 자녀의 한국사회 적응실태 연구: 서울 경기지역 몽골 출신 이주노동자 자녀를 중심으로", 『한국아동복지학』, 22호, pp.127~159.

박종보 · 조용만(2006), 『다문화가족지원법 마련을 위한 연구』, 여성가족부.

법무부(2006), 『2006년도 출입국관리통계연보』, 법무부.

서인혜 · 공계순(2004), 『욕구조사의 이론과 실제』, 나남.

설동훈 · 이혜경 · 조성남(2006), 『결혼이민자 가족실태조사 및 중장기 지원정책 방안 연구』, 여성가족부.

이혜연 · 이태수 · 이서정(2001), 『소외청소년의 복지욕구 조사연구(Ⅰ)』, 한국청소년개발원.

장혜경 · 김혜경 · 오학수 · 이기영(2003), 『외국인 노동자 가족관련 정책 비교 연구』, 한국여성개발원.

정하성 · 우룡(2007), 『다문화가정 청소년의 사회적응 실태 및 사회적응 프로그램 개발방안』, 한국청소년정책연구원.

정하성 · 유진이 · 이장현(2007), 『다문화청소년이해론』, 양서원.

조혜영 외 4명(2007), 『다문화가족 자녀의 학교생활실태와 교사 · 학생의 수용성 연구』, 한국여성정책연구원 · 한국청소년정책연구원.

평택대학교 다문화가족센터(2007), 『다문화가족 실태와 청소년정책방향』, 평택대학교 다문화가족센터 2007 춘계학술대회.

한국교육개발원(2005), 『외국인 근로자 자녀 교육복지 실태 분석 연구』, 한국교육개발원.

한국지방행정연구원(2007), 『국내거주 외국인 근로자의 문제점과 향후 과제』, 한국지방행정연구원.

국청소년학회 · 한국청소년정책연구원(2007), 『다문화청소년의 사회적응 실태 및 사회적응 프로그램 개발방안』, 제44회 21세기 청소년포럼 및 학술발표대회.

행정자치부(2007), 『지방자치단체 거주외국인 지역사회 정착지원 업무편람』, 행정자치부.

교육과학기술부, 다문화가정 학생 5만명 시대!, 2012.9.17. 보도자료.

법무부 출입국 · 외국인 정책본부, 법무부 체류외국인 100만 명 돌파: 체류외국인 현황 발표, 2007.8.24. 보도자료.

법무부, 국내 체류외국인 120만 명 첫 돌파: 출입국자는 사상 처음 2천만 명 넘어서, 2010.7.6. 보도자료.

안전행정부, 외국인주민수 144만 5천 명, 주민등록인구 대비 2.8%: 안전행정부 2013년 지방자치단체 외국인주민 현황 조사결과 발표, 2013.7.3. 보도자료.

연합뉴스, 체류 외국인 150만 명 첫 돌파, 다문화·다인종화 가속, 2013.6.10. 보도자료.

행정자치부, 외국인주민 1년 동아 35% 증가: 행자부, 지자체별 외국인 주민 실태조사 결과 발표, 2007.8.2. 보도자료.

Castles, Stephen & Miler Mard J.(2003), *The Age of Migration*(Third Edition), Guilford.

Heimstra, N. W., McFaling L. H.(1978), *Environmental Psychology*(Second Eds.), California: Brook/Cole Publishing Company.

Kahn, A. J.(1969), *Theory and Practice of Social Policy*, Englewood Cliffs, N. J.: Prentice Hall.

저자소개(게재순)

김영순
인하대학교 사범대학 사회교육과 교수
kimysoon@inha.ac.kr

오영훈
인하대학교 교육대학원 다문화교육과 교수
ohy10106@hotmail.com

김금희
인하대학교 다문화학과 박사과정
BK21플러스 다문화교육 연구단 참여
kgkdl@hanmail.net

방현희
인하대학교 다문화학과 박사과정
BK21플러스 다문화교육 연구단 참여
hhbang60@hanmail.net

박선미
인하대학교 사범대학 사회교육과 교수
sminha@inha.ac.kr

허숙
인하대학교 다문화교육학 박사 수료
인하대학교 사회과학연구소 다문화 및
사회통합연구센터 전임연구원
billow9@hanmail.net

임한나
인하대학교 다문화교육학 박사 수료
한국청소년활동진흥원 연구원
fenster2014@hanmail.net

이미정
다문화교육연구사업단 BK21플러스 연구교수
pro03@hanmail.net

박미숙
인하대학교 다문화학과 박사과정
BK21플러스 다문화교육 연구단 참여
altnr9631@naver.com

김창아
인하대학교 다문화교육학 박사 수료
서울강신초등학교 교사
73nabi@hanmail.net

조영철
인하대학교 다문화교육학 박사과정
인천한누리학교 교사
tem2000@daum.net

박순덕
인하대학교 교육대학원 강사
시흥은계초등학교 수석교사
soon0113@hanmail.net

배현주
인하대학교 문화경영학과 박사
ho2yoon@naver.com

다문화교육연구의
경향과 쟁점

초판인쇄 2014년 11월 14일
초판발행 2014년 11월 14일

지은이 김영순 · 박선미 · 오영훈 · 이미정 외
펴낸이 채종준
펴낸곳 한국학술정보(주)
주 소 경기도 파주시 회동길 230(문발동)
전 화 031) 908-3181(대표)
팩 스 031) 908-3189
홈페이지 http://ebook.kstudy.com
E-mail 출판사업부 publish@kstudy.com
등 록 제일산-115호(2000.6.19)

ISBN 978-89-268-6715-0 93330